KB272115

젠더의 경계를 넘는 아이들

젠더의 경계를 넘는 아이들

젠더의 경계를 넘는 아이들

1판 1쇄 인쇄 2026년 2월 16일
1판 1쇄 발행 2026년 2월 26일

지은이 다이앤 에런사프트, 미셸 유르키에비치
옮긴이 조은영
발행처 ㈜수오서재
발행인 황은희 장건태
책임편집 최민화
편집 마선영 박세연
마케팅 황혜란 안혜인
디자인 송혜교
제작 제이오

주소 경기도 파주시 돌곶이길 170-2 (10883)
등록 2018년 10월 4일 (제406-2018-000114호)
전화 031 955 9790
팩스 031 946 9796
전자우편 info@suobooks.com
홈페이지 www.suobooks.com
ISBN 979-11-93238-88-2 03330 책값은 뒤표지에 있습니다.

ⓒ다이앤 에런사프트 미셸 유르키에비치, 2026

젠더의 경계를 넘는 아이들

GENDER EXPLAINED

지금 우리의 젠더 세계를 이해하기 위한 설명서

다이앤 에렌사프트 · 미셸 유르키에비치 지음
조은영 옮김 김지학 감수

수오서재

우리를 이토록 잘 가르쳐준
세상의 모든 젠더 창의적인 아이들과
양육자들에게 이 책을 바칩니다.

차례

차례

아이가 열어준 세계를 다시 읽는 법

이 책은 성별정체성과 성별다양성을 둘러싼 여러 쟁점을 과학적·의학적 근거와 일상의 언어로 풀어낸다. 그동안 오해와 왜곡 속에서 단편적으로 소비되어 온 '젠더'라는 주제를 현재의 의료적·사회적 맥락 속에서 정확하게 짚어내며, 무엇보다 사람의 삶에 닿아 있는 언어로 설명하고 있다. 성별확정수술을 하는 의사로서 가장 인상 깊었던 점은, 젠더를 논쟁의 대상이 아니라 진료실과 일상 속에서 실제로 만나는 인간의 이야기로 다루고 있다는 점이다.

나는 주로 성별불일치에 대한 진단을 받고 성별확정 호르몬 요법을 거쳐 수술을 고려하게 된 이들을 만난다. 한국의 성별확정 진료는 아직 충분히 체계화된 하나의 경로로 존재하지 않기에, 트랜지션의 다양한 단계에 서 있는 사람들이 진료실을 찾아온다. 이제 막 자신의 감각을 말로 꺼내기 시작한 청소년부터 오랜 시간 스스로를 설명할 언어 없이 살아온 성인, 이미 사회적·법적 전환을 마쳤지만 의료적 선택을 앞두고 다시 고민하는 사람들까지, 그 스펙트럼은 넓고 결코 단순하지 않다. 의사로서 그 복잡함을 서둘러 정리하거나 하나의 답으로 묶기보다는, 각 단계가 지닌 의미와 맥락을 존중하며 천천히 따라가려 한다.

이렇듯 성별확정 진료는 검사 수치나 수술 기법만으로 이루어지지 않는다. 당사자가 병원 밖에서 어떤 삶을 살아왔는지, 어떤 관계 속에서 자신의 정체성을 설명해 왔는지에 대한 이해는 진료의 중요한 일부다. 그래서 진료실에서 환자 혼자만이 아니라, 그들의 인생에 중요한 의미를 갖는 사람들—부모, 파트너, 형제자매, 때로는 자녀—을 함께 만나게 된다. 특히 미성년 자녀와 함께 방문하는 부모들은 종종 조심스럽게 질문을 건넨다. "이게 정말 아이의 정체성일까요?", "잠시 혼란을 겪는 건 아닐까요?", "부모로서 제가 뭘 잘못한 걸까요?", "아이가 나중에 후회하게 되면 어떻게 하죠?"

현장에서 볼 때 부모들의 감정과 인식 또한 하나의 흐름과 과정을 가지고 있다. 초기의 충격과 부정, 죄책감을 지나 감정을 표출하고 고민 끝에 어떤 결단을 내리며, 마침내 자녀의 성적 지향이나 정체성을 수용하는 단계에 이르기까지 숱한 변화의 과정은 혼자만의 경험이 아니다. 이는 이미 오래전부터 여러 부모 모임과 연구를 통해 관찰되어 왔다. 톰 사우어먼Tom Sauerman이 미국 PFLAG Philadelphia(성소수자 부모·가족 모임)와 함께 처음 정리해 발표한 부모의 '6단계 심리적 변화 과정'은, 진료실에서 부모들을 만날 때 자주 떠올리는 하나의 지도이기도 하다.

진료실에서는 공감과 최대한 많은 정보를 제공하려 노력하지만, 제한된 시간 안에 모든 이야기를 충분히 나누기에는 늘 부족함이 남는다. 그래서 이 책을 읽는 동안, 그간 진료실에서 만났던 여러 부모들의 얼굴이 자연스럽게

겹쳐 떠올랐다. 이 책은 젠더를 둘러싼 논쟁이나 정답을 앞세우기보다, 부모와 양육자가 아이와의 관계 속에서 마주하게 된 새로운 세계를 두려움이나 추측이 아닌 올바른 젠더 리터러시로 이해하도록 안내한다. 아이를 서둘러 규정하지 않고, 낯선 질문 앞에서도 관계를 지켜내는 태도가 얼마나 중요한지에 대해 우리를 조용히 일깨운다.

이 책은 부모와 양육자, 교육자와 의료인, 당사자뿐 아니라 젠더 이슈를 처음 접하는 일반 독자도 신뢰할 수 있는 기초 텍스트다. 또한 성별확정수술을 하는 의사로서, 이러한 논의가 진료실 밖에서 더 많은 대화로 이어지고 그 대화가 결국 더 안전하고 현실적인 의료를 가능하게 하기를 기대한다.

진료실에서 만난 한 부모는 이렇게 말했다. "아이 때문에 제가 세상을 보는 시야가 넓어졌어요. 납작하게 보이던 세계에서 벗어나, 이제는 다양한 색채와 질감, 촉감을 느끼게 되었어요." 이 책이 변화를 살아내고 있는 아이들과 그 곁에서 배우며 함께 성장하는 모든 양육자들에게 한 권의 동반자가 되길 바란다. 나의 진료실 한편에도 늘 이 책이 놓여 있을 것이다. 진료가 끝난 뒤, 아이가 열어준 새로운 세계를 맞이할 부모들에게 건네고 싶기 때문이다.

강동성심병원 LGBTQ+센터 센터장,
성형외과전문의 김결희

과거에 젠더는 심리학자와 사회학자의 탐구 대상이었다. 하지만 이제 젠더는 사회 전반 다수의 의식 속에 들어왔다. 그렇다면 젠더란 무엇이며, 왜 최근 몇 년 사이 격렬하고 열띤 논쟁의 중심이 되어 문화 전쟁의 표적이 되고 있을까? 다이앤 에런사프트 박사와 미셸 유르키에비치 박사가 함께 쓴 이 책은 제목 그대로, 젠더 창의적인 세계와 성별정체성에 대한 새로운 이해를 제공한다.

성별정체성Gender Identity은 자신을 남성, 여성, 혹은 젠더 스펙트럼상의 어딘가에 있다고 느끼는 개인 내면의 자아 감각을 말한다. 보통 성별정체성은 생물학적인 개인의 '성Sex'과 일치한다. 여기서 '성'은 외부 및 내부 생식기, 생식샘, 성염색체 등 생물학적으로 남성성과 여성성을 결정하는 신체적, 유전적 속성을 말한다.•

• 간성(인터섹스Intersex)인 사람들이 가지고 있는 다양한 내부 및 외부 생식기의 모양이나 조합, 다양한 성염색체 등을 통해 볼 때 성별을 여성이나 남성으로 규정할 수 있는 신체적, 유전적인 속성은 존재하지 않는다. 한 사람의 성별을 결정할 수 있는 것은 오직 그 사람의 성별정체성뿐이다.—감수자

그러나 성과 젠더가 항상 일치하는 것은 아니다. 역사 전반에 걸쳐 다양한 성별정체성이 존재해왔다. 이처럼 한 사람의 성과 젠더가 다를 수 있다는 현실이 "성별확정 의료"의 개념을 낳았다. 이는 모든 사람이 자신에게 가장 진실한 젠더로 살아갈 권리를 가지며, 개인의 개성을 존중하고 행복을 증진하는 방식으로 살아야 한다는 믿음에 기

반을 둔다. 그렇다면 성별확정 의료가 무엇이며 왜 오늘날 논란의 중심에 있는 것일까?

다양한 젠더의 사람들이 모두 의학적 또는 수술 치료를 거쳐 자신의 신체 특징을 성별정체성과 일치시키려는 것은 아니다. 그러나 최근 몇 년 사이, 특히 트랜스젠더 및 젠더다이버스 청소년들 사이에서 성별확정 의료를 찾는 사례가 증가하고 있다. 이 접근법은 20세기 후반에 네덜란드에서 처음 등장했다.

아동 및 청소년 젠더 케어 분야의 세계적 전문가인 에런사프트 박사는 동료인 유르키에비치 박사와 함께 발달심리학의 관점에서 젠더와 성별확정 의료를 완벽하게 이해하는 길로 우리를 안내한다. 이 책은 부모, 양육자, 내담자, 의료 제공자, 또는 단순히 젠더에 대해 배우고자 하는 사람 누구에게나 직접 말을 건네듯 쓰여 있어 쉽게 이해할 수 있으며, 매우 흥미롭다. 두 저자는 사춘기억제제, 성별확정 호르몬 치료, 성별확정수술을 포함한 의학적 개입에 대해 언제 이러한 치료가 바람직하고, 언제는 적절하지 않은지 등을 알기 쉽게 설명하며, 관련된 핵심 쟁점을 다룬다.

또한 다음과 같은 현재의 주요 젠더 논란을 사려 깊게 다루고 있다. 최근 몇 년 사이에 전 세계에서 청소년 젠더 클리닉 의뢰가 기하급수적으로 증가하고 있는 이유가 무엇일까? 왜 출생 시 여성으로 지정된 청소년들 가운데 성별다양성을 보이는 이들이 늘어나고 있을까? 청소년은 언제 자신의 젠더를 인식할까? 청소년을 위한 성별확정 의료 연구는 어디까지 진전되었을까? 치료의 이점과 위험은 무엇일까? 우리가 아직 알지 못하는 지식의 공백이 있지는 않을까? 성별확정 의료에 접근하는 데 어떤 장벽이 있을까? 특히 여학생 스포츠에서 트랜스젠더 여학생의 참여를 둘러싼 논란은 무엇이며, 사회에 포함*되는 것과 공정성을 모두 중요하게 여길 때 어떤 어려움이 있고, 이를 어떻게 바라봐야 할까? 또 여기에는 어떤 복잡성이 얽혀 있을까? 디트랜지션, 치료 중단 및 후회 등의 문제는 어떻게 다뤄야 할까?

신선하고 감동적으로 쓰인 이 책은 우리에게 "젠더 리터러시"를 알려주며, 젠더란 평생 배워야 하는 과정이라는 점, 또한 젠더란 특정 나이에 고정되는 것이 아니라 사람에 따라 평생에 걸쳐 달라질 수 있다는 점을 설득력 있게 보여준다. 두 저자는 청소년은 물론이고 모든 사람의 젠더 건강을 목표로 삼아, "말하기보다 듣기"의 중요성을 강조하며, 사례를 통해 성찰을 키우고 젠더 리터러시를 높이는 길로 안내한다.

* Inclusion은 주로 '포용성'으로 번역되지만 포용은 더 우월한 사람 혹은 정상성을 획득하고 있는 사람이 열등한 사람 혹은 비정상으로 규정된 사람을 '너그러운 마음으로 품어주는 느낌'을 가지고 있기에 권력관계가 드러나는 풀이이다. 그러므로 이 책에서는 inclusion을 '포함'으로 번역하였다. 즉, inclusive society의 경우, '포용 사회'가 아닌 '모두가 포함되는 사회', inclusive language는 '포용의 언어'가 아닌 '모두를 포함하는 언어'와 같이 번역하였다.—감수자

젠더에 관한 여러 논란에도 불구하고 우리는 성별 확정 의료를 더 나은 방향으로 발전시키는 데 핵심이 될 연구의 발전과 진전, 이해의 확장이 이루어지는 시대에 살고 있다. 이 책은 "모든 형태의 젠더가 그 찬란한 모습 그대로 삶의 한 가지 사실로 받아들여지는 시대"를 상상해보라고 우리에게 도전한다.

캘리포니아 샌프란시스코 의과대학 소아과 교수
스티븐 M. 로젠탈 Stephen M. Rosenthal, MD

용어설명

논바이너리
Nonbinary

여성 또는 남성의 범주에 들어맞지 않는 다양한 성별정체성. 예를 들어 여자이면서 남자인 성별정체성을 지닐 수도 있고, 여자도 남자도 아닌 성별정체성을 지닐 수도 있다.

사춘기억제제
Puberty Blocker

'생식샘자극호르몬방출호르몬 작용제'에 대한 일반적인 용어.

성별불쾌감
또는 성별위화감
Gender Dysphonia

성별정체성이 태어날 때 지정된 성과 다른 사람들이 느끼는 괴로움과 불편감.

성별정체성
Gender Identity

한 사람이 자신을 동일시하는 젠더. 이 정체성은 태어날 때 지정된 성과 일치할 수도 있고 (예: 시스젠더), 일치하지 않을 수도 있다(예: 트랜스젠더).

성별표현
Gender Expression

옷, 머리 모양, 태도 등 젠더를 표현하는 방식.

성별확정 호르몬 치료
Gender-Affirming Hormone Treatment; GAHT

성별불쾌감을 치료하고 신체를 성별정체성과 가깝게 만들기 위해 제공되는 의학적 호르몬 치료(예: 에스트로겐 또는 테스토스테론 치료).

생식샘자극호르몬 방출호르몬 작용제
Gonadotropin -Releasing Hormone Agonists

사춘기 때 신체적 변화를 일으키는 호르몬(예: 에스트로겐 또는 테스토스테론) 생산을 중단시키는 약물인 '사춘기억제제'의 의학적 용어.

성적 정체성
(성적 지향)
Sexual Identity

성적으로 끌리는 대상이 누구냐에 따라 결정되는 정체성. 종종 상대방의 성별정체성에 따라 결정된다. 대표적인 성적 정체성으로 이성애자, 게이, 레즈비언, 양성애자 등이 있다.

시스젠더
Cisgender

태어날 때 지정된 성이 자신의 성별정체성과 일치하는 사람.

젠더다이버스
Gender Diverse

전통적인 규범과 다른 방식으로 젠더를 인식하거나 표현하는 사람을 묘사할 때 사용하는 말. 손톱에 매니큐어를 바르고 머리를 기르는 시스젠더 남성, 또는 자신을 양성(중성)으로 표현하는 논바이너리가 그 예이다.

젠더 소수자 스트레스
Gender Minority Stress

빈약한 사회적 지원과 차별 등 다양한 사회적, 구조적 요인으로 인해 트랜스젠더 또는 젠더다이버스가 느끼는 높은 수치의 스트레스.

젠더 잡음
Gender Noise

젠더에 관한 또는 다른 사람들이 젠더를 경험하는 방식에 대한 지속적인 생각, 기분, 또는 걱정. 심해지면 이런 생각에 사로잡혀서 다른 활동에 집중할 수 없다.

젠더를 주기
Giving Gender

성별정체성에 대해서 사유, 탐구, 탐험할 수 있는 기회를 주는 것.

젠더 창의성
Gender Creativity

각 개인이 타고난 특성, 양육과 경험, 그리고 문화적 영향을 바탕으로 자신만의 고유한 젠더 자아를 형성하고 통합해가는 심리적 과정.

젠더 퀴어
Genderqueer

여성 또는 남성으로 범주를 나눌 수 없는 성별정체성.

출생 시 지정된 성이 남성인 사람
Designated Male at Birth; DMAB

태어날 때 성이 남성으로 지정된 사람. 과거에는 '출생 시 성이 남성으로 배정된 사람(Assigned male at birth; AMAB)'으로 사용됨.

**출생 시 지정된
성이 여성인 사람**
Designated Female
at Birth; DFAB

태어날 때 성이 여성으로 지정된 사람. 과거 '출생 시 성이 여성으로 배정된 사람(Assigned female at birth; AFAB)'으로 사용됨.

**출생 시 지정된 성
Sex Designated at
Birth**

태어날 때 생식기관(외부 성기 모양)에 따라 지정되는 성(남성 또는 여성).

**트랜스걸
/트랜스여성**
Trans Girl/Trans Woman

태어날 때 남성으로 지정되었으나 자신을 여자아이 또는 여성과 동일시하는 사람.

**트랜스보이
/트랜스남성**
Trans Boy/Trans Man

태어날 때 여성으로 지정되었으나 자신을 남자아이 또는 남성과 동일시하는 사람.

트랜스마스큘린
Transmasculine/
Transmasc

태어날 때 지정된 성이 여성이지만 여자아이/여성을 넘어서는 다양한 성별정체성을 지니고 있으며, 그중에서도 남성성이 중요한 부분을 차지하는 사람. 예를 들어, 논바이너리이면서 트랜스마스큘린의 성별정체성을 지닐 수 있다.

트랜스젠더
Transgender

성별정체성이 태어날 때 지정된 성과 일치하지 않은 사람.

트랜스페미닌
Transfeminine
/Transfemme

태어날 때 지정된 성이 남성이지만, 남자아이/남성을 넘어서는 다양한 성별정체성을 지니고 있으며, 그중에서도 여성성이 중요한 부분을 차지하는 사람. 예를 들어, 논바이너리이면서 트랜스페미닌의 성별정체성을 지닐 수 있다.

트랜지션
또는 성전환
Transition

세계트랜스젠더보건의료전문가협회WPATH에서 제시하는 《트랜스섹슈얼·트랜스젠더·성별비순응자를 위한 건강관리실무표준 Standards of Care for the Health of Transsexual, Transgender, and Gender-Nonconforming People; SOC》 제7판 한국어판에서는 '트랜지션'을 '성별이행'이 라고 번역하였으나, '트랜지션'이라는 음차표현이 국내 트랜스젠더 및 젠더다양성Transgender and Gender Diverse; TGD 당사자 커뮤니티에서 이미 정착하였다고 판단하여 제8판 한국어판에서는 '트랜지션'으로 바꾸어 표기했다. 이 책에서도 동일하게 적용했다.

요란한 젠더 소동

2008년, 제나 카르부니디스는 곧 태어날 딸 비앙카의 탄생을 기념할 좋은 아이디어가 떠올랐다. 제나와 남편은 파티를 열고 케이크 장식 색깔로 가족과 친지에게 아기의 성별을 알려주기로 했다. 아들이면 파란색, 딸이면 분홍색. 하지만 제나는 자신이 시작한 성별 공개 아이디어가 얼마나 큰 파장을 몰고 올지 전혀 예상하지 못했다. 성별 공개 파티가 크게 유행하면서 아마존에서 파티용 키트를 판매하기 시작했고, 성별 공개 파티 기획 웹사이트가 등장했으며, 인기 TV 시리즈에서도 파티가 소개되었다. 사람들은 대부분 제나 부부가 했던 것처럼 케이크 장식이나 풍선으로 곧 태어날 아기의 성별을 알렸다. 분홍색으로 "딸이에요"를, 파란색으로 "아들이에요"를.

하지만 일부는 지나치게 성대한 파티를 열었고, 또 파티 중에 발생한 사건 사고들로 수년간 언론이 떠들썩했다. 2017년에는 한 예비 아빠가 소총으로 색깔 폭약이 든 표적을 쏘다가 산불이 발생하는 바람에 콜로라도 국유림과 주변 4만 5,000에이커 이상의 숲이 소실되었으며, 피해액이 800만 달러를 넘었다. 2020년에도 성별 공개 파티로 시작된 산불 때문에 소방관 한 명이 순직했고, 결국 그 부모는 형사 고발되었다. 사상자가 발생한 행사도 셀 수 없이 많았으며, 실제로 다섯 사건으로 최소 일곱 명이 목숨을 잃었다. 그중에는 2023년 성별 공개 파티에서 비행 곡예 중에 사망한 비행기 조종사도 포함된다. 모두 아직 태어나지 않은 아기의 성별을 축하하다가 벌어진 일이다.

이후 제나는 두 아이를 더 낳고 기르면서 아이들의 성별정체성이 발달하는 과정을 지켜보았다. 어느 크리스마스 아침, 세 살짜리 둘째가 울음을 터트렸다. 선물로 받은 레고 세트가 '남자' 색깔이었기 때문이다. 반대로 성별 공개 파티의 주인공이었던 비앙카는 가족사진을 찍는 날 드레스 대신 남성용 정장을 골랐다.[1] 둘 다 딸이고 같은 부모가 키웠는데도 두 아이는 전혀 다른 방식으로 자신의 성별을 경험하고 또 표현하게 된 것이다.

2019년이 되자, 제나는 성별 공개 파티 유행을 일으킨 것을 후회한다고 고백했다. 그녀는 이렇게 말했다. "아기가 어떤 성별인지, 그게 뭐 그렇게 중요하죠? 당시에는 저도 신경을 썼어요. 그땐 지금처럼 알지 못했으니까요. 이제는 알아요. 아이가 태어났을 때의 성별에만 초점을 맞춘다면 아이의 성기와는 아무 관련 없는 아이만의 잠재력과 재능을 너무 많이 놓치게 된다는 것을요."[2]

최신 젠더 이슈

제나의 지적대로 지금까지 우리 사회에서는 아주 단기간에 젠더(Gender. 성별정체성)에 관한 많은 것이 변했다. 젠더 이슈, 특히 아동과 청소년의 젠더 문제가 언론에서 다뤄지지 않는 날이 없다. 화장실을 남녀 성별에 따라 나누어야 하는가? 그렇다면 트랜스젠더는 어떤 화장실을 사용해야 하는가? 그럼 논바이너리는? 트랜스젠더와 젠더다이버스 아동은 어떤 스포츠팀에서 뛰어야 하는가? 아이가 학교에서 자기를 다른 성별 인칭대명사로 지칭하거나 새로운 이름으로 불리기를 원한다면 교사는 부모에게 이 사실을 알려야 하는가? 학교에서 성별다양성Gender Diversity을 논의하는 것이 허락되어야 하는가? 아니면 너무 위험한 발상이므로 금지해야 하는가?

가장 논쟁거리가 되는 질문은 다음과 같다. 성별확정 건강 관리Gender-Affirming Care가 무엇이며, 아이들을 대상으로 시행해도 되는가? 호르몬이나 성별확정수술 같은 의학적 트랜지션Transition은 최소 몇 살 이후에 시도해야 하는가? 이런 문제의 책임은 누구에게 있는가? 성별다양성을 인정하는 사람이든, 젠더 변화가 문명사회를 몰락시킨다고 두려워하는 사람이든, 젠더에 대한 견해와 상관없이 이제 사람들은 항상 젠더를 생각한다.

통계에 따르면 2017년에서 2020년 사이에 미국에서 13세에서 17세까지 트랜스젠더 인구가 30만 명으로 두 배나 증가했다. 전체 청소년 인구의 약 1.4퍼센트에 해당하는 수치다.[3] 2022년에 퓨 리서치 센터에서는 미국 청장년 인구의 약 5퍼센트가 출생증명서에 적힌 것과 다른 성별로 자신을 인식한다고 보고했다. 대략 2퍼센트가 트랜스남성

(태어날 때 여성으로 지정되었지만 자신을 남성으로 식별하는 사람) 또는 트랜스여성(태어날 때 남성으로 지정되었지만 자신을 여성으로 식별하는 사람)이고, 나머지 3퍼센트는 자신의 정체성을 논바이너리로 규정했다.[4] 논바이너리는 성별정체성의 다양한 형태를 모두 포괄하는 용어이다. 논바이너리 아동과 청소년은 스스로 남성과 여성의 정체성을 둘 다 느끼거나, 둘 다 아니라고 느끼거나, 어떨 때는 남성으로 어떨 때는 여성으로 느끼거나, 남자도 여자도 아닌 전혀 다른 존재로 여기기도 한다.

트랜스젠더 및 젠더다이버스 아동과 청소년이 미국을 포함한 전 세계에서 크게 늘어나고 있다. 예를 들어 라틴아메리카에서는 2008년에서 2016년까지 트랜스젠더가 거의 50퍼센트 증가했다.[5] 영국의 유일한 소아 젠더 의료기관인 타비스톡 클리닉Tavistock Clinic에 따르면 2010년에서 2015년까지 아동과 청소년 진료 의뢰가 매년 50퍼센트씩 증가했고, 2015년에서 2016년 사이에는 두 배로 껑충 뛰었다고 보고했다.[6] 덴마크에서도 비슷한 수치로 증가했고[7], 같은 시기에 캐나다에서는 아동 및 청소년 젠더 클리닉에 진료 의뢰 건수가 10배나 증가했다.[8]

트랜스젠더와 젠더다이버스 자녀를 지지, 지원하는 부모가 늘면서 학제 간 소아 젠더 프로그램들이 생겨났다. 이런 케어 프로그램은 대부분 대형 연구 병원에서 지원하며, 소아과 전문의, 내분비학 전문의, 사회복지사, 정신건강

의학과 전문의, 심리학자 등으로 팀을 구성한다. 아동과 그 가족은 팀 전체와 함께 정보 제공, 의료 서비스, 정신 건강 관리, 교육 및 법적 지원 등을 비롯한 총체적인 젠더 케어를 받는다. 서비스를 원하는 사람들이 늘어나면서 젠더 클리닉의 수도 꾸준히 증가하고 있다. 일례로 미국에서는 초창기에 네 곳뿐이던 젠더 클리닉이 10년 만에 최소 60곳 이상으로 늘어났다. 그러나 이러한 급증에도 불구하고 전 세계 대부분의 기존 소아 클리닉은 과부하 상태이다. 그 결과 대기자 명단이 길어지고 있다. 또 누구나 치료를 받을 수 있는 것도 아니다. 의료보험이 없거나 경제적 여건이 어려운 가정, 또는 젠더 케어 시설이 부족한 지역에 사는 가정에게는 여전히 장벽이 높다.

젠더를 둘러싼 다양한 논쟁

젠더는 점점 더 정치적인 문제가 되고 있다. 남극을 제외한 모든 대륙의 정부가 성별정체성을 통제하고 법적 규제를 시도하고 있다. 특히 아동과 청소년의 사회 활동과 성별 확정 의료에 대한 접근을 중심으로 논의가 집중되고 있다. 미국에서는 정부는 물론이고 각 지역의 교육청이 나서서 유치원부터 12학년까지 학교 내 젠더 사안을 규제하기 위해 움직인다. 이를테면 누가 어떤 화장실을 써야 하고, 도서관과 도서 목록에 어떤 책이 들어가야 하며, 남녀 스포츠

팀 및 방과 후 행사에 누가 참여해야 하는지, 심지어 교사와 학생이 어떤 이야기를 나눌 수 있고, 또 나누면 안 되는지가 모두 그 대상이다. 이런 식의 법적 제재는 학생들에게 좋지 않은 영향을 준다.

테네시주의 열여섯 살 고등학생 스펜서는 학교 남자 화장실에서 누구를 마주치게 될지, 또 그럴 때 어떻게 대처해야 할지 몰라 두려웠다고 말한다. 스펜서는 태어날 때 성별이 남자로 지정되었고 '그he/him'라는 대명사를 사용했지만 종종 드레스를 입고 얼굴에 화장을 했다. 당시 테네시주 주법에는 엄격한 성별 규정이 있었다. 학생은 자신의 성별정체성과 상관없이 출생 시 정해진 성과 일치하는 팀에서만 스포츠 경기를 할 수 있다. 따라서 트랜스젠더와 젠더다이버스 학생은 자신의 성별정체성에 맞는 팀에 들어갈 수 없다. 또한 성적 지향이나 성별정체성을 다루는 책이 금지다. 심지어 스펜서의 학군에서는 LGBTQ+*가 등장하는 책도 금지되었다. 이처럼 혼란스러운 상황 속에서도 스펜서는 LGBTQ+ 학생들에게 안전한 공간을 제공할 목적으로 학교에서 프라이드 클럽을 개설하는 등 열심히 활동했다. 그러나 스펜서와 프라이드 클럽은 동문의 날 퍼레이드에서 어른들에게 야유를 받았다. 스펜서는 이런 식의 사회적 제재와

* 레즈비언(Lesbian), 게이(Gay), 바이섹슈얼(Bisexual), 트랜스젠더(Trans-gender), 퀴어(Queer)를 나타내는 약어. 플러스(+)는 약어에 포함되지 않은 다양한 성적지향과 성별정체성을 나타낸다.—옮긴이

사람들이 LGBTQ+ 학생을 대하는 방식에 대해 이렇게 부르짖었다.

"그 어떤 법안을 들이밀어도, 아무리 학교에서 책을 읽지 못하게 해도, 교사와 학생의 대화를 금지해도, 우리가 누구이며 앞으로 누구로 살아갈지를 바꿀 수는 없습니다. 사람들이 그 사실을 깨달을 수 있다면 좋겠습니다."[9]

테네시주에서는 2023년 7월 1일 성별확정 의료가 전면 금지되었다. 스펜서의 불안감을 줄여줄 소식은 아니었다. 그뿐 아니다. 출생 시 지정된 성과 다른, 개인이 선택한 인칭대명사를 승인하는 문제를 비롯해 모든 젠더를 포함하는 언어Gender-inclusive language의 내용과 사용 방식을 규제하는 시도도 있다. 예를 들어, 영어권에서는 성별이 남성도 여성도 아닌 사람, 성별이 알려지지 않은 사람, 인칭대명사에 성별이 포함되면 안 된다고 믿는 사람 등을 지칭하는 단수 대명사로 '그들they'을 사용한다. 최근의 이러한 시도를 두고 말이 많다. 학계와 출판사, 심지어 메리암-웹스터 사전[10]에서도 '그들'을 단수 대명사로 사용하는 것이 허용되지만, '그들'을 성별 인칭대명사로 사용하는 것에 대한 반발은 수그러들지 않는다. 일상에서도 사람들은 종종 '그들'을 단수 대명사로 사용한다. 이를 테면, "누가 자신의 their 열쇠를 두고 갔네. 그 사람they이 그 사실을 알게 되면 바로 돌아올 거야"라는 식의 문장이 흔히 쓰인다. 하지만 트랜스젠더나 젠더다이버스를 지칭할 때 '그들'을 단수로 사용하는 것은 문법 오류라며 반대한다. 실제로 일부 개인과 기관은 그he/him 또는 그녀she/her 이외의 인칭 대명사를 아예 인정하지 않는다.

로망스어군처럼 단어 자체에 남성형이나 여성형이 있는 언어에서는 더욱 논란이 크다. 예를 들어 스페인어에서는 여성형('a'로 끝나는) 또는 남성형('o'로 끝나는) 단어를 모두 'e'로 끝맺어 좀 더 젠더 중립적 언어로 바꾸려는 시도가 있다. 이런 개혁으로 5억이 넘는 인구가 사용하는 언어가 크게 달라질 것이다. 그러자 아르헨티나를 비롯한 일부 라틴 아메리카 국가에서 남성형/여성형 단어를 젠더 중립 언어로 바꾸지 못하게 하고, 특히 학교 시스템 안에서 사용을 금지하는 법안으로 대응했다. 변화를 가로막는 이와 같은 시도는 젊은이들 사이에서 큰 반발을 사고 있다.

더 나아가 일부 국가 또는 주에서는 "합법적으로" 성별정체성을 규정한다. 태어날 때 생식기의 형태에 따라 남자나 여자로 성별을 강제 결정하는 것이다. 대표적인 국가는 영국으로, 성별을 남성 또는 여성, 둘 중의 하나만 인정한다. 하지만 제3의 성별을 인정하는 국가도 있다. 미국에서는 태어날 때 지정된 남녀의 성별 외의 정체성을 주장하는 사람들은 여권에 성별을 "X"라고 적는다. 캐나다, 오스트레일리아, 인도에서도 비슷한 정책을 시행한다. 특히 인도에서는 대법원이 "모든 이에게 자신의 성별을 선택할 권리가 있다"라고 선언한 이후 제3의 성이 추가되었다.[11]

　　지난 10년 동안 젠더다이버스에 대한 보호와 돌봄이 크게 증가한 국가에서도 논쟁은 뜨겁다. '아동 보호'라는 명목하에 입법자들은 아이들의 성별확정 의료를 금지하거나 강력하게 제한하는 법을 발의, 또는 통과시켰다. (아마 미국에서 최초로) 정치인이 발 벗고 나서서 아동과 청소년을 (이미 검증된) 성별확정 의료에서 배제하려는 이와 같은 시도는 미국의학회, 미국정신의학회, 미국소아과학회, 그 밖에 소아 젠더 케어 전문가로 구성된 수많은 전문 단체의 권고와 어긋난다. 이처럼 일부 입법자는 정식으로 훈련받은 의료진과 전문가들이 신뢰하는 과학을 무시한 채 아이들과 그 가족의 의료 결정에 권한을 행사한다. 사실 성별확정 의료에 대한 논쟁이 확산되고 미디어에서도 크게 다루고 있지만 정작 사람들은 "성별확정 의료"의 뜻조차 제대로 알지 못하는 형편이다. 이 책에서 그 정의를 명확하게 알려주고자 한다.

아동 정신 건강과 젠더의 상관관계

우리 주변에서 젠더와 소아 젠더 케어에 관한 치열한 논쟁이 벌어지고 있을 때, 전 세계에서는 특히 코로나19 팬데믹 이후로 아동과 청소년의 불안 장애, 우울 장애, 주의력 결핍 과잉행동 장애ADHD, 외상 후 스트레스 장애PTSD, 수면 장애, 자살 충동, 중독 장애, 그 밖의 심리·사회적 문제의 비율이 전례 없이 높아졌다.[12] 자살은 세계적으로 15세에서 19세 인구의 네 번째 주요 사망 원인이다. 특히 미국에서 자살은 15세에서 19세 인구의 세 번째로 흔한 사망 원인이며, 10세에서 14세 사이에서는 두 번째로 흔한 사망 원인이다.[13] 미국 질병통제예방센터는 2009년에서 2018년 사이에 14세에서 18세 인구의 자살률이 61.7퍼센트 증가했다고 보고했다.[14] 영국에서 15세에서 19세의 자살률은 2020년에서 2021년 사이에 35퍼센트 증가해 지난 30년 사이에 최고치를 기록했다.[15]

청소년 자살률은 트랜스젠더나 젠더다이버스 청소년층에서 가장 높다. 특히 가족이나 주변 집단에게 거부되거나 지지받지 못한 젠더다이버스 아동과 청소년 사이에서 그 비율이 높다는 사실은 이미 수치가 명시화되어 있다. 크게 우려되는 일부 사례에서는 아이들이 가족에게 환영받지 못하거나 거부당해 가출한 후 거리에서 생활하며, 따라서 또래 시스젠더보다 주거 불안으로 인한 위험을 더 크게 겪는다. 정해진 주거지가 없는 트랜스젠더 청소년은 비슷한 여건의 시스젠더 청소년보다 범죄의 피해자가 되거나 약물 사용 장애 등 심리·사회적 문제에 노출될 가능성이 높다.[16] 이런 사실들은 매우 걱정스럽지만, 연구에 따르면 트랜스젠더와 젠더다이버스 아동을 보호할 방법은 분명히 존재한다. 그중 가장 강력한 완화 요인이 바로 가족의 인정이다.[17] 이 책의 7장에서 관련 주제를 살펴볼 것이다.

일부 주장과 달리 진정한 인정이란 아이들이 원하면 무엇이든 전부 오케이하며 들어주는 것을 말하지 않는다. 중요한 것은 트랜스젠더 및 젠더다이버스 아동과 청소년이 직면한 심각한 위험을 고려할 때, 이들이 행복하게 살아가는 데 필요한 요소를 정확히 파악하고, 그들과 그들의 가족을 지원하는 것이다.

젠더는 삶의 토대다

많은 이들에게 성별이란 평생 변치 않고 유지되는 '토대' 같은 것이다. 또한 수천 년간 전 세계에서 사회와 문화를 구성하는 기본 원칙이었다. 태어날 때 지정되는 성별, 즉 지정 성별은 가정과 사회에서의 역할, 지역 사회의 기대와 기준을 포함해 한 사람의 기회와 미래에 대해 아주 많은 것을 결정해왔다. 갓 태어난 아기의 성별은 기질과 성격, 성향을 형성하고 또 영향을 미친다고 알려져 있다. 성별은 가장 보편적이고 근본적인 측면에서 이 아기에게 무엇을 기대해야 하는지를 알려주는 단서 역할을 했다. 성별 공개 파티가 그토록 빠르게 유행한 것도 이런 이유 때문이다. 성별의 공개는 가족이나 지역 사회에 새로운 구성원을 소개하는 '완벽한' 방법이었다. 수천 년간 성별은 아이가 태어나기 전부터 그 아이를 가늠할 가장 기본적인 형질이었고, 사회는 낯선 이방인을 상대하는 것보다 예상 가능한 존재를 언제나 더 환영했다. 하지만 이제 우리가 알아왔던 성별, 즉 젠더는 크게 달라졌다. 성별은 더 이상 상자 두 개에 나누어 담을 수 없고, 파티에서 공개했던 성별이 꼭 정확하지도 않으며, 아들을 위한 파란색, 딸을 위한 분홍색이라는 것도 없다. 무엇보다 이런 변화에 가장 큰 영향력을 행사하는 존재가 바로 우리 사회의 가장 젊은 세대다. 어리게는 두 살부터 이제 막 투표권이 주어지거나 갓 성인이 된 이들이 변화를 주도한다.

젠더의 대변혁 속에서 사람들은 마음속에서 생겨난 모든 의문에 주저 없이 답을 내어줄 안정된 발판을 절실히 찾고 있다. "세상이 어떻게 돌아가고 있는 거지? '남자는 남자답게, 여자는 여자답게'라는 말은 실종된 걸까?", "왜 이렇게 많은 청소년이 '제 성별은 당신이 생각했던 것과 다릅니다'라고 말하는 걸까?", "소셜미디어 때문일까, 아니면 사회적 고립 때문일까? 사회적 전염일까, 아니면 또래의 압박 때문일까? 양육 방식에 의한 걸까, 아니면 진보 정치 때문일까?", "상황이 이렇게 심각한데 무슨 조치라도 취해야 하는 게 아닐까?" 등등.

전 세계적으로 '젠더 양극화'가 심화되고 있다. 사람들은 점점 가열되는 젠더 논쟁의 양 진영에 갇혀 있으며, 고정된 신념에 사로잡혀 상대의 말에 귀 기울일 기회조차 거부한다. 그러면서 트랜스젠더와 젠더다이버스 청소년이 겪는 고통을 두고 비난의 화살을 서로에게 돌린다. 스펙트럼의 한쪽 끝에서는 전통적인 성별 개념을 수호하는 이들이 나서서 남자아이가 여자아이가 되고 여자아이가 남자아이가 되도록 허용하는 것은 아동 학대라고 비난한다. 또한 아이들이 성별확정 의료를 받게 된다면 돌이킬 수 없는 피해를 보게 될 것이라고 반발한다. 한편, 스펙트럼의 반대편은 어린 세대가 이끄는 대로 따라야 한다고 말한다. 청소년이 성별확정 의료를 받지 못하게 금지하거나 자신의 진실한 젠더로 살지 못하게 방해하는 것이야말로 진정한 아동 학대이며, 아이들의 정신 건강을 해치고 더 위험한 상황으로 몰아넣는다고 우려한다.

설상가상으로 이런 문제를 해결하는 과정에서 근거 없는 이론과 잘못된 정보가 지식의 공백을 비집고 들어가 혼란을 더 키운다. 심지어 정치계나 언론에서는 성별확정 건강 관리에 반대하기 위해 소아 젠더 케어 분야와 상관없는 사람의 말을 소위 "전문가" 의견으로 인용한다. 어떤 것이 과학이고, 어떤 것이 괴담일까? 어디까지가 사실이고 어디까지가 소설일까? 이처럼 젠더 양극화된 세상은 아이들이 어른으로 성장하는 과정에서 든든한 발판을 찾는 것을 어렵게 하며, 앞으로 나아갈 길을 모색하기에도 결코 좋은 환경이 아니다.

우리 두 사람은 전문 임상 심리학자다. 그리고 변화의 한복판에서 이 모든 상황을 직접 지켜보았다. 따라서 사람들이 현재 우리 사회에서 일어나는 일들을 제대로 이해하지 못해 혼란스러워하는 상태를 누구보다 잘 인지하고 있다. 언론에 퍼지는 잘못된 정보들은 이미 많은 짐을 지고 있는 이들에게 불필요한 부담을 더한다. 우리는 전문가를 자칭하는 이들이 젠더다이버스 청소년과 그 가족에 대해서 하는 말을 들으며 그들의 어설픈 견해가 젠더다이버스는 물론이고 모든 아동과 청소년, 그리고 그 가족에게 미칠 부정적 영향을 심각하게 걱정하게 되었다. 그리고 누군가는 나서서 목소리를 내야 한다는 생각에 이르렀다.

그런 까닭으로 이 책이 탄생했다. 우리가 젠더에 관해 배워온 것을 나누기 위해서다. 여러분도 자신이 젠더에 관해 알고 있는 것이 무엇인지 함께 생각해보기를 바란다. 모두가 그렇게 할 수 있다면, 누구도 '젠더의 낭떠러지'에서 떨어지지 않기 위해 나뭇가지를 붙잡고 허우적거릴 필요가 없을 것이다. 대신 우리는 앞으로 나아갈 단단한 길, 어쩌면 오래된 것을 대신할 새로운 젠더의 기반을 발견하게 될지도 모른다.

성별다양성 세상에서 아이 키우기

성별다양성이 증가하는 사회에서 아이를 키우기란 결코 만만치 않은 일이다. 어느 어머니가 상담 게시판에 자신의 딸에 관해 이런 글을 남겼다.

사랑하는 제 딸이, 저의 유일한 아이가 성중립적인 인칭대명사 '그들'을 사용하고 싶다고 합니다. 그 아이는 아주 남성적인 외모의, 그리고 제가 아는 것과는 전혀 다른, 낯설고 새로운 삶을 살고자 합니다. 아이가 커밍아웃했을 때 너무 당황스러웠고 머릿속이 멍해지면서 깊은 곳에서 슬픔이 밀려왔습니다. 그런데 그 감정이 잘 회복되지 않아요. 더 힘든 건, 슬퍼하는 자신에 대해 죄책감을 느낀다는 겁니다. 제 감정을 실수로라도 드러냈다가 트랜스포비아로 낙인찍힐까 봐 두렵습니다. 저는 그런 사람이 아니거든요. 제 남은 인생을 이런 문제로 낙담하면서 보내고 싶지 않아요. 이런 일을 겪지 않는 다른 가족을 질투하고 싶지도 않고요. 맞아요. 자녀가 시스젠더인 가족 말입니다. 딸아이를 볼 때마다 놀라서 움찔하거나 민망해하고 싶지도 않습니다. 대담하게 아이와 저 자신을 끌어안고 온전함을 느끼고 싶어요. 아이와 저를 자랑스럽게 생각하고 싶습니다. 하지만 이 수렁에서 빠져나올 길이 보이지 않습니다. 도와주세요.[18]

자녀의 젠더로 인한 혼란과 동요는 부모에게 영향을 미친다. 위의 사례는 부모가 자녀의 성별정체성과 성별표현을 마주하며 겪는 수많은 상황 중 하나의 예에 불과하다. 세상의 어떤 부모라도 서로 상충하는 소리를 내는 두 개의 스테레오 스피커 사이에 갇혀 있다면 혼란을 느낄 수밖에 없다. 한쪽은 남자와 여자로 구분할 수 없는 성별을 지지하며 크게 울리고, 다른 한쪽은 어리석은 판단을 했다가는 지옥에 떨어질 것이라고 다그친다. 이처럼 궁지에 몰린 상태로 우리를 찾아오는 부모가 많다.

'제가 어떻게 하면 아이를 지켜주는 든든한 보호자가 될 수 있을까요? 저는 아이가 자기 자신으로 살게 해주고 싶어요. 저는 아이가 행복하기를 원합니다. 하지만 잠깐 그랬다가 마는 것이면요? 아동기와 사춘기는 어차피 아이가 정체성을 찾아가는 중간 과정 아닌가요? 제가 아이의 새로운 성별정체성을 지지했는데 알고 보니 그게 아니었다면요? 우리 아이가 자신이 아닌 다른 누군가로 살아가게 되면 어떻게 하나요? 아이의 진정한 모습을 보듬을 준비가 안 된 세상에서 제 아이가 상처를 받으면 어떡하죠? 친구들을 보고 그저 한 번쯤 시험해 보려는 것이라면요? 소셜 미디어나 인플루언서들의 부정적인 영향에서 아이를 어떻게 보호하죠? 마음이 너무 복잡한데 이래도 되는 건가요? 마음을 어떻게 다스려야 할까요?'

이와 같은 상황에서 부모가 느끼는 모든 감정은 정당하며, 충분히 예상할 수 있는 것이다. 부모의 생각과 질문은 모두 타당하고 또 중요하다. 부모는 깊이 고민하고 신중한 판단을 내려야 한다. 간단한 답은 없다. 모든 아이와 가족이 저마다 다른 상황과 배경에 있으므로 한 가정에서는 효과적이었던 방식이 다른 가정에게 전혀 맞지 않을 수도 있다. 그럼에도 우리는 아이들과 양육자를 지원하고 격려할 방법에 대한 정보와 연구 결과를 제공한다. 우리는 이 책의 내용이 양육자들의 모든 질문에 답하고, 동시에 양육자가 자신의 경험을 돌아보며 스스로 답을 알아내는 데 일조하기를 희망한다.

젠더 리터러시

이 책의 저자인 우리는 서로 다른 세대를 살았던 임상심리학자다. 각각 35년, 15년 동안 소아 젠더 케어 분야에서 일하며 폭발적인 변화 과정을 유심히 지켜보았다. 세상에는 과학 연구의 결과나 현장의 상황과 관련 없는 잘못된 정보가 너무나 많다. 따라서 새로운 성별이 급증하는 현 상태에 대해 부모와 일반 대중에게 정확한 정보를 알릴 필요를 절감했다. 우리는 도움을 청하러 온 많은 가족들로부터 현재의 심각한 상황을 들었다. 이들은 그동안 매체 등을 통해 접한 거짓 사실들로 인해 매우 혼란스러워했다.

또한 현장에서 활동하는 많은 동료의 이야기도 들었다. 이들은 소아 젠더 케어를 전공하지는 않았지만, 환자 중에 젠더다이버스 아동이 늘면서 그들을 더 잘 이해하고 지원하려는 의지가 있었다. 그러므로 이 책의 목적은 지금까지 우리가 배운 것들을 공유하고, 특히 여성과 남성이라는 두 가지 범주로만 구분된 토대 위에 세워진 우리 사회가 젠더의 다양한 순열과 조합으로 점차 확장되면서 겪는 (특히 젊은 세대에서 두드러진) 대변동을 이해하는 것이다.

우리 두 사람은 임상심리학자이자 정신 건강 및 젠더 전문가로서, 사회의 요란한 젠더 소동을 조금이나마 잠재우길 바란다. 그것을 위해 다년간의 임상 경험, 아이들의 목소리, 젠더 관련 연구와 문헌을 종합해 이 책을 썼다. 또한 이해와 통찰을 바탕으로 생각하고 행동하는 젠더 리터러시(Gender literacy, 젠더 문해력)를 정착시키고자 오해와 잘못된 정보, 허위 정보를 가려내는 데 최선을 다했다.

젠더 리터러시란 무엇일까? 이 용어는 미네소타대학교 "성별확정 생애주기 접근법Gender-Affirmative Life Span Approach"에서 처음 사용되었다.[19] 젠더 리터러시는 '읽기'를 배우는 과정과 비슷하다. 읽기를 배울 때 우리는 먼저 알파벳을 익히고, 알파벳을 연결하여 단어를 만들고, 단어를 연결하여 문장을 만들고, 문장을 연결하여 점점 더 복잡한 구조와 생각으로 넓혀 나간다. 즉, "A는 apple"이라는 기초를 넘어 읽고 쓰는 능력으로 확장해 나가는 과정이다. 같은 개념을 젠더에 적용하면 젠더 리터러시는 사회적, 문화적 젠더 규범을 이해하고, 이 규범에서 벗어났을 때 마주할 결과를 인식하며, 사회의 젠더 메시지를 비판적으로 생각하는 능력을 기르는 과정이라고 볼 수 있다. 나아가 이러한 정보를 활용해 자신만의 젠더 가치관과 신념을 형성하

는 역량을 키운다.[20]

　　이 책에서 우리는 객관성과 주관성의 균형을 유지하고 과학 연구를 인용하여 우리가 아는 있는 그대로의 사실을 전달하려고 노력할 것이다. 동시에 성별다양성은 존중되어야 할 개념이라는 태도를 고수한다. 성별다양성이 많은 이들에게 대단히 새롭고 낯선 개념이라는 것을 잘 알고 있다. 이 책이 당신에게 크나큰 생각의 전환을 요구하리라는 것 또한 잘 알고 있다. 당신을 위해 우리는 최대한 명료하게 설명하고 우리의 견해를 뒷받침할 연구와 사례를 함께 인용할 것이다. 이 책을 다 읽고 나면 당신이 젠더와 젠더가 변화하는 방식, 그리고 성별확정 의료에 대한 완벽한 이해로 무장되어, 앞으로 스스로의 정보에 입각해 젠더에 관해 올바른 결정을 내릴 수 있게 되기를 바란다.

　　앞으로 젠더를 다루는 많은 용어와 언어를 소개할 것이다. 아마 일부는 매우 생소할 것이다. 젠더의 언어는 시간이 흐르면서 계속 변화하고 업데이트된다는 사실을 염두에 두자. 예를 들어 과거에는 트랜스젠더 남자아이를 "태어날 때 배정된 성이 여성인 사람AFAB"으로, 트랜스젠더 여자아이를 "태어날 때 배정된 성이 남성인 사람AMAB"으로 지칭해 왔다. 다른 곳에서는 여전히 이 용어가 사용되겠지만, 적어도 이 책에서는 "태어날 때 지정된 성이 여성인 사람DFAB", 또는 "태어날 때 지정된 성이 남성인 사람DMAB"으로 대체한다. 요새는 '배정된assigned'이라는 표현보다 '지정된designated'이라는 용어를 점점 더 선호한다. 그 이유는 '지정된'이라는 단어가 인위적인 의도를 좀 더 강조하기 때문이다. 출생 시 '기록된recorded'이라는 표현도 사용되는데, 법적 서류에 기록된 성별이라는 현실을 강조하려는 의도다. 성별을 둘러싼 용어는 사람들이 젠더 경험을 좀 더 정확하게 기술하는 언어를 찾아나가면서 앞으로도 계속해서 진화할 것이다.

책 전반에 걸쳐 많은 어린이와 청소년의 목소리를 담으려고 했다. 외부 매체에서 가져온 것이 아니라 내담자의 이야기를 직접 들은 경우에는 신원을 보호하기 위해 세부 사항을 수정했다. 그건 이들이 자신을 숨기려고 하기 때문이 아니라(오히려 많은 이들이 자랑스럽게 정체성을 드러내고 싶어 한다), 트랜스젠더나 젠더다이버스에게는 아직 안전하지 못한 이 세상으로부터 이들을 보호해야 하기 때문이다.

이 책에서 다루는 통계와 이야기는 대부분 미국의 것이다. 그건 젠더 문제가 미국에서 더 특별하기 때문이 아니라 저자인 우리가 이곳에서 살고 일하기 때문이다. 하지만 가능하면 다른 나라의 정보도 함께 실었다. 또한 경험상 아동과 청소년의 젠더를 둘러싼 이슈는 미국이나 다른 세계에서도 대체로 비슷하게 논의된다. 따라서 이 책을 읽는 당신이 누구든(부모, 교사, 의료인, 학생, 그저 호기심 많은 사람), 또는 어느 나라에 있든 이 책의 내용이 젊은 세대 사이에서 진행 중인 젠더의 변화를 알려주고, 성별정체성에 대한 올바른 이해를 제공할 것이다. 그리고 이 모든 것이 어떻게 모두에게 이로운지 가르쳐줄 것이다. 궁극적으로 이 책이 사람들이 앞으로 딛고 일어설 확실한 토대와 우리가 모두 함께하고 있다는 확신을 제공했으면 좋겠다.

책의 내용

우리 사회의 젠더 규범이 왜 하필 지금 달라지고 있는 걸까? 2장은 사회적, 역사적 맥락에서 젠더 규범을 살피고 가장 어린 세대에게서 일어나는 변화를 조사하며 이 질문에 답한다. 또한 지난 수십 년간 축적된 문화의 변화가 어떻게 현재의 청소년들로 하여금 과거의 이분법적 젠더 범주를 거부하고 새로운 젠더 모델을 창조하도록 자극했는지를 보여준다. 이 모델은 논바이너리나 젠더퀴어처럼 아예 기존 범주에 포함될 수 없는 정체성까지 모두 포괄한다. 이 장의 도입부에서 언급한 비앙카도 젠더다이버스 청소년의 좋은 예이다. 비앙카는 출생 시 지정된 성으로 자신을 인식하면서도 여자아이의 정체성을 드러내는 보통의 방식에 도전했다. 현장에서 활동하는 우리가 보기에도, 자신의 젠더를 자유롭고 독특하게 인식하고 표현하는 청소년들이 확실히 과거보다 늘어났다. 2장은 우리 사회에서 젠더 규범의 토대가 어떻게 남과 여의 이분법적 정체성에서 폭넓은 스펙트럼으로 이동하고 있는지, 그리고 청소년들이 이런 변혁과 함께 젠더에 관한 자기 생각과 규범을 어떻게 정립하는지 보여준다.

이어서 3장에서는 성별다양성의 세계적인 폭발로 촉발된 불안을 심도 있게 파헤친다. 기성세대와 여러 기관, 정부가 느끼는 불안감은 충분히 공감된다. 기존의 젠더 구분을 사회 질서의 기초로 삼을 수 없는 상황에서는 지금 발딛고 서 있는 땅이 당연히 위태롭게 느껴질 수 있다. 이 장에서는 전 세계에 확산된 불안의 원인과 그것이 아동과 청소년에게 미치는 영향을 설명한다. 더 나아가 급속하게 변화하는 세상에서 일상의 스트레스가 심화되는 가운데 트랜스젠더 및 젠더다이버스 아동과 청소년이 겪는 불안, 젠더 스트레스, 차별의 고통을 탐구한다. 마지막으로, 사회적·문화적 불안과 기성세대가 느끼는 두려움이 아동과 청소년의 고통에 어떤 영향을 주는지, 그리고 이들의 심리적 안녕을 지키기 위해 왜 우리 모두의 불안도를 함께 낮추어야 하는지 알아볼 것이다.

4장은 성별확정 모델이 무엇이고, 성별확정 의료는 어떻게 구성되며, 담당자가 누구인지, 아동과 청소년에게 제공되는 이 모델이 과거의 "지켜보며 기다리기" 또는 "타고난 대로 살아가기" 등의 모델에서 어떻게 발전했는지 설명한다. 또한 성별확정 의료가 젠더다이버스 아동과 청소년의 고통을 줄이고 행복을 증진한다는 연구 결과와 긍정적 증거가 늘어나면서 미국, 캐나다, 영국 등에서 보편적인 케어 모델로 자리 잡고 있는 현실을 보고한다. 나아가 모델을 둘러싼 논쟁을 파헤치고, 미디어를 통해 지속적으로 퍼지는 오해와 잘못된 정보에 맞서 사람들이 자신과 가족을 위해 올바른 정보에 기반한 결정을 내릴 수 있도록 검증된 지식을 전달한다.

5장은 출생 시 지정된 성이 남성인 청소년에 비해 여성인 청소년이 트랜스젠더 또는 젠더다이버스로 스스로를 인식할 가능성이 높다는 일부 통계를 둘러싼 속설을 살펴본다. 실제로 이 현상은 큰 반향을 불러일으켜, 심지어 소아 젠더 케어에 전문 경험이 없는 일부 저널리스트들이 관련 주제로 책을 출간하는 등 공포를 부추기고 있다. "여학생"들은 유독 이런 "열풍"에 잘 휩쓸리기 때문에 내면에 여성 혐오를 키우며 고통받고 있고, 그러다 보니 자신을 좀 더 "강인한" 젠더, 즉 남성으로 바꾸고 싶어 한다는 주장이다. 또 일부 정치가와 이른바 권위자들은, 예나 지금이나 "여자애들"은 남의 말에 쉽게 흔들리므로 어린 나이에는 정확한 판단을 할 수 없다는 암묵적 편견을 내놓는다. 소셜미디어와 사회적 전염에 화살을 돌리는 이들도 있다. 이 장에서는 통계와 정보 출처를 확인하고, 보고서와 공개된 자료의 정확성을 탐구하여 "여자아이들은 다 어디로 갔는가?"라는 중요한 질문에 대한 정보와 시각을 제시한다.

6장은 "우리가 아이들의 말을 제대로 듣고 있는가?"라는 질문으로 이어간다. 1장에서 소개한 제나가 "딸 비앙카가 저보다 훨씬 젠더를 잘 알아요. 저는 그저 아이가 이끄는 대로 따라갈 뿐입니다"라고 한 말은 아이가 부모에게 젠더를 가르치고 안내할 수 있다는 사실을 인정한 것이다.[21] 6장에서는 이런 제나의 경험을 반영하여 젠더 교육의 가장 중요한 원천인 아이들의 이야기를 강조한다. 그리고 젠더 환경이 급격히 바뀌는 세상을 살아가는 아동과 청소년의 경험을 그들의 목소리로 듣는다. 우리는 아주 어려서부터 젠더에 대한 창의성을 보여준 한 아이의 이야기와, 자신의 젠더를 탐색하지는 않지만 문화에서 다양하게 표현되는 성별정체성(나 자신을 누구라고 느끼는가?)과 성별표현(섹슈얼리티: 머리 모양이나 옷 등 눈에 보이는 특징으로 어떻게 내 젠더를 드러내는가?)에 민감하게 반응하는 또 한 아이의 이야기를 공유한다. 이 장의 후반부에서는 아이들을 건강하게 자라나게 하면서 동시에 정체성에 대한 안정감을 키워주려면 어른들이 어떻게 해야 하는지를 알아본다.

부모와 양육자는 항상 고민한다. 아이를 진정한 자기 자신으로 성장하게 하면서도 어떻게 건강하고 안전하게 지켜줄 수 있을까? 7장은 이런 질문에 답하면서 끊임없이 진화하는 세상에서 아이를 키운다는 것이 얼마나 어려운지 함께 돌아본다. 점점 더 많은 아이들이 새롭고 창의적인 방식으로 기존의 성 규범에 도전한다. 이에 맞춰 부모와 양육자들도 건강한 아이를 키우는 양육법을 두고 부딪치는 여러 메시지와 이념의 균열을 잘 헤쳐 나가야 한다.

이 장에서는 지금까지 우리가 여러 부모와 함께 일하며 배운 것을 공유하며, 아이가 젠더 때문에 스트레스를 받지 않고 건강하게 생활할 수 있도록 대응하고 소통하는 방법을 소개한다. 또한 부모와 양육자란 자녀를 가장 잘 아는 전문가인 동시에 아이를 제대로 볼 수 없는 사각지대에 있다는 사실을 설명한다. 마지막으로, 양육자가 아이 자신이 옳다고 느끼는 방식으로 자녀의 젠더를 긍정하는 방법과, 또 다양한 젠더를 수용하는 세상에 이바지하기 위해 자녀에게 젠더 리터러시를 가르칠 때 활용할 수 있는 전략들이 무엇인지 살펴본다.

8장은 스포츠, 교육, 의학 분야에서 성별다양성이라는 난제를 살핀다. 전반부는 스포츠 경기와 교실의 성별다양성을 조사해 다음과 같이 질문한다. 트랜스젠더 아동과 청소년에게 스포츠가 허용되어야 하는 이유는 무엇인가? 그렇다면 이 아이들은 어느 팀에 소속되어야 하는가? 젠더 이데올로기란 무엇이고 공교육에서 어떻게 가르치고 있는가? 부모의 권리는 어디까지인가? 후반부에서는 청소년의 사회적 트랜지션과 치료를 다룬다. 또한 젠더 창의적 아동과 청소년의 사회적, 의학적 트랜지션의 위험성과 장점을 설명하고 전체적인 진행 과정을 개괄한다. 한편, 다음과 같은 중요한 질문에 답한다. 아이의 사회적 트랜지션은 언제 시도할 때 바람직한가? 사춘기억제제는 안전한가? 성별확정 의료가 혹 아이를 불임으로 만드는 것은 아닌가?

다음으로 9장에서는 초점을 개인의 내면으로 옮겨, 각자 스스로 할 수 있는 일들을 추가로 살펴본다. 이 장에서는 우리 모두에게 있는 젠더와 성별다양성, 그리고 개인의 내면에서 일어나는 변화에 대한 생각과 느낌, 태도의 인식을 강조한다. 과거에 미처 인지하지 못했던 부분까지 포함해 사회에 만연한 젠더 메시지가 어떻게 우리의 삶을 확장하거나 제약하는지를 탐구한다. 예를 들어 "여학생은 과학을 못해", "남자아이가 매니큐어를 바르다니 이상해", "트랜스젠더 남성은 '진짜' 남자가 아니고 트랜스젠더 여성은 '진짜' 여자가 아니야"와 같은 메시지가 여기에 해당한다. 또한 우리는 평생 학습자로서 모든 젠더를 포함하는 세상을 함께 만들어 갈 방법을 모색한다.

마지막으로 10장에서는 개인과 가족을 넘어서 지역사회에서 실천할 수 있는 다양한 활동들을 소개한다. 이 장은 아마도 "젠더가 충분히 설명되었는가"라는 질문을 되돌아보는 시간이 될 것이다. 그리고 변화하는 시대 속에서 앞으로 어떤 흐름이 찾아올 것인지, 젠더에 관해 무엇이 더 설명되고 이해되어야 하는지를 예측하며 책을 마무리한다. 그럼, 지금부터 우리 사회와 아이들을 위한 젠더 여정을 시작해보자.

왜 이렇게
많은 아이들에게
젠더가 중요할까?

②

나(미셸)는 유치원 교실에서 새로 만난 아이들과 이야기를 하고 있었다. 마침, 짧은 머리의 한 남자아이가 드레스를 입고 반짝이는 분홍색 신발을 신고 있었다. 내가 그 아이를 '그녀'라고 지칭하자, 다른 아이들이 깔깔대며 말했다. "쟤는 여자아이가 아니라 남자아이예요!" 그 아이가 드레스를 입었다는 이유로 여자아이라고 생각하는 것은 세상에서 가장 바보 같은 착각인 것처럼 말이다.

현재 사회에서 젠더는 내가 처음 소아 젠더 케어 분야에서 활동하기 시작했을 때와는 아주 많이 달라졌다. 특히 지난 10년간 대단히 큰 변화를 겪었다. 과거에는 많은 부모가 자신이 다른 성별이라고 우기는 아이를 데리고 우리를 찾아왔다. 이 아이들은 "저는 여자예요" 또는 "저는 남자예요"라고 확신했고, 대개 그 성별의 전형적인 특성과 흥미를 보였다. 예를 들어 자신의 생물학적 성(출생 시 지정된 성)과 반대인 친구들을 주로 사귀었고, 그 성별과 관련된 옷이나 장난감을 선호했으며, 해당 성별의 전형적인 머리 모양을 원했다. 이 아이들 대부분이 남자아이였고, 그중에서도 다수가 드레스를 입거나, 인형이나 요정 피규어, 반짝이는 꼬리가 달린 인어 인형으로 놀고 싶어 했다.

우리를 찾아온 부모는 '여자애 같은 아들', 즉 자신의 트랜스젠더 딸이 다른 사람들의 눈에 어떻게 보일지, 그들이 자신의 아이를 어떻게 대해야 할지를 걱정했다. 가령, "원피스를 입고 싶어 하는데 남자아이가 그래도 될까요? 아이가 갖고 있는 인형들을 전부 빼앗아야 할까요?" 이렇게 말이다.

물론 트랜스젠더 아들도 있지만 이런 성향을 보이는 아이의 부모가 우리를 찾는 경우는 상대적으로 드물다. 이들은 자신의 딸이 그저 좀 털털한 톰보이라고 생각해 대수롭지 않게 여기기 때문이다. 사회에서도 남자애처럼 행동하는 여자아이는 여자애처럼 행동하는 남자아이보다 덜 낯설게 받아들여진다.

지금까지 우리 사회에서 대부분 젠더는 이분법적으로 취급되고 있다. 이는 세상에 딱 두 가지 가능성만 있다는 뜻이다. 아이는 "여자아이" 또는 "남자아이" 두 범주 중의 단 하나에만 속할 수 있다. 그러나 상대적으로 여자아이의 범주는 좀 더 크고 유연하여 비교적 다양한 성별표현이 허락된다. 이를테면 여자아이가 전형적인 남자아이의 옷을 입고 활동해도 자연스러워 보인다. 여자아이는 바지를 입어도 되고 또 실제로 바지를 많이 입고 다니며, 커서 외과의사나 매니저가 되거나 운동선수가 되어 경기를 할 수 있다. 반면에 남자아이의 범주는 좀 더 제한적이며 거기에서 벗어나자마자 "계집애" 또는 "게이"라는 경멸을 담은 호칭이 따라붙는다.

남자도 여자가 아닌 기분이 들면 어떻게 하나요?

이제 우리 상담소에 오는 아이들은 대개 자신이 (주어진 성별에 따른) 남자나 여자로 느껴지지 않거나, 혹은 여자이면서 동시에 남자라고 느낀다. 이 아이들은 트랜스보이이거나 트랜스걸일 때도 있지만 훨씬 많은 경우가 자신을 논바이너리, 젠더플루이드Gender fluid, 젠더퀴어, 그 밖의 다른 젠더다이버스 정체성과 동일시한다. 또는 자신이 다른 남자아이나 여자아이와는 완전히 다르다고 느끼거나, 아예 젠더라는 규정 자체가 터무니없다고 생각한다. 이 아이들은 옷, 머리, 스타일에서 자기만의 고유한 성별표현을 보이며, 어른들이 그것을 "이해하지" 못하고 자기의 성별정체성을 두고 호들갑을 떤다며 답답해한다.

한 아이가 우리에게 이렇게 말한 적이 있다. "저는 그냥 저예요. 그게 문제인가요?" 자신의 정체성을 논바이너리라고 밝힌 또 다른 아이는 이렇게 단언한다. "일단 제가 사내자식이 아니라는 건 알아요."

상담소를 찾는 아동 외에도 우리는 처음으로 트랜스젠더 또는 젠더다이버스로서의 정체성을 발견하고 탐색하고 확신하는 청소년, 또는 젠더에 관해 전반적인 의문을 품는 아이들을 많이 만난다. 이 사춘기 아이들의 대다수는 "젠더 스트레스"를 심하게 느끼며, 성별불쾌감이나 다른 사람이 자기를 어떻게 생각하고 대할지를 걱정하며 불안, 집착, 괴로움을 더 많이 겪는다고 말한다. 이들의 괴로움은 사춘기가 되면서 가슴이 커진다든지, 목소리가 굵어진다든지, 얼굴이나 몸에 털이 나는 것처럼 밖으로 드러나는 이차 성징이 시작되면 더 심해진다. 이 아이들은 사춘기 호르몬 변화로 타고난 "여자"의 몸, 또는 "남자"의 몸이 내리는 지시에 따라 자신이 원하지 않는 성별이 눈에 띄게 드러난다는 사실을 너무나 잘 알고 있다. 남들의 시선 때문에, 또는 다른 사람이 자기의 성별정체성을 무시하고 진지하게 생각하지 않기 때문에 많은 청소년이 힘들어 한다. 어떤 아이는 가족으로부터 거부당해 마음에 상처를 입고, 또 어떤 아이는 학교를 비롯한 사회 집단에서 자신을 대하는 사람들의 태도 때문에 스트레스를 받는다. 어떤 아이들은 위에서 언급한 모든 부정적 요인이 전부 결합된 상황에 부닥친다.

우리에게 도움을 청하는 또 다른 아이들은 태어날 때 지정된 성으로 자신을 인식하지만(즉, 이 아이들은 시스젠더다), 자신의 젠더를 새롭고 확장적인 방식으로 표현한다. 예를 들어 어떤 시스젠더 남자아이는 분홍색 반짝이 셔츠나 레깅스, 페디큐어를 즐긴다. 반면 어떤 시스젠더 여자아이는 몸으로 하는 활동을 좋아하고 남자아이처럼 입고 다니며 학급에서 여자애들보다 남자애들과 어울리는 것을 즐긴다. 이런 성향의 아이들은 다른 사람이 자기의 옷차림이나 머리 모양, 활동 성향만 보고 성별에 의심을 품는 것은 말도 안 된다고 생각한다. 이 장의 도입부에서 언급한 유치원생들처럼 이 아이들은 남녀 상관없이 누구나 원피스를 입을 수 있고, 옷의 취향이 성별을 식별하는 단서가 될 수 없다는 것을 알고 있다. 아이들은 성별정체성과 상관없이 옷을 입는 방식이나 자신을 드러내는 방식에서 창의적이고 확장적이다. 또한 이들은 타인에 대한 포용력도 크다. 물론 각 아이들이 속한 가정, 보육 시설, 학교 등에서 성별다양성이 어떻게 다뤄지느냐에 따라 영향받겠지만 우리 중 가장 어린 세대들이 자신의 성별과 타인의 성별에 가장 유연하고 열린 사고를 가지고 있음을 보여준다.

왜 이렇게 많은 아이들이 젠더를 탐색할까?

점점 더 많은 아동과 청소년이 성별정체성을 고민한다는 사실은 그들이 살고 있는 이 세상을 반영한다. 세상은 아이들이 자신에 대해 믿고, 알고, 배우는 것에 대한 정보를 제공하고, 또 반영하지만, 때로는 모순된 태도를 보인다. 오늘날 우리 사회에서 가장 어린 세대는 성별표현의 다양성이 그 어느 때보다 유연한 문화에서 성장하고 있다. 이는 1970년대, 1980년대, 1990년대의 페미니스트 운동과 성소수자 권리 운동, 그리고 좀 더 최근의 트랜스젠더와 젠더퀴어 커뮤니티가 적극적으로 활동한 결과일 것이다.

타겟 같은 미국의 대형 마트에서는 이제 장난감을 성별에 따라 나누지 않는다. 대형 장난감 제조업체 마텔이 2019년에 출시한 크리에이터블 월드Creatable World는 여섯 개의 인형에 옷과 액세서리, 머리 모양을 바꾸어 가장 '여성스러운 것'에서 가장 '남성스러운 것'까지 다양하게 성별을 표현할 수 있다. 또 그 어느 때보다 젠더다이버스 음악가와 배우가 활발하게 활동하며 유명한 상의 후보나 수상자로 선정되는 경우가 빈번하다. 2023년에는 트랜스젠더 여성인 미스 네덜란드와 미스 포르투갈이 미스 유니버스 대회에 출전했다. 이렇듯 현대 대중문화에서 젠더 창의성의 예는 무궁무진하다.

하버드대학교를 포함한 우리 사회의 엘리트 집단과 전통 있는 기관들이 점차 공식적인 서류 양식에 남/여 외의 성별정체성을 표기하고 있다. 대학들은 성별정체성에 따른 화장실 사용을 보장하며, 모든 젠더에 개방된 거주 시설을 제공하고 있다. 미국의 전체 50개 주에서 각 주마다 최소한 한 개 대학 이상이 이를 시행한다.

미국에서 가장 유서 깊은 여자대학교인 웰즐리칼리지는 세상을 바꾸는 여성을 양성하는 기관임을 표방해왔다. 2023년 3월, 학생들은 투표를 통해 논바이너리와 트랜스젠더 남성을 포함한 트랜스젠더에게 입학의 기회를 확대하기로 했다. 일관된 여성의 정체성을 가진 사람만 학생으로 받아들이는 것은 이제 더는 교직원과 학생을 비롯한 대학의 많은 이들에게 용납할 수 없는 일이 되었다. 성차별을 겪는 이들을 위한 확실한 안식처가 된 웰즐리는 특히 트랜스젠더에 대한 공격이 더욱 거세지는 시기에 진화를 거듭했고 이제는 모든 젠더 소수자를 아우를 때임을 인식하고 있다. 고등 교육 기관의 새로운 젠더 정책은 캐나다 대학들과 유럽의 명문대에서도 증가하는 추세다. 특히 옥스퍼드대학교에서는 트랜스젠더, 젠더다이버스 학생, 교수, 직원을 지지한다는 사실을 명시한 공식 정책을 준비하고 있다.

직장에서도 월마트 같은 대기업에서는 직원의 법적 성명이나 성별에 관계없이 직원이 선호하는 이름과 성별 대명사를 명찰에 표시하는 정책을 시행한다. 미국 노동부 산하 직업안전위생관리국OSHA은 모든 고용주가 트랜스젠더 직원에게 젠더 중립 또는 직원의 성별정체성과 일치하는 화장실을 제공해야 한다고 명시한다. 캘리포니아주는 한 걸음 더 나아가 공공장소에서 성별로 구분된 개인용 화장실을 금지했다. 이제는 화장실 문에 붙은 성별 표시에 따라 기다리지 않아도 된다. 더 나아가 미국 의회, 영국 의회, 독일 연방 의회, 멕시코 의회 등 여러 국가의 정부 기관에서 트랜스젠더 선출직 공무원이 일한다.

변화하는 젠더 환경의 또 다른 예로는 모든 젠더를 포함하는 언어가 주류로 자리 잡고 있다는 점을 들 수 있다. 영어권 문화는 점차 성별을 구분하는 언어에서 벗어나고 있다. 예를 들어 "mailman(우편집배원)"은 "mail carrier", "policeman(경찰관)"은 "police officer", "fireman(소방관)"은 "firefighter"로 바뀌었다. 또한 성별이 암시된 단어를 대체하는 신조어도 늘고 있다. "Mr." 또는 "Ms." 대신 사용되는 "Mx."가 1970년에 처음 만들어졌고 "믹스" 또는 "먹스"로 발음한다. 이 표기는 정부 문서를 포함해 영국에서 좀 더 보편적으로 사용되지만 미국에서도 확산되기 시작했다.

이러한 눈에 띄는 문화적 변화는 트랜스젠더와 젠더다이버스 청소년의 증가가 일시적 유행이 아닌 문화 지형의 근본적 변화임을 반영한다. 사회가 트랜스젠더와 젠더다이버스의 정체성을 수용하고, 문화와 정책은 젠더 창의적 청소년이 성인기에 들어서는 인구의 실제 구성을 반영하는 방향으로 바뀌고 있다. 한편, 문화와 정책의 진화는 사람들이 성별정체성과 표현을 탐구할 공간을 더 많이 마련한다. 이렇듯 우리가 목격하는 것은 긍정적인 피드백이다. 젠더다이버스 청소년들이 기성세대에 편입되면서 문화에 영향을 주고, 그렇게 달라진 문화가 다음 세대를 위한 젠더 확장성과 창조성을 더 많이 받아들이는 방식이다.

변화는 비단 어린이와 청소년만의 것은 아니다. 평생 젠더 고정관념에 순응하지 않으며 살아왔지만 자신의 젠더를 명확하게 정의할 언어가 없었던 어른들도 있다. 오늘날 청소년이 주도하는 문화적 변화가 기성세대에게도 진정한 자신으로 살아갈 기회를 주고, 그들이 다른 사람들과 함께 자신의 정체성을 찾아가게끔 이끌었으며, 자신의 진짜 젠더를 확실히 알아볼 언어를 선사했다. 사람들은 세상에서 자신의 자아가 올바르게 비치기를 바라며, 그렇게 되기 위해 사람들이 어떻게 세상을 변화시키고 있는지를 목격하고 있다.

젠더와 성은 같은 걸까?

역사적으로 성(性, sex)과 젠더는 서로 동일한 뜻으로 사용된 용어였다. 아기가 태어났을 때 외부 생식기의 모양에 따라 여성 또는 남성으로 결정되었다. 그러나 1970년대에 시작된 페미니즘 운동과 함께 "성"과 "젠더"는 서로 구별되는 현상을 언급하는 별개의 용어로 분화되었다. 전형적으로 남성 또는 여성으로 구분되는 성은 생물학적 신체, 생식샘, 염색체(남성은 XY, 여성은 XX)에 바탕을 두었고, 반면 젠더는 여자와 남자에 대한 문화적 기대에 의해 창조된 산물이자, 시간과 공간에 따라 다양하게 나타나는 사회적 구조물을 의미했다.

성과 젠더가 (서로 뒤엉켜 있기는 해도) 별개의 개념이라는 생각은, 학자, 운동가, 교육자, 일부 입법자, 그리고 미국심리학회, 세계보건기구 같은 유명한 기관에서 채택하고 있다. 미국 인구조사국에서도 성과 젠더를 별개로 보며 성은 남성/여성의 생물학적 성, 젠더는 개인이 자신을 인지하는 방식을 나타낸다고 명시한다. 일례로 "지정된 성이 남성인 사람"은 성을 묻는 항목에는 "남성"이라고 체크하지만, 자신의 정체성을 트랜스젠더로 식별한다면 젠더를 묻는 항목에 "트랜스젠더"라고 체크할 것이고, 자신의 정체성을 "여성"으로 본다면 "여성"에 체크할 수 있다. 그러므로 인구 조사에 표기된 한 사람의 젠더는 그 사람의 성과 일치할 수도 있고 일치하지 않을 수도 있다.

성은 이분법적인가?

"성은 생물학적 기준이므로 단순하고 명확하다."

과연 이 말이 참일까? 성은 XY 또는 XX 염색체로 명확히 구분되는 범주처럼 보이지만 실제로 세계 인구의 약 1.7퍼센트가 범주에서 벗어나는 변이를 나타낸다.[1] 흔한 예로 비유하자면, 전 세계에서 빨간 머리로 태어난 사람의 수와 같은 수의 인구가 일반적으로 기대되는 남성 또는 여성의 몸에 맞지 않는 모호한 생식기나 염색체, 생식샘, 성호르몬의 변이를 보인다. 이런 자연적 변이를 간성 형질이라고 부르며 일부는 태어날 때부터 관찰되고 일부는 나중에 발견된다. 예를 들어, 여아인데 남아의 것처럼 보이는 생식기를 갖고 태어나거나 그 반대인 경우가 있다. 반면에 어떤 형질은 사춘기가 될 때까지 나타나지 않는다. 남성 염색체를 지녔지만 여성의 외형 및 외부 생식기를 보이는 바람에 출생 시 성이 여성으로 결정되는 안드로겐•무감각증후군이 대표적인 사례이다. 이 경우는 보통 자녀가 사춘

• 신체적으로 남성의 특징을 발달, 유지시키는 호르몬.

기가 되어도 생리를 하지 않는다든지 등의 이상이 있어서 검사했다가 사실은 아이가 유전적으로 남성이고, 따라서 여성의 내부 생식기가 없다는 것이 밝혀진다. 이런 증상은 유전자 돌연변이 때문에 몸이 안드로겐에 반응하지 못해서 발생한다. 이와 같이 확실히 구분된다고 믿었던 남성과 여성의 범주에서 벗어나는 자연적인 변이가 존재한다.

역사적으로 우리 사회는 명확히 남성이나 여성으로 구분하기 애매한 아이가 태어나면 불안감을 느끼며 어떻게든 한쪽 성별로 "고정"시켰다. 그래서 의사와 부모는 성별이 모호한 아이임에도 여성으로 결정하고 여자아이로 키우거나, 남성으로 결정하고 남자아이로 키웠다. 일단 성별이 결정되면 다음 단계는 수술 등의 의학적 개입 또는 지정된 성을 강제하고 강화하는 사회적 시도가 이어졌다. 유감이지만 이런 식의 억지 할당과 사회화 시도는 대개 성공하지 못했다. 어떤 아이들은 자기의 정체성과 다른 성별로 키워지면서 젠더 혐오 또는 이와 연관된 심리적 장애로 큰 고통을 받았다. 또 어떤 아이들은 동의할 권한이 없는 어린 나이에 받은 생식기 수술 때문에 흉터나 영구 성 기능 장애를 평생 안고 살아야 했다.

마침내 간성 커뮤니티가 목소리를 내면서, 의학적으로 필요하지 않은 상황에서 간성 유아에게 시도되는 수술적 개입은 비윤리적이라고 인식되기 시작했다. 간성 아동에게 의무적으로 성별을 지정하는 법적 절차는 간성 커뮤니티를 주축으로 많은 사람들에게 비판을 받았다. 의학적으로 불필요한 상황에서 이루어지는 이런 강제 "교정 절차"가 비윤리적임을 알리는 데 크게 이바지한 사람들이다. 이들의 노력 덕분에 현재는 아이들이 자신이 편안하게 느끼는 성별로 성장할 수 있는 환경이 정착되었다. 의학적 개입은 나중에 본인이 원할 때, 그리고 의학적 처치에 동의consent할 수 있는 나이가 되거나, 아직 아이라면 승낙assent할 수 있을 때 제공한다. 이처럼 명확하게 남녀로 구분할 수 없는 모호한 성이 자연적으로 존재한다는 사실은 아기가 태어났을 때 생식기나 염색체만으로 성별을 예측할 수 없다는 주장을 뒷받침한다. 실제로도 의사가 간성 아기에게 옳지 않은 성별을 부여하는 경우가 많다. 그리고 그것이 아이 자신이 옳지 않다고 느끼는 성별이라면 강제적인 의학적 개입이나 사회화 시도로 바꿀 수 없었다. 여기에서 우리는 다시 젠더의 기본 원칙으로 돌아간다.

누군가의 성별정체성을 알고 싶다면 그가 하는 말을 들어라. 젠더는 염색체나 생리학적 형질이 말하는 것과 일치할 수도, 일치하지 않을 수도 있기 때문이다.

젠더란 도대체 무엇일까?

성과는 별개로 젠더에 대한 이해 역시 지난 수십 년간 크게 발전했다. 이제 우리는 젠더가 본성nature과 양육nurture

과 문화culture의 실타래가 복잡하게 뒤얽힌 결과물임을 잘 알고 있다. 세 요소는 시간이 지나면서 계속 변화한다.

본성은 염색체, 생식샘(일차 성징), 호르몬, 호르몬 수용기, 이차 성징(가슴 및 수염의 변화), 뇌 등의 생물학적 측면을 가리킨다. 한때 남녀의 차이에 대한 사람들의 관심이 높아지면서 "남자는 화성에서, 여자는 금성에서 왔다"라는 식으로 여성의 뇌와 남성의 뇌를 구분하는 관점과 논쟁이 유행했다. 선천적으로 여성은 언어 능력이, 남성은 공간 및 방향 감각이 뛰어나다는 흔한 고정관념을 들어보았을 것이다. 실제로 생물학적 성은 자궁에서부터 한 사람의 신체와 두뇌 발달에 영향을 미친다. 예를 들어 신경과학을 통해 남성의 뇌와 여성의 뇌는 서로 차별되는 특징이 있음이 밝혀졌다. 그렇지만 온전히 여성만의 뇌, 온전히 남성만의 뇌 같은 것은 없다. 오히려 뇌는 두 성 사이에서 변이를 나타내는 다양한 형질과 기능이 마치 모자이크처럼 뒤섞여 있다는 사실이 증명되었다.[2] 그러므로 그 변이를 단지 두 개의 이분법적 범주로 좁히는 것은 불가능하다.

양육의 실타래는 한 사람이 태어나기 전부터 시작된다. 이는 가족과 또래 집단, 학교와 종교 기관 등 가까운 공동체 속에서 한 사람이 어떻게 사회화되는지를 아우른다. 이 실타래에는 부모의 양육 방식, 살면서 노출되는 경험과 사건 및 시련, 인생에서 배우는 교훈, 그 밖의 모든 사회관계가 포함된다. 한편, 문화의 실타래는 사회적 가치,

윤리, 법, 이론, 관습 등을 말한다. 본성, 양육, 문화, 이 세 가지 실타래에는 신념, 사회가 공유하는 관습, 의사소통 방식, 언어 체계가 포함되며, 이는 우리가 세상에서 어느 자리에 놓이는지를 결정한다.

마지막으로, 본성과 양육과 문화는 시간이라는 맥락 안에서 상호작용하며 끊임없이 변화한다. 시간은 실타래들이 지속해서 변화한다는 사실을 나타내며, 따라서 젠더 역시 시간의 흐름에 따라 달라질 수밖에 없다. 성별표현의 예를 들면 나만 해도 어려서는 거의 매일 원피스를 입고 다녔다. 그러나 수십 년이 지난 지금은 옷차림에 신경 써야 하는 장소에서도 내가 드레스 입은 것을 본 사람은 거의 없다. 성별정체성 자체는 평생 안정적이었지만 (즉, 변함이 없었지만) 내 성별표현, 즉 내가 내 젠더를 "수행"하는 방식은 긴 시간 동안 놀라울 정도로 변했다. 이런 사실들을 바탕으로 우리는 이 모든 현상을 포괄하는 "젠더 웹Gender Web"을 제시한다.

젠더 웹

3차원 거미줄 같은 젠더 현실을 표현하기 위해 젠더 웹이라는 용어를 사용하고자 한다. 젠더 웹은 본성, 양육, 문화의 세 실타래를 사용해 모든 사람이 각자 엮는 것이다.[3] 개인의 젠더는 실타래가 저마다의 방식대로 독특하게 짜여 있으므로 마치 지문처럼 다른 사람과 똑같은 젠더 웹은 없다. 그러나 지문과 젠더 웹에는 차이점이 있다. 지문은 태어나서 죽을 때까지 똑같지만 젠더 웹은 평생 지속되는 것도, 변하지 않는 것도 아니다. 이런 속성은 네 번째 요소인 시간이 추가된 결과이다. 한 사람의 젠더 웹은 평생 그 모양이 똑같지 않고 시간에 따라 실타래가 달라지면서 전과 다른 모양과 패턴으로 변해간다. 우리는 이 개념을 통해 사람들이 자신의 몸, 뇌, 마음, 그리고 주변 세상을 바탕으로 어떻게 자신의 젠더를 구성해가는지 입체적으로 이해할 수 있다.

모든 아이가 각자 자기만의 젠더 웹을 창조한다. 이 웹은 분명 다른 사람에게 영향을 받지만 궁극적으로 아이 자신의 마음과 기분, 경험에 의해 결정된다. 젠더 웹은 한 사람의 내면에 존재하며, 아이에 따라 다른 사람이 볼 수 있게 스스로 드러내거나, 소수의 신뢰하는 사람들하고만 공유하거나, 그 누구와도 나누지 않거나, 무의식 속에 묻혀 있는 경우라면 자기 자신과도 공유하지 않는다.

한 사람의 젠더 웹은 추적해야 할 실타래의 긴 목록을 동반하지만, 아이의 젠더를 명확하게 파악하려면 한 올 한 올 모두 주의를 기울여야 한다. 마찬가지로 양육자도 이 목록을 통해 아이의 젠더를 직관적으로 이해할 수 있다. 가장 중요한 건 아이 스스로 안전하게 자신의 젠더 웹을 설치할 장소를 확보하는 것이다. 아이 자신이 인식한 기준이 아닌 어른의 기준에 맞춰 젠더 웹을 만든다면 결국 아이는 그 줄에 걸리고 엉켜서 자기 자신과 주변 세계에 대한 신뢰를 잃을지도 모른다.

젠더는 어떻게 변할까?

설령 세상에 남성과 여성의 두 범주밖에 없다고 가정하더라도 여성적인 것, 또 남성적인 것의 기준 또한 수 세기 동안 여러 문화에서 다양한 변화와 변이를 겪었다. 젠더에 따른 행동과 규범의 변화는 보통 복식 문화에서 가장 확연히 드러난다. 예를 들어 세계사 교과서의 근대 유럽 단원에 자주 등장하는 그림이 있다. 그림 속 백인 남성은 뒤로 머리를 땋은 가발을 쓰고, 타이츠를 신고, 목둘레에 레이스가 달린 고급 셔츠를 입고 있다. 만약 오늘날 이러한 옷차림을 설명하면 아마 대부분 여성을 떠올릴 것이다. 이렇듯 젠더를 표현하는 방식은 20세기 초까지도 계속해서 진화하고 변해 왔다. 예를 들어 옛날에는 남자아이, 여자아이 가릴 것 없이 대략 여섯 살까지 흰색 면 치마를 입는 것이 일반적이었다. 빨래하기가 쉽고 동생에게 물려주어야 했기 때문이다. 사실 과거에는 분홍색이 남아의 색이고 파란색이 여아의 색깔이었다.

　게다가 아기의 옷을 성별이나 색깔에 따라 분리한다는 발상 자체도 20세기의 것이며, 1918년에 한 백화점

판촉물에서 분홍색은 남아용, 파란색은 여아용이라고 표시한 것이 최초다. 그렇게 1940년대까지 성별 색상이 지금과 반대로 유지되다가 미국 백화점 소매상들이 고객의 선호도를 반영해 분홍색을 여아용으로 파란색을 남아용으로 바꾼 것이 오늘까지 이어지고 있다.[4] 즉, 분홍색과 파란색으로 표시되는 젠더 규범의 반전은 성별에 따른 본질적인 색상 코드를 발견했기 때문이 아니라 옷을 많이 팔아서 판매 수익을 늘리기 위한 마케팅 결과에 불과하다.

문화 안에서 또는 여러 문화권에서 젠더 변혁이 일어나는 것뿐만 아니라 추가로 사람들은 평생 내면의 젠더 변화를 경험한다. 이런 내적 변동은 자신의 젠더가 태어날 때 지정된 것과는 다르다는 것을 깨달을 때, 또는 살면서 성별정체성이 한 번 이상 바뀌는 것에서 예를 찾아볼 수 있다. 일례로 출생 시 여성으로 지정된 아이가 처음에는 자신의 젠더를 남성으로 생각해 트랜스보이로 커밍아웃했다가 시간이 지나면서 자신이 지닌 남성적인 면과 여성적인 면을 모두 깨닫게 되면 논바이너리 같은 다른 정체성이 더 자신에게 맞다고 생각할 수도 있다.

모든 사람이 평생 젠더의 변화를 경험한다. 예를 들어 어린 남자 운동선수는 강인한 모습을 보여야 한다는 압박 때문에 스스로 남성적인 형질을 느끼고 표현하도록 강제당하는 경우가 있다. 그러다가 성인이 되어 타인의 시선이나 의견을 덜 의식하게 되면 생각이 바뀌기도 한다. 어쩌면 부모가 된 후 양육이나 돌봄처럼 대개 '여성'에게 속한 분야에서 적성을 발견할지도 모른다. 아버지가 되기 전에는 이런 특성이 잠복해 있거나 억압되었거나 미처 의식되지 못하다가 자식을 낳고서야 젠더 자아의 중요한 일부가 되는 것이다.

한 사람의 내적 성별정체성, 성별표현, 젠더와의 관계가 시간이 지나면서 달라지는 것처럼 젠더의 문화도 그러하다. 그리고 그 변화는 개인의 젠더 감수성에 영향을 미친다. 하지만 전과 달라졌다고 해서 이전 상태가 올바르지 못했다거나 착각이었다고 생각하면 안 된다. 젠더에 대한 경험이 달라지는 것은 변화를 거듭하는 세상에서 자아가 성장하고 진화하여 자리 잡는 데 꼭 필요한 단계다. 그리고 자신이 누구인가에 대한 내적 감각이 시간이 지나면서 달라진다고 해도, 또 겉으로는 사회 규범을 따르도록 강요받더라도, 내면의 자아의식을 타인이 함부로 바꿀 수는 없다. 우리는 극심한 외부 압력 속에서도 자신의 진정한 자아를 드러내며 살아가는 수많은 젠더다이버스로부터 그 증거를 목격한다. 또한 젠더를 "겉으로" 드러내기보다 투명 망토로 감싸듯 "내면에" 감추면서도 자신의 진정한 정체성을 인식하고 타인이 그것을 부정하게 두지 않는 이들에게서도 그 증거를 찾아볼 수 있다.

젠더 규범을 넘어서

이처럼 커다란 변이와 변화에도 불구하고, 과거 서양 문화에서 젠더는 남성 또는 여성, 두 가지로만 나뉘어 왔다. 양자택일적 사고는 남성과 여성을 서로 반대되는 존재로 인식하게 하고, 그 외의 다른 옵션을 배제하며 강제적으로 적용되었다.

옛날부터 남자아이는 강한 성격에 포부를 갖추도록 키워졌고, 격렬한 놀이가 당연시되었다. 그리고 논리적이고 진취적인 태도로 다양한 직업과 경력을 추구하도록 격려받았고, 남성적 젠더에 어울리지 못하는 모습을 보이면 "계집애" 또는 "여자애 같은"이라는 멸칭으로 불렸다. 여성을 경멸하는 이런 식의 언어는 여자아이를 약하고 수동적인 젠더, 예를 들어 울보, 오글거리는, 소심한, 다트보다 인형을 좋아하는 아이로 낮춰보게 만들었다. 여자아이는 가정에서 현모양처가 되는 법을 배웠지만, 남자아이는 세계 정복의 운명을 타고났고 그렇지 않더라도 최소한 가정을 다스릴 수 있다고 생각하며 자랐다.

지배 문화 속의 젠더 규범은 적절한 여성, 적절한 남성을 구성하는 기준을 강화했다. 과거에는 태어날 때 부모와 의사가 아들, 또는 딸이라고 선언하면 그때부터 경로가 고정되어 죽을 때까지 그 성별로 살아야 했다. 그러나 오늘날의 아동과 청소년은 다르게 생각한다. 이들은 상호 배타적 젠더 분할의 한계와 부정적 함의에 도전하고, 많은 경우 그 범주에서 빠져나오고 있다. 하지만 어린 세대의 열정에도 불구하고 기성세대는 이분법적 젠더의 붕괴를 사회에 대한 위협으로 본다. 나는 로큰롤 시대가 도래하는 시기에 성장했는데, 이때는 비틀즈와 그를 추종하는 젊은 층의 활동이 세대 차이의 대표적인 예였다. 이들의 신세대 사고방식은 과거 세대에게 커다란 위협이었다. 이제 우리는 이분법적 젠더 해체에 대한 젊은이들의 환호와 사회 질서를 잃을지도 모른다는 기성세대의 두려움이 충돌하는 지점에서 새로운 세대 차이를 목격하고 있다.

변혁의 선도자들

전형적인 소년/소녀 범주에 해당하지 않는 청소년의 폭발적 증가가 새롭거나 낯선 현상은 아니다. 20세기를 돌아보면 많은 젊은이들이 수십 년간 성별의 엄격한 이분법적 구분과 이를 옹호하는 규범에 도전해왔다. 1920년에 운동가들은 그때까지 무려 70년에 걸쳐 집회와 시위, 단식과 투쟁, 그리고 투옥 끝에 여성의 투표권을 확보하는 데 성공했다. 그 후 격동의 1920년대가 시작되었고 젠더 규범에 노골적으로, 그리고 더 깊이 도전하는 패션과 행동이 나타났다. 젊은 여성이 머리를 짧게 자르고, 담배를 피우고, 미니스커트와 박스핏 치마를 입었다. 일부는 과거에 남성에게만 허락된 성적 자유를 추구했다. 결과적으로 그들은 정해진 젠더에 순응하지 않는 행동과 표현 때문에 비도덕적이고 양성적이라는 비난을 받았다. 하지만 여성으로 살아가는 이런 새로운 방식은 결코 위험한 트렌드도, 잠시 지나가는 유행도 아니었다. 오히려 1920년대는 여성의 사회적 행동과 패션이 지속해서 양성적, 또는 남성적으로 변화하는 계기가 되었다. 바지, 양복, 청바지를 통해 이런 변화를 엿볼 수 있다.

이는 단지 여성이 몸에 무엇을 걸치고 사적 영역에서 어떻게 행동하느냐의 문제가 아니었다. 여성의 사회적 역할도 달라졌다. 과거에 직장이 없던 여성이 제2차 세계대전 중에 남성의 직업을 대신 맡아서 수행했고, 전쟁이 끝난 후에도 많은 이들이 "비애국적"이라는 비난을 받으면서까지 가정으로 돌아가지 않고 일터에 남았다. 하지만 이들은 국가가 불렀을 때 기꺼이 나서서 일을 한 사람들이다. 따라서 이들의 애국심을 문제 삼을 수는 없다. 그보다 이 현상은 전쟁이 끝났으니 예전처럼 여성은 가정을 지키고 전쟁에서 돌아온 남성은 평시의 가장 역할을 되찾으라는 사회적 요구에 대한 저항으로 봐야 한다. 비평가들은 전통적 젠더 규범에 맞서는 젊은 여성들의 도전을 억누르려고 했지만 그 시도는 모두 실패로 돌아갔고, (현재까지 존재하는) 성차별 속에서도 점점 더 많은 여성이 전통적으로 남성이 독점하던 영역에 도전하는 모습이 목격되고 있다.

사회 규범이 변화하고 여성의 젠더 영역이 확장하

면서 덩달아 남성의 젠더 영역도 함께 넓어지기 시작했다. 1960년대 젊은 남성들이 머리를 기르고 구슬과 목걸이 장신구를 걸치고 타이다이 셔츠를 입고 청바지에 자수를 놓기 시작했다. 이후 수십 년에 걸쳐 남성의 사회적 역할은 가정에서 육아를 담당하고, 밖에서도 간호, 보모, 유아 교육 등 과거에 여성 전유물이었던 직업을 선택하면서 훨씬 유연해졌다. 그 후 동성애자 인권 운동에 이어 20세기 말에 좀 더 포괄적인 LGBTQ+ 사회 운동이 활발해졌는데, 모두 이분법을 넘어서 젠더의 범주를 확장하는 데 크게 이바지했던 운동이다.

모든 전환점마다 "젠더 혁명"에 참여했던 젊은이들은 비도덕적으로 행동한다는, 또는 잠깐 반짝하고 마는 유행에 편승한다는 질타를 받았다. 한편, 청소년 세대 또한 큰 변화를 일으키고 있었다. 이 세대에서는 기존의 젠더 범주에 적합한 아이들도 많았지만 다른 많은 아이들은 고통받고 있었다. "나는 공부를 잘할 필요가 없어. 내 꿈은 중요하지 않아. 나는 어차피 커서 의사가 아닌 엄마가 될 테니까"라고 되뇌어야 했던 여학생을 생각해보라. 또 남자로 태어났다는 이유로 강해져야 한다는 압박을 받았지만 부드러운 천성 때문에 홀로 고통을 감내하며 우울을 견뎌야 했던 사춘기 남학생을 생각해보라.

세대가 서로 다른 다이앤과 미셸, 우리 두 심리학자는 남성과 여성의 범주가 확장되면서 파생된 이점을 직접 목격하고 경험했다. 아빠들이 육아휴가를 신청해 자녀 양육에 더 적극적으로 참여할 수 있게 되었고 남녀 모두의 정신 건강이 공개적으로 논의되기 시작했다. 남학생과 남성은 자신의 여린 감성을 표현할 수 있는 공간을 얻었고, 여학생과 여성은 "여자가 기가 세다"라는 비난을 받지 않고 당당하게 자신을 주장할 수 있는 환경으로 자신을 확장했다. 이처럼 유연한 성별표현을 가능하게 한 변화들은 21세기에 접어들면서 과거 세대가 다져놓은 성과 젠더의 틀에 균열을 일으켰고, 남자아이와 여자아이, 남성과 여성이라는 이분법적 틀에 젠더를 배치하고 엄격하게 감시해온 과거의 체계를 뒤흔들었다.

이분법의 바깥세상

남성과 여성으로 나뉘던 젠더 범주가 점차 유연해지고 있음에도, 젠더라는 범주 자체는 여전히 존재한다. 어떤 아이들은 여전히 세상 속에서 여자아이/여성, 남자아이/남성이라는 제한된 틀을 발견한다. 이 아이들은 그 틀에 자신을 끼워서 맞출 수 없고, 사회가 제안하는 범주에 자신을 넣을 수 없다고 여긴다.

태어난 성별과 반대되는 젠더를 정체성으로 인식하는 사람들의 역사는 오래되었다. 현재의 용어로 트랜스여성 또는 트랜스남성이라고 지칭하는 이들이다. 하지만 과거에는 두 범주 간을 오가는 "점프"만 가능했을 뿐, 비교적 최근까지도 이러한 이분법적인 젠더 범주 사이나 범주 바깥에 존재하는 이들에게는 어떤 공간도, 관심도 주어지지 않았다. 여성이 스스로 남성의 정체성을, 남성이 여성의 정체성을 발견하는 일은 분명 큰 변화이지만, 이는 여전히 이분법적 사고에서 벗어나지 못했고 개인이 고유한 젠더 웹을 구성하는 데 필요한 모호함, 뉘앙스, 회색 지대의 여지를 허용하지 않았다. 인간 사회에서 이분법적 사고는 매우 흔하다. 옳거나 그르거나, 참이거나 거짓이거나, 수용하거나 거부하거나. 이런 식의 사고가 자연스러운 이유는 그것이 빠른 판단, 신속한 결정, 효율적인 정보 분류에 유리하기 때문이다. 그리고 우리 문화는 이 세 가지 특성에 높은 가치를 두어 왔다.

하지만 인간의 정신은 창조적이고 복잡하다. 따라서 이분법적 사고는 유일한 길이 될 수 없다. "풀 스펙트럼 사고"와 비교해보자. 이런 전방위적 사고는 한 사람의 정신이 단지 두 개의 범주 사이를 오가는 것 외에도 그 범주 바깥에 존재하거나, 혹은 아예 범주가 없는 가능성까지 생각하게 한다.[5] 풀 스펙트럼 사고는 인간의 삶이 지닌 복잡함, 미묘함, 회색의 현실을 볼 수 있게 공간을 열어준다.

아마 누구나 자신을 특정 범주에 정확하게 끼워 넣거나 두 가지 범주 중 하나를 선택하는 것이 불가능한 상황을 경험한 적이 있을 것이다. 이런 질문을 받았다고 해보

자. "당신은 고양이를 좋아합니까, 아니면 강아지를 좋아합니까?" 많은 이들이 이 질문에 즉각 "고양이" 또는 "강아지"라고 대답할 것이다. 심지어 자신의 배우자나 자녀가 고양이와 강아지 중에서 무엇을 좋아하는지도 어렵지 않게 말할 수 있다. 하지만 만약 고양이와 강아지 둘 다 좋아하면 어떻게 해야 할까? 아니면 고양이와 강아지를 둘 다 좋아하지 않을 수도 있고, 그것도 아니면 고양이와 강아지는 둘 다 별로고 토끼를 좋아할 수도 있다. 엉뚱한 비유일 수는 있지만, 고양이와 강아지를 각각 남성과 여성, 또는 남성적 개념과 여성적 개념으로 바꾸면 생각이 얼마나 빨리 복잡해지는지 알 수 있다. 가능성은 무한하다.

자신을 기존의 남자아이/남성, 여자아이/여성의 범주 바깥에 두기 위해서는 많은 탐색과 인지 에너지, 그리고 창의력과 실험이 필요하다. 풀 스펙트럼 사고를 하려면 명확히 정의된 경계가 없는 미지의 상황에 자신을 놓아두는 능력이 필요하기 때문이다. 이런 상태가 확실성을 요구하는 성향과 어긋날 때는 불안하고 힘들어질 수 있다. 이분법적 사고가 뇌의 기본 설정이라는 것은 놀랍지 않다.

풀 스펙트럼 사고를 장착한 아이들

우리 사회는 이분법적이거나 양자택일의 방식으로 생각하는 경향이 있지만, 풀 스펙트럼 사고를 장착한 어린 세대는 점차 이분법을 벗어나 범주 바깥에서 생각한다. 세상에는 여전히 남자 아니면 여자라는 선택권이 주류지만 오늘날 많은 아동과 청소년이 이 두 범주 대신 연속체 안에서 남성성과 여성성을 모색한다. 게다가 일부 아이들은 자신과 주변 사람의 젠더에 풀 스펙트럼 사고를 적용하여 완전히 이분법 바깥에서 머문다.

앞에서 자신의 성별을 두고 "전 일단 제가 사내자식이 아니라는 것만 알아요"라고 말했던 학생을 생각해보자. 이 아이에게서는 풀 스펙트럼 사고가 온전히 작용하고 있다. 남성으로 태어난 이 청소년은 이제 "사내자식"라는 표현이 자기에게 맞지 않는다고 느끼지만 아직 자신에게 "맞는" 젠더가 무엇인지 탐색하는 과정에 있다. 결론에 이를 때까지 자신의 젠더를 '아직 잘 모르지만 생각해보는 상태'로 유예할 수 있다. 과거 세대와 달리 이 젊은이들은 젠더를 태어날 때 부여받아 평생 바꾸지 못하는 고정된 형질로 생각하지 않는다. 그들에게 젠더는 인종이나 민족 정체성, 정치적 입장, 앞으로 사회에서의 역할 등 사춘기 아이들이 수십 년 동안 답을 찾으려고 애써왔던 정체성의 다른 측면과 똑같이 탐구하고 발견하고 창조해야 하는 정체성의 한 측면일 뿐이다.

자기 정체성의 일부로서 젠더를 탐구하는 자세는 시스젠더이든 아니든, 성별정체성과 상관없이 많은 젊은이들이 받아들이는 방식이다. 오늘날의 아동과 청소년은 시스젠더라도 또래의 다양한 성별정체성을 선입견 없이 받아들일 가능성이 크다. 더 이상 젠더는 태어날 때 지정된 성에 따라 처음부터 결정되거나 강제로 주어진 것이 아니다. 젠더는 열려 있는 개념이고 자신과 자신의 젠더에 대한 탐색과 성찰이 필요하다. 그것이 바로 우리가 "젠더 창의성"이라고 부르는 것이다.[6]

이러한 커다란 문화적 변동은, 자신을 트랜스젠더, 논바이너리, 젠더 확장자Gender expansive로 여기며 젠더에 대한 사회적 규칙에 도전하는 청소년이 증가하는 현실이 그저 지나가는 유행도, 소셜미디어와 인터넷의 영향으로 어느 날 불쑥 튀어나온 위험한 경향도 아니라는 점을 환기시킨다. 이는 20세기에 일어났던 젠더 혁명의 결과이다. 젠더 창의력이 뛰어난 청소년들은 바이젠더Bigender, 젠더퀴어, 에이젠더Agender, 데미보이Demiboy, 데미걸Demigirl 등 기존의 어느 범주에도 속하지 않는 확장된 정체성을 주도한다. 일단 이분법적 사고에서 벗어나면 자신이 누구이고 젠더와 어떤 관계인지를 고심할 공간이 열리며, 그 안에서 무한한 조합과 변이가 가능하다. 이런 현상을 지켜보면서 우리는 아동과 청소년이 스스로 정체성을 탐색하려면 온전히 자기 자신으로 머물 수 있는 공간이 필요하다는 사실을 배웠다.

과거 세대의 학자와 의사들도 젠더 이분법을 비판하고 도전했지만, 어디까지나 말과 글로만 확장된 성별정체성과 표현을 부르짖었다. 그러나 오늘의 청소년들은 말이 아닌 몸으로 직접 행한다. 그들은 이분법적 사고 바깥에 서서 확장하는 젠더의 경계선을 밀어붙이고 있다. 앞에서 살펴본 것처럼 문화의 변화는 젊은이들이 새로운 젠더 모델을 창조할 공간을 마련한다. 우리 사회에서 젠더 규범의 토대가 뒤바뀌는 기회를 활용해 청소년들은 젠더에 대한 자신만의 개념과 규범, 젠더를 실천하는 방법과 그 젠더로 살아가는 방법을 발전시키고 있다. 이들은 기초를 뒤흔들고 있을 뿐 아니라 무거운 바위를 옮긴다. 사실 상당한 노력이 필요한 힘든 일이다.

청소년들은 변화를 주도하면서 모든 사람이 자신만의 젠더 여행을 떠날 수 있도록 공간을 열어가고 있다. 이 여행에서 사람들은 자신의 정체성이 어떻게 변해왔고 앞으로 살아가면서 어떻게 더 변화할지를 탐색하게 될 것이다. 이렇게 아이들이 우리를 가르친다. 그렇다면 어른들도 이 아이들처럼 풀 스펙트럼 사고를 시도한다면 세상은 얼마나 더 멋지게 변할까? 젠더를 초월해 자아 전체를 성찰하고, 그런 다음 무엇이 우리로 하여금 특정한 방식으로 행동하고, 자신을 드러내며, 다른 사람과 상호작용하게 만드는지 질문해보자. 만약 어른들이 풀 스펙트럼 사고에 동참한다면 아이들과 함께 젠더 스펙트럼 안에서 여유롭게 생각할 수 있는 배려와 공감의 사회를 만드는 데 기여할 수 있을 것이다.

젠더가 사람들을 불안하게 만드는 이유

③

상황을 바꿀 수 없을 때가 오면,

그때는 자신을 바꿔야 한다.

— 정신분석학자 빅터 프랭클

긴 시간을 거쳐 오며 젠더와 젠더 규범은 늘 변해왔다. 변화가 사회에 이익을 줄 수 있다면, 왜 기성세대는 젠더가 확장하고, 변화의 한복판에 젠더 규범이 서 있는 것을 그토록 불안해할까? 어차피 우리 세계는 급변하고 있고, 사람들은 그에 발맞춰 변화하고 적응해야 한다. 이런 도전의 예는 기술의 진보에서 가장 명확하게 볼 수 있다.

스마트폰이라는 발명품을 예로 들어보자. 스마트폰은 사람들이 정보를 소비하고 공유하는 방법, 관계를 형성하는 방식, 타인에게 접근하는 수준, 심지어 자유 시간을 보내는 방식까지 너무나 많은 것들을 변화시켰다. 특히 청소년의 경우, 정해진 일정에 따른 활동 시간(학원 수업이나 음악 개인지도, 종교 활동 등)이나 또래와 소통하기 위해 스마트폰을 들고 있는 시간은 길어졌지만 정작 오프라인에서 친구들과 보내는 시간은 줄고 있다. 어른들은 청소년들이 함께 있으면서도 나란히 앉아 자기 스마트폰을 들여다보는 모습을 보고 요지경 또는 말세라고 생각한다. 이처럼 발전하고 변화하는 기술과 사회 구조에 대해 다음과 같은 문제를 탐구하는 연구 프로젝트, 기사, 논평 등이 쏟아져 나온다(간단한 구글 검색으로 찾을 수 있다). "스마트폰은 청소년의 정신 건강을 해치는가? 화면을 보는 시간이 뇌와 사회성 발달에 나쁜 영향을 주는가? 그 결과가 우리 사회의 미래에 어떤 의미가 있는가?" 이러한 불안은 모두 사람들이 어디든 들고 다니는 기계 장치에 대한 반응이다. 모든 변화는 불안을 낳는다.

비록 단순화하기는 했지만 스마트폰 예는 오래된 사회 구조, 가치관, 일하는 방식 등이 무너졌을 때 개인과 지역 사회 전체가 혼란에 휩싸이는 과정을 잘 보여준다. 이는 미래에 대한 불안과 통제력 상실에서 비롯된 혼란이다. 그러나 좋든 나쁘든, 변화는 진행 중이고 그 거센 흐름을 막을 수는 없다. 개인이나 사회가 진정으로 통제할 수 있는 것은 스스로 변화에 대응하고 이끌어 나가는 방식이다. 사려 깊은 지지로 함께 나아갈 것인지, 두려움에 사로잡혀 감정적이고 즉각적으로 반응할 것인지를 선택해야 한다. 젠더 규범의 변화도 마찬가지다.

변화와 뇌

젠더 규범과 성별다양성의 급격한 변화는 인류 역사상 처음 있는 일이 아님에도 특히 기성세대는 커다란 불안감을 표한다. 젠더 변화는 사회 질서의 근간을 직접 손대기 때문에 스마트폰만큼 자연스럽게 통합되지 못하고 있다. 사람들은 젠더의 지각 변동을 피부로 느끼면서도 무슨 일이 일어나는지 파악하지 못해 정체 모를 위협을 느낀다. 인간의 삶 자체가 변화로 가득하지만 대규모로 발생하는 빠른 변화에 인간은 반발과 불편감으로 대응하게 마련이다. 변화 앞에서 인간의 뇌는—심지어 오랜 염원이던 취업에 성공해 꿈꾸던 새 직장에 출근하는 일일지라도—잠재적 오류와 위험을 찾기 위해 바짝 경계하며 주변 환경을 살핀다. 따라서 항상 걱정과 불안, 긴장 상태에 있다. 하지만 다행히 우리 뇌는 유연해서 평생 새로운 것을 배우고 변화하는 환경에 적응한다. 어떤 변화든 신경계에 스트레스를 준다는 점을 생각하면, 뇌의 적응력이 뛰어나다는 것은 다행스러운 일이 아닐 수 없다.

인간은 원래 익숙하고 예측할 수 있는 상황을 선호한다. 그래야 안전함과 안정감을 느낄 수 있고, 무엇보다 연속적이고 영구적이며 규칙적인 환경에서 뇌가 에너지를 덜 사용할 수 있기 때문이다. 뇌가 정보를 처리하는 방식은 흔히 이중처리 이론Dual processing theory으로 설명된다. 이 이론에 따르면, 뇌에서는 정보가 두 가지 단계, 즉 시스템 1(빠른 사고)과 시스템 2(느린 사고)로 처리된다. 시스템 1의 빠른 사고는 자동적이고, 무의식적이며, 의도가 개입되지 않고, 통제할 수 없으며 편향된다는 특징이 있다. 이 시스템에서는 즉각적인 인상과 느낌을 생성한다. 그리고 그것이 시스템 2에서 승인되면 신념과 태도로 굳어져 지속된다. 시스템 2의 느린 사고는 뇌에서 의식적이고 이성적이고 분석적으로 진행되는 처리 과정이다. 이것이 우리가 말하는 소위 일반 지능General intelligence으로, 훨씬 많은 노력이 요구되고 시스템 1보다 속도가 훨씬 느리다. 이 개념을 대중에게 알린 심리학자 대니얼 카너먼Daniel Kahneman은《생각에 관한 생각》에서 사람들은 직관을 선호하고 의식적인 노력을 최대한 피하는 경향이 있다고 주장한다.[1] 더 쉽게 설명하자면 우리 뇌는 에너지를 보존하기 위해 가능하면 빠른 사고를 하도록 설계되었다는 것이다. 인간의 뇌는 전체 열량의 20~25퍼센트를 사용하므로 뇌에서 에너지를 아끼는 능력은 중요하다. 놀랍게도 어린아이의 뇌는 전체 에너지의 60퍼센트까지 소비한다.[2]

이중처리 이론은 우리가 젠더라는 개념을 어떻게 형성해왔는지 이해하는 유용한 틀이다. 젠더는 역사적으로 전 세계 사람들이 자명하고 영구적인 것으로 취급하는 개념이었다. 젠더는 따로 탐구할 필요가 없는 당연한 것이며, 젠더의 패턴은 어느 정도 예측 가능한 것이었다. 또한 우리 사회 구조 전체가 젠더를 중심으로 형성되었다. 인간은 젠더를 이 세계의 고정된 주춧돌로 여기기 때문에 인간의 뇌는 새로운 사람을 만났을 때 빠른 사고 시스템을 가동해 성별에 따라 자동으로 재빨리 그 사람을 분류한다. 그래서 조직 원리로서 젠더가 지닌 힘을 미처 의식하지 못하는지도 모른다. 젠더는 우리 뇌가 짧은 시간 안에 정확하게 분류 상자에 넣을 수 없는 사람과 마주했을 때, 즉 신속하고 자동적인 사고 체계가 제대로 작동하지 못할 때만 의식의 영역으로 넘어오는 것 같다. 이런 불편감은 사람들에게 다양한 감정과 행동을 불러온다. 뇌가 자동조종에서 벗어나면 사람은 호기심, 혼란, 불안, 분노, 심지어 혐오를 느낀다. 강제로 느린 사고(시스템2)를 발동하게 되면서 우리는 상대의 젠더가 무엇인지, 성은 무엇인지, 몸은 어떻게 생겼고 심지어 다리 사이에 무엇이 있는지까지 알아야 한다는 조급함을 느낀다. 이때 의식적으로 제동을 걸고 논리적 사고를 동원해 상대의 젠더에 관한 부정적 감정과 반응을 주의 깊게 다스리지 않으면, 자신을 불편하게 하는 이 경험을 피하거나 무시하거나 침묵시키는 행동이 자동으로 나온다. 우리는 이 점을 반드시 기억해야 한다.

불편한 감정을 좋아하는 사람은 없다. 그런 불편감 때문에 감정이나 반응이 제대로 처리되지 않으면, 성별다양성에 대한 오해와 잘못된 정보가 무한히 생성되는 비옥한 땅이 형성된다. 장을 보려고 찾은 마트 복도에서 수염이 덥수룩하고 원피스를 입은 사람이 카트를 밀고 당신 쪽으로 다가온다고 상상해보자. 이때 생각할 시간이 충분하다면 아마 당신은 이 사람에 대한 여러 가지 생각을 떠올리게 될 것이다. 치마를 좋아하는 남자라고, 또는 자신을 여자라고 생각하지만 사춘기의 신체 변화를 받아들인 대신 나름의 방식으로 자기 젠더를 표현하는 사람이라고 짐작할 수 있다. 그러나 만약 생각할 시간이 없다면, 반사적인 반응이 먼저 튀어나온다. "뭐지? 이상한 사람이다!" 앞에서 설명한 것처럼, 자동으로 발생한 느낌이나 인상은 시스템 2에서 거부되지 않는 한 신념과 태도로 고정될 수 있다. 또한 우리는 이러한 불편감을 단서로 삼아 불편함을 일으킨 대상(예: 트랜스젠더 및 젠더다이버스)에 '문제'가 있다고 추론하기도 한다.

한편, 타인의 젠더에 대한 불편감은 안팎에서 들려오는 다음과 같은 목소리 때문에 악화될 수 있다. "트랜스젠더는 진짜가 아니다", "트랜스젠더는 정신이 아픈 사람들이다", "젠더다이버스 청소년은 악의적인 사람들에게 세뇌당했거나, 그저 또래의 관심을 얻기 위해서, 또는 무리에 소속되기 위해서 그렇게 행동하는 것이다", "성별정체성은 전염성이 있다. 청소년, 특히 여학생은 주변 인플루언서들의 영향을 받기 쉽다." 이쯤 되면 성별확정 의료에 관한 불안과 오해가 만연한 게 당연해 보인다.

인간은 변화에 저항하는 존재다. 젠더가 문명의 근간으로 기능하는 개념이라면, 빠르게 변화하는 젠더 규범이 불안감을 낳는다는 사실은 충분히 납득할 만하다. 이 변화는 기성세대가 평생 젠더와 문화에 대해 받아온 사회화 훈련과 정면으로 대립하기 때문이다. 변화 앞에서 태도를 바꾸려면 우리 뇌는 더 많은 노력을 기울여야 한다. 즉, 스스로 알지 못하는 상태를 참고 견뎌내야 한다는 말이다.

우리는 상대의 젠더, 남녀의 범주를 벗어난 새로운

젠더 규범과 가능성, 적절한 언어를 알지 못하는 상태를 버텨야 한다. 자신이 기존 범주에 속한다는 사실을 새삼 의심하거나 자신의 성별정체성에 대해 난생처음 고민하게 될지도 모른다. 급격한 전환을 받아들인다는 것은 본질적으로 어려운 일이다. 그럼에도 변화는 언제나 인간의 삶에 필연적인 일부이자, 사회적·개인적 창의력의 필수 구성 요소였다. 다시 말해, 젠더 규범의 변화는 젠더 창의력을 키우는 유일한 수단이다. 이제 우리는 집단 창의력을 발휘해 이 사회의 모든 젠더를 위해 안전하고 배려하는 세상을 만드는 단계로 나아가야 한다.

정보 찾기

사람들은 불안하고 혼란스러울 때일수록 더 많은 정보를 찾으려고 하는데, 이때 대개 전문가에게 위안과 조언을 구한다. 나는 가끔 불안한 생각이 들어 내 신체 증상을 구글에서 검색할 때가 있다. 그 답이 "별거 아니에요"에서부터 "뇌종양이에요"까지 다양하다는 걸 뻔히 알면서도 말이다. 물론 구글 검색으로는 정확한 진단을 내릴 수 없다는 것을 머리로는 잘 알고 있다. 게다가 검색 결과 중에서 안도감을 주는 간단한 설명보다 심각한 진단에 더 눈길이 가기 때문에 안심은커녕 오히려 불안이 증폭된다는 것도 잘 안다. 하지만 이 모든 것을 다 알면서도 혹시나 나를 안심시켜줄 정보가 나오진 않을까 기대하며 검색어를 입력한다.

사실 불안을 느끼는 사람이 위협적인 정보에 더 몰입하고, 반대로 중립적이거나 긍정적인 정보는 축소하거나 그냥 지나친다는 사실은 연구를 통해 밝혀졌다. 인간의 뇌는 위협적인 정보를 더 우선시한다. 그도 그럴 것이, 위협을 인지해야 생명을 구할 수 있기 때문이다. 뇌의 이런 특성 덕분에 우리 선조들은 과거 새로운 환경 속에서 살아남을 수 있었다. 그러나 현대 사회에서 위협적인 정보에 계속 촉각을 곤두세우다 보면 가뜩이나 불안한 상태에서 불필요한 두려움까지 느끼게 된다. 반면, 정확하고 유익한 정보라면 우리에게 무엇을 해야 할지 명확히 알려줄 수 있다.

아동의 젠더에 대해 가장 정확한 정보를 보유한 전문가는 소아 젠더 의료를 전공하고 임상 경험이 있는 사람들이다. 이들은 트랜스젠더와 젠더다이버스 아동 및 청소년, 그리고 그들의 가족과 직접 소통한다. 그뿐 아니라 이런 문제들을 직접 연구하고 그 결과를 발표하며, 전 세계 다른 전문가들과의 교류를 통해 이 분야의 지식과 정보를 항상 최신 상태로 유지한다. 우리 역시 지난 수십 년간 소아 젠더 치료 분야의 성장으로 많은 것을 배웠다. 이런 전문가들의 연구 및 활동 결과, 성별불쾌감을 치료하고 트랜스젠더와 젠더다이버스 아동 및 청소년을 지원하는 가장 효과적인 방법은 성별확정 의료와 가족의 지지이다.

성별확정 의료는 지정된 성만이 "올바른" 것처럼 억

지로 행동하게 강요하는 대신 아이가 느끼는 자신의 성별 정체성에 맞추어 아이와 그 가족을 지원하는 학제 간 접근법이다. 다음 장에서 더 자세히 살펴보겠지만 간단히 설명하면 성별확정 의료는 사회적 트랜지션, 정신 건강 요법, 사춘기억제제, 호르몬 치료, 수술적 개입, 가족, 학교, 병원과의 상담 등을 모두 포괄하는 광범위한 용어다. 만약 자녀가 성별정체성에 관해 불안함을 느낀다면 소아 젠더 치료 전문가들이 궁금한 부분을 알려주고 안심할 수 있게 도와줄 것이다.

성별불쾌감은 무엇일까?

사람은 자신의 성별정체성이 출생 시 지정된 성과 다를 때 고통을 느낄 수 있다. 이런 감정을 성별불쾌감, 또는 성별위화감이라고 한다.《정신 장애 진단 및 통계 편람Diagnostic and Statistical Manual of Mental Disorders, DSM-5-TR》은 정신 질환을 진단하는 표준 지침서로, 아동과 청소년 및 성인을 대상으로 분리된 기준과 함께 성별불쾌감에 대한 전반적인 진단을 제공한다. DSM-5-TR은 청소년 및 성인이 느끼는 성별불쾌감을 이렇게 정의한다. "자신이 경험 및 표현하는 성별과 지정된 성 사이의 심각한 불일치가 최소한 6개월 이상 지속되며, 아래의 증상 중 최소한 두 개가 해당될 때를 말한다."

- 자신이 경험하고 표현하는 성별과 일차 및 이차 성징(청소년 초기라면, 앞으로 예상되는 이차 성징) 사이의 현저한 불일치.
- 자신이 경험하고 표현하는 성별과의 현저한 불일치 때문에 일차 및 이차 성징을 없애고 싶다는 강한 욕구(청소년 초기라면, 앞으로 예상되는 이차 성징의 발달을 막고 싶다는 욕구).
- 다른 성별(또는 자신에게 배정되지 않은 다른 성별)의 일차 및 이차 성징을 향한 강한 욕구.
- 다른 성별이 되고 싶다는 욕구.
- 다른 성별로 취급받고 싶다는 강한 욕구.
- 자신이 다른 성별의 전형적인 감정과 반응을 보인다는 강한 확신.

아동의 성별불쾌감은 DSM-5-TR에서 이렇게 정의한다. "자신이 경험 및 표현하는 성별과 지정된 성 사이의 심각한 불일치가 최소한 6개월 이상 지속되며, 아래의 증상 중 최소한 여섯 개가 해당될 때를 말한다(첫 번째 항목은 반드시 포함되어야 한다)."

- 다른 성별(또는 자신에게 배정되지 않은 다른 성별)이 되고 싶다는 강한 욕구를 보이거나 자신이 다른 성별이라고 주장한다.

- 남자아이(배정된 성)의 경우 전형적인 여자아이의 옷을 입거나 따라 하려는 기호가 강하다. 여자아이(배정된 성)의 경우 전형적인 남자아이처럼 옷을 입으려는 선호가 강하며 반대로 여자아이의 옷을 강하게 거부한다.
- 소꿉놀이 또는 가상 놀이에서 자신과 반대인 성별 역할에 대한 강한 선호.
- 자신과 반대 성별에 속한 장난감, 게임, 활동에 대한 강한 선호.
- 남자아이(배정된 성)의 경우 전형적인 남자아이의 장난감, 게임, 활동에 대한 강한 거부. 거칠게 뒹구는 놀이를 심하게 기피. 여자아이(배정된 성)의 경우 전형적인 여자아이의 장난감, 게임, 활동을 강하게 거부.
- 자신의 생식기에 대한 강한 혐오.
- 자신이 경험하는 성별과 일치하는 신체의 성적 특징에 대한 강한 욕구.[3]

청소년/성인 및 아동에 대한 진단 범주를 보면 성별 불쾌감은 사회적, 직업적, 기타 중요한 기능 영역에서 느끼는 심한 정신적 고통 또는 장애와 연관이 있다. 위의 진단 기준은 이 책의 집필을 기준으로 가장 최신 버전이지만, 이 역시 남녀의 이분법적 젠더를 바탕으로 하는 구시대적 진단이며, 현실에서 관찰되는 다양한 성별정체성을 적절히 담아내지 못하고 있음을 알 수 있다. 논바이너리를 비롯한 다른 젠더다이버스 청소년들도 성별불쾌감에 시달린다.

제대로 치료받지 못하면 성별불쾌감은 몸을 쇠약하게 하는 불안, 우울감, 자해로 이어질 수 있으며, 높은 자살률과도 연결된다. LGBTQ+를 지원하는 비영리 단체 트레버 프로젝트Trevor Project가 미국 전역에서 조사한 바에 따르면, 2020년 트랜스젠더 청소년 및 청년 60퍼센트가 최근 12개월 동안 자해를 시도한 적이 있고, 75퍼센트 이상이 최근 2주 동안 불안 장애 증상을 보였다.[4] 트레버 프로젝트의 2021년 전국 조사에서는 트랜스젠더 및 논바이너리 청소년의 52퍼센트가 최근 1년 동안 자살을 심각하게 고려했으며, 20퍼센트는 실제로 자살을 시도했다.[5]

성별불쾌감에 대한 가장 적절한 관리는 세계트랜스젠더보건의료전문가협회World Professional Association for Transgender Health, WPATH와 같은 전문 단체에서 성별확정 의료를 받는 것이다. 소아 성별확정 의료는 아동과 그 가족이 특정 젠더가 되어야 한다는 압박 없이 성별정체성을 탐색하도록 지원하는 것이 목적이다.

트랜스젠더 및 젠더다이버스 청소년의 괴로움은 종종 성별불쾌감에서 비롯된다고 하지만 모든 아이가 위에서 설명한 것처럼 성별불쾌감을 겪는 것은 아니다. 많은 청소년이 자신의 신체를 편안하게 생각하지만, 신체적 특징으로 인해 자신이 트랜스젠더나 논바이너리라는 사실이 드러나거나, 이런 특징 때문에 다른 사람들이 자신을 잘못된 젠더로 인식할까 봐 불편감을 느낀다. 추가로 신체의 이차 성징과 일치하지 않는 성별표현은 다른 사람들의 부정적인 견해나 비판을 불러오는 경향 때문에 성별불쾌감의 원인이 된다. 외모를 특정 젠더와 일치하게 만들고 싶다는 욕구는 대개 전형적인 성별표현과 일치해야 한다는 사회적 압박에 대한 반응인 경우가 많다.

성별불쾌감은 어떤 기분일까?

스무 살의 한 논바이너리 청소년이 성별불쾌감을 이렇게 설명했다. "어떨 때는 내 목소리 때문에, 어떨 때는 내 몸 전체 때문에 고통스러워요. 내가 선택하지 않았지만 해야만 하는 일에 갇혀서 벗어나지 못하는 기분이에요. 성별이 잘못 분류될 때마다 괴로움은 더 심해져요."[6]

성별불쾌감을 겪어본 적 없는 사람에게 지금부터 간단한 사고 실험을 권한다. 다만, 불쾌감의 강도는 개인차가 크므로 이 실험으로 완벽하게 공감하지 못할 수도 있다.

자, 당신이 아침에 잠에서 깼는데 뭔가 어색한 기분이 든다. 판판했던 가슴에 유방이 생겼거나, 다리 사이에 생소한 생식기가 달려 있거나, 몸에는 달라진 점이 없지만 그냥 왠지 찜찜한 기분이 들 수도 있다. 방에서 나와 식탁에 앉았는데 가족(또는 룸메이트)이 당신을 평소와 다른 대명사로 부른다. 원래는 "그"였는데 "그녀"라고 부르거나 그 반대일 것이다. 실수를 지적하자 식구들은 영문을 모르겠다는 표정으로 쳐다본다. 당신은 그들에게 당신의 젠더는 그게 아니라고, 또는 일어나보니 몸이 달라졌다고 설명한다. 식구들의 염려하는 표정을 보니 겉으로만 고개를 끄덕거릴 뿐 사실은 오늘따라 당신이 이상하다고 생각하는 것 같다. 출근길 지하철에서 사람들이 당신을 빤히 쳐다보는 것 같고, 카페에서도 직원이 당신을 잘못된 성별 호칭으로 부른다. 직장 동료들도 하나같이 당신의 성별을 잘못 알고 있다. 당신의 성별에 맞는 화장실로 들어갔는데도(어쩌면 남녀 화장실 모두 당신의 성별과는 맞지 않지만 둘 중 하나를 골랐다고 가정하자) 화장실에 있던 사람들이 당신을 이상하게 쳐다보더니 급기야 어떤 사람이 당신에게 잘못 들어왔으니 나가달라고 한다. 아무리 정정해주어도 사람들은 계속해서 착각한다. 이쯤에서 당신은 돌아버릴 지경이다. 사람들의 오해를 풀 방법을 찾느라 너무 많은 시간과 노력을 들이고 있다. 도무지 영문을 알 수 없다. 이렇게 매번 모두에게 올바른 인칭 대명사를 말해줘야 하나? 어떻게 해야 사람들이 나를 "내가 보는 나"로 보게 할 수 있을까? 머리 모양과 스타일, 이름을 바꾸면 사람들이 나를 진짜 내 성별로 보게 될까? 어떻게 하면 내 성별정체성을 생각하지 않고 하루를 보낼 수 있을까? 아무리 노력해도 소용없다면 평생 이런 불편한 마음으로 살아야 할까? 자, 여기까지.

우리는 트랜스젠더와 젠더다이버스의 경험을 상상

하는 것이 왜 중요한지 보여주고자 이 실험을 권했다. 일반적으로 시스젠더는 트랜스젠더가 된다는 것이 어떤 기분인지 상상할 수 없고 또 굳이 생각하지 않는다. 하지만 사람은 감정이입을 통해서 자신이 경험하지 못하는 것을 이해할 수 있다. 이 실험으로 전하고 싶은 메시지는 두 가지다. 첫째, 당신은 자신의 몸이 바뀌었다고 상상하면서도 다른 사람의 시선이나 호칭과 상관없이 자신이 알고 있던 성별로 계속 자신을 느꼈다. 누구도 당신의 생각을 바꾸어 다른 성별로 만들 수는 없다. 마찬가지로 트랜스젠더와 젠더다이버스도 일상의 경험이 아무리 고통스러워도 자신을 다른 성별로 생각하지 못한다. 둘째, 성별이 다르게 취급되는 경험은 매우 괴롭고 하루에도 수없이 일어난다. 결과적으로 트랜스젠더와 젠더다이버스는 자기에게 주어진 다른 일에 집중하지 못하고 산만해지기 쉽다. 해야 할 일이나 공부에 전념하는 대신, 작게는 어느 화장실에 들어가야 하는지부터 시작해 다른 사람과의 아주 단순한 소통에도 정신적, 감정적 에너지를 과도하게 쏟아부어야 하기 때문이다.

추가로 이 청소년들은 사춘기 시기에 이미 보편적으로 발달하는 자의식에 더해 남들이 자기를 어떻게 보는지까지 생각하며 더욱 괴로워한다. 또한 사회적으로 고립되거나 학교에서 따돌림 당할 것을 걱정한다. 젠더다이버스 청소년이 시달리는 이러한 특수한 경험과 걱정을 "젠더 잡음"이라고 한다. 이런 잡음은 대개 외부 환경에서 시작해 내적 세계에 지속해서 스트레스를 준다. 또한 어떨 때는 배경에서 끊임없이 웅웅거리고 어떨 때는 커다란 굉음처럼 들린다. 여기에 성적 취향과 연애 문제까지 복잡하게 더해졌을 때 이것들이 트랜스젠더와 젠더다이버스의 학업과 사회적 상호작용에 어떤 영향을 미칠지 상상해보자. 그렇다면 성별불쾌감으로 고통받는 아동과 청소년을 우리는 어떻게 도울 수 있을까?

성별불쾌감 치료

청소년 대상의 성별확정 의료는 (단, 조건을 충족할 때만 허용된다) 사춘기억제제 또는 호르몬 처방을 포함한다. 사춘기억제제나 성호르몬 사용은 검증된 방법이며, 성별확정 의료를 통해 트랜스젠더와 젠더다이버스 청소년의 정신 건강이 크게 개선되었다는 일관된 연구 결과가 있다. 사춘기억제제 및 성별확정 호르몬 치료를 받는 청소년은 우울감이나 자살 충동을 느끼는 빈도가 훨씬 낮고, 자존감, 신체 이미지, 삶의 질이 훨씬 개선되었다. 이와 관련해 아래와 같은 다양한 연구 결과가 있다.

- 사춘기억제제 치료를 원했지만 받지 못했던 트랜스젠더 성인 중 대략 90퍼센트는 평생 자살성 사고Suicidal ideation를 경험한다.[7]

- 청소년기에 사춘기억제제를 사용한 사람은 치료를 원했지만 받지 못한 사람에 비해 자살성 사고의 빈도가 크게 낮았다.[8]

- 사춘기억제제를 평균 2년 사용한 후, 행동 문제가 있는 청소년의 비율이 44퍼센트에서 22퍼센트로 줄어들었다.[9]

- 사춘기억제제를 평균 2년 사용한 후, 감정 문제를 겪는 비율이 30퍼센트에서 10퍼센트로 낮아졌다.[10]

- 치료를 원하고 자격 요건을 충족하는 트랜스젠더 청소년에게 사춘기억제제와 성별확정 호르몬을 처방했을 때 우울감과 자살 경향성이 40퍼센트 감소했다.[11]

- 성별확정 호르몬 치료 직후, 심리적 행복감이 크게 개선되었다.[12]

- 호르몬 치료 1년 후, 청소년기의 자살 경향성이 75퍼센트 감소했다.[13]

- 두 집단 간 특정 사건의 발생 확률을 비교하는 통계적 지표로, 한 집단에서 사건이 발생할 확률이 다른 집단보다 얼마나 더 높은지 또는 낮은지를 수치로 나타낸다.—옮긴이

- 트랜스젠더와 논바이너리 청소년 1만 1,914명을 조사한 결과 13세에서 17세까지 성별확정 호르몬 치료를 받은 사람은 치료를 원했지만 받지 못한 사람에 비해 최근 1년간 우울감과 자살 시도가 40퍼센트 가까이 감소했다.[14]

- 13세에서 17세까지 성별확정 의료를 받은 트랜스젠더 성인은 호르몬 치료를 원했지만 받지 못한 사람에 비해 최근 1년간 자살성 사고에 대한 조정 오즈비Odds Ratio•가

135퍼센트 감소했다.[15]

- 청소년기 후반에 성별확정 호르몬 치료를 받은 트랜스
  젠더 성인은 최근 1년 동안 자살성 사고의 조정 오즈비가
  62퍼센트 낮아졌고, 성인이 된 이후에 받은 사람은 치료
  를 원했지만 받지 못한 사람과 비교해 최근 1년간 자살성
  사고가 21퍼센트 줄었다. 이 결과로 청소년기 초반에 성
  별확정 호르몬 치료를 받는 것이 성인이 된 이후 자살 가
  능성을 낮추는 데 가장 큰 요인임을 알 수 있다.[16]

성별확정 의료의 효과를 증명하는 의미 있는 연구
들이 많이 발표되었지만, 언론은 관련 보도에서 이런 연구
결과를 인용하지 않는다. 또한 성별확정 의료를 받지 못했
을 때 초래되는 심각한 결과도 잘 공개하지 않는다. 안타깝
게도 언론은 소아 젠더 치료에 대한 실질적 지식이나 경험
이 없는 무지한 평론가와 자칭 '전문가'들에게 그들의 플랫
폼을 제공한다. 이들의 주장은 공포를 부추길 뿐 아니라 진
짜 소아 젠더 치료 전문가들의 목소리를 덮어버리는 자극
적인 머리기사를 만들어낸다.

전문적인 성별확정 의료 제공자들의 의견을 참고할
때조차 주류 언론은 그들의 말을 맥락과 다르게 해석한다.
예를 들어 한 소아 젠더 전문의가 "아이들의 성별정체성을
파악할 때는 아이가 주도하게 하는 것이 중요하다"라고 말
했다고 해보자. 그러나 어떤 미디어는 이 말을 아이에게 무

조건 오냐오냐해야 한다는 뜻으로 곡해하여 보도한다. 젠더다이버스 청소년이 사춘기억제제를 원하면 즉시 제공하고, 호르몬 치료나 수술을 원하는 경우에도 무조건 허용한다는 주장 역시 흔한 오해이다. 실제로는 이런 의학적 개입의 대상이 되려면 매우 구체적인 조건을 충족해야 한다. 게다가 많은 가족이 진료소의 위치나 긴 대기 시간, 경제적 사정 등의 장애물로 인해 성별확정 의료를 받지 못한다. 안타깝지만 전자 통신 시대는 정보의 확산 속도가 빠르며, 여기에는 잘못된 정보도 포함된다.

미디어의 잘못된 정보

미디어가 정식 과학 연구를 거친 결과들을 제대로 다루지 않는 것에 추가로, 세간에 돌아다니는 성별확정 의료에 대한 잘못된 정보를 다루는 경우가 많다. 잘못된 정보는 사실이 아닌 틀린 정보를 말하며, 그 출처는 어디든 될 수 있다. 어린 시절의 전화 게임•을 기억하는가? 처음에는 정확한 정보였더라도 여러 사람을 거치면서 내용이 왜곡된다. 뉴스 프로그램에 착오가 있었거나 누군가 정보를 잘못 기억할 수도 있다. 들은 대로 이야기했다고 해도 자기도 모르게 거짓 정보를 전달했을 수도 있다. 이런 식의 잘못된 정보는 사람들이 팩트에 근

• 참가자들이 한 줄로 앉아 첫 번째 사람이 속삭인 문장을 차례로 전달하여 마지막 사람이 들은 문장과 비교하는 게임.—옮긴이

거하지 않은 사실을 일반화해서 전달할 때도 생겨난다. 가령, "내 친구네 딸이 자기가 트랜스젠더라고 했다는데, 내가 보기에는 그냥 그러다 말 것 같아. 아이들은 친구가 하는 건 뭐든지 따라 하고 싶어 하고, 특히 요새 아이들은 트랜스젠더가 되는 걸 쿨하다고 생각하잖아"처럼. 여기에서 '쿨한 유행'이라는 말은 사실에 근거하지 않은 일반화로, 아이가 스스로 트랜스젠더라고 밝힌 것의 진실성과는 아무 상관이 없다.

잘못된 정보와 비슷하게 허위 정보Disinformation도 거짓 정보를 뜻하는 용어이다. 그러나 잘못된 정보와 다르게 허위 정보는 악의적인 의도를 가지고 사람들을 잘못된 길로 이끌거나 조종하며 여론에 영향을 주려는 목적으로 전파된다. 성별확정 의료를 받은 후에 후회하는 사람들의 비율이 높다고 제시하는 가짜 통계도 미디어가 전달하는 허위 정보의 한 예다. 실제로 후회하는 사람의 수는 지극히 드물다. 이러한 허위 정보는 성별확정 의료의 신빙성을 떨어뜨리려는 시도일 가능성이 크다.

우리는 트랜스젠더 문제에 관해 우리 사회에 확산된 잘못된 정보와 허위 정보를 모두 살펴보았다. 특히 아동과 청소년의 성별다양성에 대한 언론 보도에서 그 문제가 가장 심각하다. 이런 식의 잘못된 보도는 혼란과 불안을 키우며, 미국을 비롯한 서양 국가 전체에서 진보 언론과 보수 언론을 구분하지 않고 일어나고 있다. 예를 들어, 〈뉴욕

타임스〉는 트랜스젠더에 관한 편향된 기사를 보도해 비난을 받았다. 심지어 일부 보도는 1면부터 세 쪽에 걸쳐 실렸으며, 특히 아동 및 청소년의 성별확정 의료에 초점을 두었다. 이 기사들이 반트랜스젠더 법률 제정을 지지하는 법원 판결에 인용되면서 기사의 부정적 편향성에 대한 비판이 더 거세졌다. 이에 우리를 포함해 과거와 현재 〈뉴욕타임스〉에 기고했던 수백 명과 수천 명의 구독자가 서명한 서신을 편집부에 보내 트랜스젠더 기사가 편집 방침을 어긴 사실에 항의했다.

편향의 혐의는 무엇보다 〈뉴욕타임스〉가 청소년을 위한 성별확정 의료를 마치 과학적 연구에 기반하지 않고 검증되지도 않은 방식인 것처럼 보도한 데 있다. 세인트루이스 소아 트랜스젠더 센터 직원이었던 제이미 리드Jamie Reed에 대한 기사가 한 예다.[17] 리드는 이 병원에서 처방한 사춘기억제제 때문에 한 아이에게서 간 독성이 일어났고 분노한 가족이 병원에 항의 이메일을 보냈다고 주장했다. 하지만 소식이 보도되자 해당 가족은 진실을 알리기 위해 〈뉴욕타임스〉 기자를 만났고, 아이의 간 문제와 사춘기억제제 사이에는 명백한 인과관계가 없다는 기록과 자신들이 클리닉에 보낸 이메일까지 증거로 제출해 기자가 사실을 조작했음을 밝혔다. 이런 증거들로 기자가 제기한 혐의가 허위임이 증명되었다. 아이의 가족은 이 병원이 아이의 삶을 구했다는 사실을 알리기 위해 용기 내어 사람들 앞에 나섰고, 이어서 병원에서 치료받은 다른 아이들의 부모도 기자의 주장이 거짓이며 병원이 아이들에게 훌륭한 성별확정 의료를 제공했음을 밝혔다. 결국 내부 조사가 실시되었고 기자의 주장은 근거가 없는 것으로 밝혀졌다. 그러나 기사에서는 리드의 주장을 클리닉을 옹호하는 부모들의 증언과 마찬가지로 똑같이 정확한 것으로 묘사했다.[18]

정치적 스펙트럼의 반대 진영에서도 〈폭스〉 뉴스가 아동과 청소년을 위한 성별확정 의료에 관해 부정적으로 다루었다. 한 사례에서 뉴스 진행자는 의료진이 다섯 살짜리한테 호르몬을 처방했다고 보도했다. 이것이 사실이라면 다섯 살짜리가 가슴이 나오거나 목소리가 굵어지거나 여드름, 그 밖의 사춘기 증상이 나타났다는 뜻이다. 이렇게 끔찍한 일이 또 있을까. 이 뉴스를 듣고 보도 내용이 사실이라고 믿는다면 당연히 충격에 빠져 그 잔혹한 행위를 개탄했을 것이다. "이게 말이 되는 일입니까?" 실제로 이 소식을 듣고 우리를 찾아오는 사람들이 있었다. 우리는 그들이 형편없는 출처에서 들은 정보는 사실이 아니며, 실제 임상 현장에서는 사춘기 이전 아이들에게 성호르몬을 함부로 사용하지 않으며, 사춘기가 시작되고 특정 조건에 맞는 청소년에게만 처방한다는 점을 강조해서 설명했다.

하지만 어느 쪽이 더 강한 인상과 감정을 불러올까? "다섯 살짜리한테 호르몬 처방?" 아니면 "아니요, 그럴 일은 없습니다." 어느 쪽이 더 기억하기 쉬울까? 어느 쪽이 더 화제를 모으는 기삿거리가 될까? 아무래도 강렬한 인상과 감정을 불러오는 쪽이 확실히 더 많이 기억되고 대중에게 팔기 좋은 자극적인 이야기가 된다.

부정확한 정보라도 일단 흐름을 타고 널리 보도된 후에는 대중의 견해나 인식을 바로잡기가 아주 어렵다. 일례로, 코로나19 팬데믹 초기에 한 언론이 가정용 소독약 섭취를 감염 예방 및 치료법으로 잘못 보도한 적이 있다. 이 잘못된 방법을 듣고 사람들이 실제로 소독약을 마시는 바람에 응급실 전화가 폭증했다. 질병통제예방센터에서는 이와 관련해서 502명의 성인을 조사했고, 39퍼센트가 코로나 예방을 위해 락스로 식재료를 씻거나, 주방세제를 피부에 바르고, 소독약을 마시는 등 위험한 행동을 했다고 밝혔다. 사람들이 잘못된 정보를 믿었기 때문이다.[19] 위험한 정보를 바로잡아 사람들을 보호하기 위해 많은 시간과 에너지가 투입되었다. 유감스럽게도, 현재 젠더에 관한 잘못된 정보나 허위 정보가 퍼졌을 때 야기될 심각한 결과를 감독 및 감시하고 통제할 젠더 건강 관련 정부 기관은 없다.

젠더의 입법화

세계 여러 지역에서 트랜스젠더 인권이 개선되어 왔지만 동시에 섹슈얼리티와 젠더 인권은 브라질, 폴란드, 영국, 그리고 이곳 미국 등지에서 정치적 표적이 되어왔다. 젠더 입법화는 사회문화적 불안감을 명백하게 반영하며, 트랜스젠더 아동 및 청소년에 관한 입법화의 변화로 증명되듯이 전 세계에서 증가하는 추세다. 미국에서는 2022년에 174개 트랜스젠더 관련 법안이 발의되었고, 그중에 26개가 통과되었다.[20] 이듬해에는 550개가 넘는 반트랜스젠더 법안이 발의[21]되었고, 이에 대응하여 전체 50개 주 중에서 20개 주가 성별확정 의료를 금지하거나 청소년의 성별확정 의료 접근을 제한하는 법률과 정책을 통과시켰다. 사우스캐롤라이나주처럼 26세까지는 성별확정 의료를 일체 금지하는 주가 여기에 포함된다.[22] 추가로 일부 법안은 교내에서 젠더 및 섹슈얼리티에 관한 논의를 금지하고, 부모의 권리라는 명목으로 학교에서 트랜스젠더 청소년의 사생활을 침해하고, 트랜스젠더 아동의 스포츠 활동을 금지하며, 18세 미만에게 드래그 쇼*를 규제하는 등 교육 과정의 규제를 목적으로 제안되었다.

* Drag show. 겉모습을 지정된 성과 다르게 꾸미는 드랙 아티스트들의 공연.—옮긴이

　　　　이런 법안은 아동과 청소년이 트랜스 성별정체성을 외부에서 강요받거나 나중에 후회할 의학적 결정을 내릴 위험이 있다는 논리를 바탕으로 한다. 본질적으로 이런 법규는 어른들이 아이들을 구해내어 그들의 순수함을 지켜야 하며, LGBTQ+ 커뮤니티와 트랜스젠더 및 젠더다이버스라는 거짓 정체성을 끌어안게 부추기는 성별확정 의료 전문가로부터 보호해야 한다고 믿게

만든다. 또한 자녀를 위해 의료 결정을 내리는 양육자의 권리를 위협하고, 성별불쾌감을 없애기 위한 검증된 치료조차 받지 못하게 한다.

변화에 대한 불안이 잘못된 사고를 불러올 수 있다는 점으로 미루어, 이와 같은 규제 목적의 입법은 진정으로 아이들을 위한 것이 아니라 사회 전반의 불안이 표출된 결과로 볼 수 있다. 이른바 "위험"을 제거하기 위해 공포의 대상을 지목하려는 절박한 시도이며, 정치적 종말에 대한 두려움을 부당하게 이용하는 것이기도 하다. 그러나 이런 법규는 아이들을 보호하기는커녕 오히려 많은 아동과 청소년을 위험에 빠뜨릴 수 있다. 특히 생명을 구하고 삶의 질을 높일 수 있는 치료를 금지하는 주에서는 그 피해가 더 클 것이다.

방어적 입법의 결과

트레버 프로젝트는 미국에서 LGBTQ+ 젊은이들을 위한 자살 예방과 위기 개입을 목적으로 하는 가장 큰 단체로, 매달 수천 명의 청소년에게 교육 자료와 위기 개입을 포함한 무료 서비스를 제공한다. 또한 이 단체는 체계적으로 데이터를 추적하고 LGBTQ+ 젊은이를 대상으로 수행되는 혁신적 연구에 이바지한다. 이 연구에 따르면 미국에서 규제 입법의 결과로 트랜스젠더와 젠더다이버스 청소년

86퍼센트의 정신 건강이 고통받고 있다.[23] 반트랜스젠더 법안이 통과된 주에서는 위기 상담 전화가 급증했고, 상담자 중에 해당 법안으로 인한 스트레스, 자해 충동, 자살 충동을 호소하는 사례가 늘어났다.[24]

반트랜스젠더 법안으로 인해 트랜스젠더와 젠더다이버스 청소년들은 정신적 고통을 겪었을 뿐 아니라, 이들을 대상으로 하는 폭력 행위도 함께 증가했다. 2021년에서 2022년까지 트랜스젠더와 젠더다이버스 청소년에 대한 혐오 범죄가 32.8퍼센트 증가했다.[25] 미국에서 2013년에서 2022년 사이에 300명이 넘는 트랜스젠더가 살해되었고, 반트랜스젠더 입법의 선두에 있는 텍사스주와 플로리다주에서는 이런 사망 사건의 20퍼센트가 가정에서 일어났다.[26] 트랜스젠더와 젠더다이버스에게 상대적으로 안전한 주에서도 이들을 향한 폭력은 심각했다.

예를 들어 캘리포니아주는 인구 전체를 대상으로 폭력 사건을 추적해왔는데, 2023년에 처음으로 트랜스젠더와 논바이너리 개인의 신체적 폭력 경험을 시스젠더와 구분하여 별도로 조사했다. 그 결과 트랜스젠더 27퍼센트와 논바이너리 14퍼센트가 최근 1년 동안 신체 폭력을 경험한 것으로 나타났다. 이는 일반 인구 집단의 5퍼센트에 비해 현저히 높은 수치이며, 전년 대비 3퍼센트 감소한 결과다. 일반 인구의 9퍼센트가 최근 1년 동안 성희롱과 성폭행을 경험했다고 보고했으며(2022년에는 11퍼센트),

이에 비해 논바이너리 성인의 56퍼센트, 트랜스젠더 성인의 40퍼센트가 성희롱과 성폭행을 경험했다고 응답해 훨씬 높은 비율을 보였다.[27] 트랜스젠더 혐오와 관련된 불안과 법안은 트랜스젠더 집단을 향한 심각한 폭력과 연관되었고, 조사 지역에 상관없이 폭력은 증가했다.

모든 젠더의 아동을 위한 안전한 공간을 폐쇄하려고 그토록 애쓰는 이유가 도대체 무엇일까? 이렇게 생각해 보자. 미국에서 젠더다이버스 아동의 성별확정 의료를 제한 및 금지하고 LGBTQ+ 커뮤니티 지원과 가시성을 억제하는 법안이 단 1년만에 무려 550개나 발의되었다. 이들이 전체 청소년 인구의 2퍼센트도 채 되지 않는 점을 고려하면 과도하다고밖에 볼 수 없는 양이다. 이는 아이들이 성별확정 의료나 이를 제공하는 이들로부터 위협을 받는 것을 문제 삼는 것이 아님을 보여준다. 그보다는 사람들이 트랜스젠더와 젠더다이버스들에게 어떤 위험을 느끼고 있다는 사실이 문제이다. 예를 들어 트랜스젠더 여학생은 화장실에서 다른 시스젠더 여학생을 위협하거나 괴롭히는 가해자로 묘사되곤 한다. 하지만 실제로 그런 사건이 보고된 적은 없었다. 한 트랜스젠더 활동가가 시위 현장에서 들고 있던 피켓의 문구를 인용해 보자.

"트랜스젠더는 위험하지 않습니다. 트랜스젠더가 위험에 처해 있습니다."

그러나 미국의 여러 주와 지역 정부, 그리고 세계

여러 나라 정부는 성별확정 의료를 직접 시행하는 전문가와 가족들의 지식과 견해를 반영한 연구나 정보를 무시해왔다. 이는 명백히 미지의 대상에 대한 공포에 뿌리를 두고 있으며, 신중한 사고와 조사가 아닌 감정에서 비롯된다.

사회적 성별불쾌감

우리는 많은 트랜스젠더와 젠더다이버스 청소년이 성별불쾌감, 젠더 잡음, 젠더 스트레스로 고통받는 동안 젠더 병리학 또는 젠더 장애가 개인이 아닌 문화 속에 자리 잡은 것을 보았다. 사람들을 진료하며 보아왔던 이런 현상은 "사회적 성별불쾌감 *Social gender dysphonia*"이라는 용어로 잘 표현된다. 다시 말해 트랜스젠더 및 젠더다이버스 아동과 청소년에게 가장 큰 고통을 주는 원인은 한 사람의 성별정체성 자체나 그 사람의 신체가 아니라 그들에 대한 다른 사람의 반응이라는 뜻이다. 사회적 성별불쾌감은 자신의 젠더 경험이 주위의 이분법적 문화와 일치하지 않을 때 일어나는 스트레스와 고통으로 정의된다.

18세 트랜스젠더 남성인 킬리안은 사회적 성별불쾌감과 그 결과의 신랄한 사례를 보여준다.

"정말 많은 아이들이 자신에 대해 알아내려고 애를 씁니다. 하지만 주위 사람들로부터 그들 자신으로 존재할 수 없다는 말을 듣고 좌절합니다. 단지 자기 자신으로 살고 싶다는 이유로 자신을 죽이고 싶어 하면 안 되는 거잖아요. 하지만 사람들은 빼앗으려고 해요. 그건 옳지 않습니다. 정말 옳지 않아요."[28]

그렇다면 사회가 트랜스젠더와 젠더다이버스 아동과 청소년에게서 빼앗으려는 것이 무엇일까? 사회가 한 사람의 성별정체성과 표현의 다름을 받아들이지 않을 때, 그 사회는 한 사람이 자기 자신으로 존재하는 능력을 앗아간다. 그 사람으로 하여금 자아에 대해 끊임없이 생각하게 함으로써 이를 실행한다. 이를테면 주위 사람들이 그 사람을 부를 때 합당한 대명사나 이름을 사용하지 않거나 그 사람에게 편안한 화장실을 사용할 권리를 주지 않는 것처럼 정체성의 정당함을 완전히 부정하고 진짜가 아니라고 끝없이 속삭이는 메시지가 그것이다. 성별표현과 신체를 사회가 인식하는 성별대로 맞추라는 압력도 그러하다. 젠더는 소녀/여성 또는 소년/남성인 것만 허락된다. 이는 그들의 자기 지식과 자기 탐구를 무시하는 행위이기도 하다.

뉴스 미디어 플랫폼이 젠더다이버스 청소년을 다루는 방식이나 의료기관이 아동 및 청소년의 목소리를 외면하는 데서 알 수 있듯, 사회적 성별불쾌감은 우리 문화에 깃든 젠더다이버스에 대한 심각한 차별을 담고 있다. 차별은 치료받을 권리를 제한하고 심지어 그들의 정체성을 무효로 만들려는 법안에서도 나타난다. 실제로 연구에 따르면 "자살 위험을 예측할 수 있는 가장 강한 변수는 사회의 젠더 차별"이며, 여기에는 성별정체성 및 성별표현에 대한 의료 서비스를 받지 못하는 어려움도 포함된다.[29]

우리는 이 장에서 사회적 토대로서의 젠더가 유동적이고 움직이는 젠더로 바뀌면서 많은 사람의 내재된 젠더 감수성에 대해 스트레스, 괴로움, 혼란, 도전을 일으킨다는 점을 알게 되었다. 이런 감정들이 제대로 성찰되거나 처리되지 않는다면, 그 결과는 보수적 반응이나 사회적 차별로 나타나며, 이는 트랜스젠더 및 젠더다이버스 아동과 청소년에게 사회적 성별불쾌감을 일으키거나 악화시킨다. 그러므로 우리는 더 큰 사회문화적 차원에서 사회적 성별불쾌감을 다루어 아동과 청소년이 스스로 자신을 탐색하고 찾아나갈 수 있는 안전하고 여유 있는 환경을 제공해야 한다. 스물두 살의 젠더플루이드 라이프가 우리에게 말한 것처럼. "저에게 탐색의 자유가 없었다면 지금과는 아주아주 다른 사람이 되었을 겁니다. 훨씬 슬프고, 훨씬 혼란스러웠겠죠. 그리고 길잡이를 찾아 헤매다가 훨씬 극단적으로 지침을 찾고 대처하게 되었을 겁니다."

우리 가운데 사회적 성별불쾌감으로부터 평생 면제되는 사람은 거의 없다. 젠더 확장적이고 창의적인 사람으로 살아갈 자유를 더 많은 이들이 누리게 하려면 모두 합심하여 이 불안감을 끌어내고 공동체 안에서 함께 불안감을 해소하며 아이들을 지원하여 사회적 불쾌감을 치유해야 한다. 그 결과는, 모두에게 좋을 것이다.

성별확정 모델은
도대체 뭘까?

나는 내 아이, 그리고 다른 모든 아이들이 자기 자신으로 살아가면서 진가를 인정받고 사랑과 은총이 가득한 세상에 살기를 원한다.

— 로리 프랑켈, 《클로드와 포비》

성별확정 의료 모델을 제작하기 위해 한자리에 모인 우리들은 모든 아이들이 자신의 젠더로 살아갈 수 있는 길을 개척하겠다는 목표를 공유했다. 그러려면 청소년의 젠더를 이해하는 이론에서 그치지 않고 실천할 수 있어야 한다고 보았다. 따라서 이 프로젝트 참여자들은 아이들이 다양한 무지갯빛 가능성의 세계에서 사랑받고 인정받는 젠더로 살아가는 데 필요한 모든 서비스와 지원을 제공한다는 목표를 가지고 최선을 다했다.

아마 당신은 "성별확정 의료 모델"이라는 이 새로운 현상을 둘러싼 논란에 관해 어디선가 듣거나 읽었을 것이다. 성별확정 의료 모델은 많은 이들에게 혼란을 주었다. 이 모델은 어디에서 시작되었고 진정 누구를 위한 것일까? 성별확정 의료 모델에 대한 사람들의 불안을 해소하고 "이 모델이 과연 무엇인가?"라는 질문에 명료한 답을 주기 위해 지금까지 우리가 알게 된 것과 계속해서 배우고 있는 것들을 이 장에서 공유할 것이다.

지금까지 모델을 구축하는 데 들인 많은 노력이, 모델의 본질을 이해하지 못하는 사람들이 야기한 혼돈과 잘못된 정보에 뒤엉켜 매듭이 되어버렸다. 이제 이 성별확정 모델의 복잡한 면면을 들여다보면서 함께 매듭을 풀고 주름진 난장판이 아닌 아름답게 짜인 태피스트리*를 펼쳐내보자.

• Tapesty: 여러 가지 색 실로 그림을 짜 넣은 직물.

모델의 시작

21세기를 여는 처음 10년, 점점 늘어나는 LGBTQ+ 청소년과 함께 작업해온 전 세계 정신 건강 전문가들이 한데 모여 의료 기준을 개발했다. 하지만 그 이후로 젠더를 탐색하는 청소년 인구가 이렇게 폭발적으로 증가하리라고는 짐작하지 못했다. 또한 아이들은 다이앤이 "젠더 창조성"이라고 이름 붙인 방식으로 스스로 자신만의 젠더 길잡이를 만들며 지형의 변화를 일으켰다. 이 또한 예상하지 못한 바였다. 그러나 뭔가 진행 중이라는 것은 알 수 있었다. 우리는 미국과 전 세계에서 "젠더란 무엇인가?"라는 질문을 둘러싸고 빠르게 이동하는 조류를 느꼈다. 그 흐름은 자기 자신을 명확하게 표현하는 아이들과 그 양육자들을 우리에게 데려왔고, 그들을 보면서 우리는 이들이 자신만의 독특한 젠더 여정을 시작했음을 알 수 있었다.

수십 년간 이 분야에서 일해 온 우리들은 페미니스트 운동에 발맞춰 젠더 규범, 젠더 역할, 젠더 규칙이 변화하는 격동의 20세기 문화 속에서 경험을 쌓아왔다. 그리고 이제야 완전히 시야에 들어온 문화 속에서 또다시 새로운 현상에 눈을 뜨고 있다. 이것은 더 이상 윌리엄이 인형을 갖고 놀고 로지가 건설노동자가 되는 문제가 아니었다. 그건 '아이들은 과연 누구인가'의 문제였다. 이 아이들은 남자일 수도, 여자일 수도, 아니면 우리가 생각하지 못한 어떤 다른 젠더일 수도 있다. 태어나자마자 어른들이 정해준 성별과 일치하지 않는 젠더를 지닌 아이에 관한 것이며, 이분법적 젠더 범주에 머무르지 않은 아이에 관한 것이었다.

우리는 어린 아들, 조니가 부모에게 자기는 남자가 아닌 여자이고, 바비 인형을 원한다고 선언한 가족들을 만나면서 이 변화를 통렬하게 목격했다. 말로 토머스Marlo Thomas의 앨범 〈자유롭게 너와 나로 존재하기Free to Be⋯ You and Me〉를 듣고 자란 진보적인 부모라면 이런 상황에서 아이에게 공감하며 이렇게 답할 것이다. "여자아이만 바비를 갖고 놀아야 하는 건 아니야. 남자아이도 바비를 갖고 놀아도 돼. 엄마 아빠가 하나 사줄 수도 있어." 하지만 당황스럽게도 조니는 이런 말로 달래지지 않는다. 오히려 크게 화를 내며 말한다. "엄마, 내 말을 듣기는 한 거야? 나도 남자아이가 바비를 갖고 놀 수 있다는 걸 알아. 엄마가 항상 그렇게 말했으니까. 하지만 나는 바비를 갖고 싶은 여자아이라고!"

조니는 이 외침을 통해 자신이 확장된 젠더 여행을 시작했다는 것을 부모에게 알린 것이다. 햇살이 가득한 이 여정에는 분명 가시와 장애물도 있을 것이다. 이와 비슷한 경험을 공유하는 수많은 양육자와 만나면서 우리는 아이들이 대화의 중심에 자리 잡고 그들이 알아가야 할 성별정체성과 성별표현을 향한 행진의 리더가 되는 새로운 접근 방식이 필요하다는 것을 깨달았다.

그리하여 우리는 "성별확정 모델Gender-affirmative model"이라는 것을 만들게 되었다. 성별확정 모델은 한 사람의 젠더를 가장 중요시하여 그 사람이 진정한 자신으로 살아가게끔 지원하는 접근법으로, 이 모델에서는 모든 사람을 각자의 고유한 젠더 캔버스에 그림을 그리는 예술가로 생각한다. 이 프로젝트에 참여한 사람들은 다양한 학문 분야, 배경, 국가, 문화권에서 왔고, 성적 정체성(성적 지향)과 성별정체성도 모두 달랐다. 우리 중에는 정신 건강 전문가를 포함해 전문의, 교육자, 변호사, 사회복지사, 그리고 LGBTQ+ 단체 회원도 있었다.

2000년대 초반, 미국 전역과 그 외의 지역에서 온 가족과 전문가들이 샌프란시스코 베이에어리어에서 열린 연례 젠더 스펙트럼 학회에 모였다. 이 모임은 나를 포함한 모든 참가자에게 트랜스젠더 및 젠더다이버스 아동과 가족을 위한 새로운 성별확정 의료와 모델의 토대를 다진 완벽한 시간이었다. 다른 지역의 전문가 집단과 커뮤니티에서도 비슷한 노력이 일어나고 있었다. 이름을 전부 대지도 못할 만큼 많은 이들이 참여했지만, 우리는 모두 살아 움직이는 한 집단 유기체의 일부가 된 것 같았다.

지금부터 지난 몇 년 동안 우리가 어떻게 함께하게 되었는지 간략한 역사를 소개하고자 한다. 2013년, 새로 형성된 학제 간 연구팀이 미국 국립보건원에서 연구비 지원을 받아 사춘기억제제와 성별확정 호르몬의 의학적, 심리학적 영향을 연구하기 시작했다. 그리고 그때까지 밝혀진 사실들을 모아 〈성별확정 모델: 우리가 알고 있는 것과 앞으로 배워야 할 것〉이라는 제목으로 논문을 발표했다.[1] 다이앤을 포함한 모든 저자가 미국 최초의 소아 젠더 병원 네 곳(보스턴 소아병원[미국 최초], 루리 소아병원, 캘리포니아대학교 샌프란시스코 베니오프 소아병원, 로스앤젤레스 소아병원) 소속이었다.[2] 5년 후인 2018년에 다이앤과 공동편집자 콜트 키오-마이어(Colt Keo-Meier. 현재는 콜트 세인트 아만드 Colt St. Amand)는 미국심리학회가 기획한 《성별확정 모델: 트랜스젠더 및 젠더 확장 아동을 지원하기 위한 통합적 접근The Gender Affirmative Model: An Interdisciplinary Approach to Supporting Transgender and Gender Expansive Children》을 출간했다. 이 책에 참여한 저자 목록을 보면 수년에 걸쳐 성별확정 모델을 개발하고 개선하며, 또 그 과정에서 함께 배워나간 폭넓은 전문가 네트워크를 실감할 수 있다.[3]

우리의 첫 번째 과제는 생물학, 아동 젠더 발달, 아동의 젠더 사회화에서 어른의 역할에 관한 과거의 지식을 잊는 것이었다. 그런 다음 밑바닥부터 다시 배워야 할 것들과 과학 연구가 밝혀낸 사실들, 우리가 모든 아이들, 특히 젠더다이버스 아동과 청소년에게 초점을 맞춰 이들을 지원하기 위해 알아야 할 것들에 관해 머리를 맞대고 논의했다. 우리는 과거의 젠더 의료 모델들을 조사하여 좋은 것은 취하고 해로운 것(아이들의 목소리를 무시하고 타인의 눈에 정상으로 보이지 않는 것들에서 멀어지게 하는 것)은 버렸다.

조직 편람

우리들은 회의하고, 공부하고, 아이디어를 교환하고, 임상 업무 또한 소화하고, 소아 젠더 프로그램에 합류하거나 준비하고, 사람들과 교신하고, 공동 저자와 논문을 쓰고, 연구 프로젝트를 시작하고, 또 때로는 서로 즐겁게 어울리면서 성별확정 모델 제작의 기본 편람을 제작했다. 돌이켜보면 시작은 간단했다. 우리는 성별확정 모델의 골격이 될 열두 가지 기본 원칙을 다음과 같이 정했다.

하나. 성별다양성은 질병이 아닌 인간의 삶에서 나타나는 건강한 변이다.

둘. 한 사람의 성별정체성은 태어날 때 지정된 성과 일치하지 않을 수 있다.

셋. 모든 사람에게는 출생 시 지정된 성, 성별정체성, 성별표현이 있으며 그것들은 나름의 방식으로 하나로 엮인다.

넷. 젠더는 사람에 따라 어린 시절부터 안정된 상태일 수도 있고, 평생 변화할 수도 있다.

다섯. 젠더는 언제나 본성, 양육, 문화, 그리고 생물학적 특성, 사회화, 환경이 복잡하게 얽혀서 형성된다.

여섯. 젠더는 두 개의 범주가 아닌 다수의 다양성으로 존재한다.

일곱. 젠더는 문화에 따라서도 다르므로 문화 간 감수성이 반영되어야 한다.

여덟. 젠더 창의적인 아동 또는 젠더다이버스 아동에게 불안이나 우울 같은 심리적 문제가 동반되는 것은 아이의 성별표현 방식에 사회가 부정적으로 반응한 결과일 가능성이 크다.

아홉. 따라서 치료가 필요한 경우, 아이를 둘러싼 환경을 중심으로 돕고 치유하는 데 초점을 맞춰야 한다.

열. 아이들은 자신의 성별정체성과 성별표현이 잘 받아들여지고 격려받을 때 더 잘 해낸다. 그러지 못할 때는 잘하기가 어렵다.

열하나. 자녀의 젠더를 받아들이고 지지함으로써 가족의 유대감이 강화된다.

열둘. 진정한 자기의 성별이 온전히 존중되고 포함되는 사회 환경 속에 비난받지 않고 살아가는 것은 모든 인간의 보편적 권리다.

이 원칙은 모두 한 방향을 가리킨다. 모든 사람은 모든 성별정체성이 포함되는 사회 환경에서 비난받지 않고 자신의 진정한 젠더로 살아갈 수 있어야 한다. 열두 가지의 기본 원칙은 사람들의 젠더 건강을 증진시키는 일에 최선을 다하겠다는 각오를 담고 있다. 또한 아이의 젠더가 명확해지고 젠더 건강을 지켜야 할 때가 오면 그때부터 이야기하는 쪽은 어른이 아닌 아이여야 한다. 그리고 아이가 자신의 젠더를 표현하기 시작하면 그때부터 어른은 아이에게 자기의 젠더로 살아갈 최고의 기회를 주기 위해 아이가 말하는 것을 듣고 해석하는 방법을 배워야 한다.

우리가 성별확정 모델을 세우기 이전에는 (그리고 때로는 지금도) 아이들을 위한 젠더 치료가 반대 방향을 가리켰다. 아이들의 젠더는 기존의 사회적 기대치와 규범에 따라, 그리고 아이들이 어떤 사람이 되어야 하고 어떻게 행동해야 하는지에 대한 어른의 말에 따라 규정되고 제한되었다. 만약 어떤 아이가 출생 시 사회가 지정한 젠더 범주에서 벗어난다면 그건 염려해야 할 일이며, 부모가 개입하여 남자아이는 남자아이답게, 여자아이는 여자아이답게 행동하도록 가르쳐서 문제를 "고쳐야" 했다. 이들을 위한 임상 진단명이 지정되고 오늘날 회복요법 Reparative therapy 또는 전환치료 Conversion therapy 라고 부르는 치료 프로그램이 만들어졌다. 이런 형태의 치료가 현재는 미국의 다수 지역과 캐나다 전역에서 금지되었지만, 전 세계에서, 그리고 신념에 얽매여 성별불일치를 죄악 또는 질병으로 간주하는 종교 기관에서 여전히 성행한다. 이런 모델의 순한 버전은 캐나다의 케네스 주커 Kenneth Zucker 박사가 도입한 "주어진 몸으로 살아라 Live in your own skin"로, 아이에게서 조짐이 일찍 발견된다면 아직 아이의 뇌가 유연하므로 태어날 때 주어진 성과 일치하는 젠더를 받아들이게 도울 수 있고, 그것이 트랜스젠더가 되는 것보다 바람직하다는 믿음을 전제로 한 모델이다.

주커 박사의 모델에 대응해 네덜란드의 한 학제 간 전문가 그룹은 대안적인 접근법을 제시하여 우리를 일깨워주었다. 건강한 젠더로 가는 이 다양한 길 위에서 어떤 남자아이는 자신이 여자라는 것을 발견하고 어떤 여자아이는 자신이 남자라는 것을 발견하며, 이때 아이들이 진정한 자기 자신이 될 수 있게 돕는다면 긍정적인 결과를 가져올 수 있다.[4] 이 그룹은 아이들이 자신의 성별정체성을 다지며 앞으로 나아가는 과정에 사춘기의 이차 성장을 일시적으로 멈추는 방법으로 사춘기억제제를 처음 도입했다. 이들이야말로 사실상 성별확정 모델의 창시자이며 우리는 이들로부터 아주 많은 것을 배웠다.

하지만 한 가지 우리와 다른 점이 있다. 그들은 처음 모델을 세우며 아이가 사춘기에 들어설 때까지 먼저 기다려보자는 입장을 취했다. 많은 아이가 사춘기 무렵에 젠더를 도로 바꾼다는 이유에서였다. 그러나 우리가 관찰한 바에 따르면 어떤 아이들은 아주 어릴 때부터 자신의 젠더에 대한 태도가 굉장히 명확하다.

따라서 우리는 "연령"에 따른 접근이 아닌 "단계"에 따른 접근을 적용했다. 아이들은 아주 어린 나이에도 자신의 젠더를 확신할 수 있다. 또한 우리는 젠더가 단지 두 개의 범주로 구분되지 않고 성별정체성(자신이 누구인지)과 성별표현(젠더를 수행하는 방식)의 무한한 순열과 조합으로 나타나며, 유아기부터 성인이 될 때까지 어느 시기에나 나타날 수 있다는 전제를 세웠다.

2018년에 다이앤과 콜트 키오-마이어가 함께《성별확정 모델: 트랜스젠더 및 젠더 확장 아동을 지원하기 위한 통합적 접근》을 편집하면서 우리는 성별확정 모델을 실천한 전문가 집단을 초청하여 그들의 이야기를 듣고 지금까지 배운 내용과 함께 하나로 종합했다. 그리고 책의 들어가는 말에서 우리는 이렇게 썼다.

"성별확정 접근법은 아이들의 젠더 건강을 지원하는 중요한 세계적 모델이 되어왔다. 우리는 그 노력의 일부가 된 것을 자랑스럽게 생각한다."

지금도 우리는 똑같이 생각한다. 다만 그때는 우리가 겪게 될 험난한 여정을 짐작하지 못했다. 그러나 그 이야기를 하기 전에 먼저 과거로 돌아가 성별확정 모델이 전혀 새로운 개념은 아니라는 사실부터 확인해 보자.

바비와 성별확정 모델

성별확정 모델은 어느 날 갑자기 나타난 것이 아니다. 나 (다이앤)는 아이에게 (영원한 까치발로 여성과 미에 대한 역행적 메시지를 상징하는) 바비 인형을 사주지 않는 1970년대 엄마 중 하나였다. 그러던 어느 날 수많은 비평가로부터 가부장제와 여성 혐오의 상징으로 비판받은 그 바비 인형이 바로 성별확정 모델의 초기 증거였다는 사실을 깨닫고 말았다. 무슨 말일까?

당연히 바비는 모든 색깔의 젠더를 대표하지 않는다. 현재의 바비는 원조 바비의 모래시계 몸매에서는 벗어났지만, 지금까지도 트랜스 바비나 논바이너리 바비는 없다. 맞다. 원조 바비는 이분법 범주에 속한 장난감 중에서도 여성의 고정관념을 대표한다. 그러나 바비는 많은 남자아이들에게도 숨겨진 보물이었다. 나를 찾아온 한 흑인 소년이 있었다. 당시 아이가 나에게 맡겨진 건 젠더 때문이 아니라 어머니의 방임으로 제대로 돌봄을 받지 못하는 상태였기 때문이었다. 아이는 내 소견서 덕분에 임시로 한동안 할머니와 살 수 있었고, 법원은 엄마와 할머니 중에서 아이의 영구 양육자를 결정하는 일을 앞두고 있었다. 그런데 상담실에서 나와 둘이 남게 되었을 때 아이가 바지 주머니에서 수줍게 물건 하나를 꺼냈다. 미니 바비였다. 바비는 머리가 곱게 빗겨져 있었고, 옷차림도 완벽했다. 소년의 할머니는 "이 아이가 무엇을 원하고, 이 아이가 누구이든 저는 영원히 사랑할 겁니다"라고 말했고, 소년은 할머니 앞에서는 바비를 숨기지 않았다. 그러나 엄마는 달랐다. "제 아들이 어린 계집애가 되는 일은 없을 겁니다."

이 꼬마가 원하는 것은 어떤 비난도 없이 오롯이 인정받으며 자신의 젠더를 표현하는 것이었다. 바로 성별확정 모델의 핵심 원칙이다. 이런 이유 때문만은 아니었지만 어쨌든 결국 아이의 양육권은 아이의 젠더를 인정하는 할머니에게 주어졌다. 주머니 속 바비가 아니었다면 나는 이 아이의 젠더 여행에서 함께 나란히 걸을 기회도, 아이가 내게 무엇을 말하려고 하는지 알 기회도 없었을 것이다. 아이는 자기가 남자인 것을 알고, 또 남자인 것을 좋아하면서도 동시에 바비를 사랑하는 남자아이였다. 그리고 이런 젠더를 할머니는 인정했지만 엄마는 부정했다.

그때가 벌써 1990년대였다. 하지만 '바비 보이'의 이야기는 더 오래전으로 거슬러 간다. 1959년에 처음 출시된 이후로 바비는 수많은 변신을 거듭했다. 바비는 많은 가정에서 여자아이들이 가장 좋아하는 인형의 대명사였지만, 여성에 관한 그릇된 생각을 심어준다는 이유로 많은 부모가 금지하는 장난감이기도 했다. 그런 가운데 어린 소년들은 종종 주머니에 숨겨서, 또는 닫힌 방문 뒤에서 또 다른 현상을 준비하고 있었다. 바비는 전통적인 여성의 아이콘만이 아니었다. 이 인형은 소년들이 자신의 젠더를 표현하는 새롭고 비전통적인 기회를 제공했다. 남자아이들은 인형을 갖고 놀았을 뿐 아니라 바비를 통해 화려하고 반짝이는 의상을 입고, 하이힐을 신고, 아름답게 머리를 손질한 자신을 상상할 수 있었다. 바비를 갖고 노는 소년들은 바비 자체를 좋아했기 때문이 아니라, 바비가 되거나 바비처럼 보이고 싶거나 바비 같은 옷을 입고 싶어서였다. 바비는 이 소년들에게 상상 속에서나마 자신의 젠더를 바비처럼 매력적으로 표현할 기회를 주었다.

2023년 여름에 개봉한 영화 〈바비〉는 즉시 흥행에 성공했다. 개봉 직후에 〈샌프란시스코 크로니클San Francisco Chronicle〉 기사는 이렇게 적었다. "바비는 단순히 여자아이들만의 장난감만이 아니었다."[5] 그 기사에서 우리는 다양한 연령, 직업, 지역을 아우르는 많은 성인 남성이 어려서 바비를 갖고 놀았고, "바비 보이"로 불렸다는 것을 알게 되었다. 그들은 인형, 특히 바비 인형을 갖고 노는 남자아이를 미심쩍게 보는 사회 규범을 이해했다. 그건 너무 여자아이 같으니까. 그런데도 그들은 계속해서 바비를 수집하고, 바비에게 입힐 옷을 만들고, 화장을 하고, 머리를 빗기고, 그들을 위한 집을 꾸미면서 놀았다.

1970년대의 한 바비 보이 아버지는 아들이 열두 살이 될 때까지는 바비 인형 놀이를 용인해주었지만 이후는 단호하게 금지했다. 타협책으로 소년은 바비를 수집하기 시작했고 성인이 되어서도 이어갔다. 또 한 소년은 사람들이 자신의 바비 사랑을 눈치챌까 봐 죄책감 속에 바비를 들고 지하로 내려갔다. 다행히 이 소년의 어머니는 성별확정 모델의 기본 원칙이 구상되기 전부터 이미 그 원칙을 본능적으로 이해한 사람이었다. 아이들은 자신의 성별정체성과 성별표현이 온전히 받아들여지고 지지받을 때 더 잘 성장하며, 그러지 못할 때 힘들어진다는 사실 말이다. 이 엄마는 아들이 바비를 갖고 논다는 이유로 놀림받았다는 걸 알게 되었다. 어느 날 엄마는 아이의 침대 위에 바비를 하나 두었고, 혼자 있을 때만 놀라는 식의 조건은 덧붙이지 않았다. 이처럼 바비 놀이에 '초록불'을 켜준 것은 성별확정 모델에서 말하는 건강한 젠더를 촉진하는 최고의 사례라고 할 수 있다.

다른 아이는 별로 운이 좋지 못했다. 이웃한테서 바비와 바비 옷을 물려받았지만, 남자아이가 그런 걸 가지고 놀면 안 된다는 말을 들었다. 안타깝게도 같은 해에 이 아이는 "수상한" 성별표현 때문에 심리치료사를 만나야 했다. 아이는 자신이 옳다고 생각하는 방식으로 젠더를 표현하는 삶을 지지받지 못했다. 이런 사례야말로 성별확정 모델의 보호 대상이다. 이 남성을 비롯해 〈샌프란시스코 크로니클〉에 실린 많은 남성들은 어린 시절의 바비 놀이를 훗날 패션 디자이너, 영화감독, 댄서, 건축가 등의 직업으로 승화시켰다. 그렇다면 시스젠더 소년과 바비가 성별확정 모델에 대해 우리에게 말하는 것은 무엇일까?

- 성별다양성은 인간의 삶에서 건강한 변이를 나타낸다.
- 우리는 모두 태어날 때 지정된 성과 성별정체성, 성별표현을 가지고 있으며, 각자 저마다의 방식으로 세 요소를 통합한다.
- 젠더는 성별정체성이든 성별표현이든(후자는 바비 보이) 두 개의 범주가 아닌 다수의 변이로 존재한다.
- 부모가 보기에 젠더 창의적인 아동이나 젠더다이버스 아동의 걱정스러운 행동은(그런 행동이 진짜 존재하기는 한다면) 사실 젠더를 표현하는 아이의 방식에 대한 사회의 부정적인 반응의 결과인 경우가 많다.
- 아이들은 자신의 성별정체성과 성별표현이 받아들여지고 지지받을 때 더 잘 자란다. 그러지 못할 때는 잘 자라지 못한다.
- 어떤 비난도 받지 않고 인정 속에서 한 사람의 진정한 젠더로 살아가는 것은 인간의 보편적 권리이다.

바비 보이들은 바비가 지니를 제치고 아이들이 가장 사랑하는 인형이 된 직후에 등장해 성별확정 모델이 출생 시기나 지역에 상관없이 모든 아이들을 위한 것이 될 수 있음을 일찌감치 증명했다. 바비 인형이 우리가 추구해야 할 목표를 일깨워줄지 누가 알았을까? 그 목표란 모든 아이들이 해를 입지 않고 창의력을 마음껏 발휘하며 주변의 기대가 아닌 자기 자신에게 가장 잘 맞는 방식으로 젠더를 탐색하고 살아갈 수 있는 세상을 만드는 것이다.

성별확정 의료 제공자는 누구인가?

성별확정 모델을 구축하면서 우리는 아동, 그리고 가능하면 그들의 가족에게 함께 서비스할 지역 사회 프로그램, 학제 간 의학 센터, 소아 젠더 클리닉을 설립하기 시작했다. 우리는 이들 기관이 아이의 젠더를 다각도에서 볼 수 있도록 여러 분야의 정보와 전문 기술을 제공하는 것이 긴요하다고 보았다. 성별확정 의료는 소아과 의사가 젠더 창의성 또는 젠더 경직**의 징후를 보이는 유아나 미취학 아동의 부모와 대화하는 것으로 시작한다. 때로는 그것이 그 가족이 아이를 이해하고

** Gender rigidity, 주변에서 인식하는 젠더 규칙과 규정을 지나치게 불안해하며 따르는 행동.

함께 나아가는 데 필요한 전부일 수도 있다. 또 때로는 학생이 교실이나 운동장에서 "젠더 스트레스"를 보이는 것을 확인한 교사나 학교 상담사가 개입할 수도 있다. 자녀의 성장기에 부모가 젠더 클리닉을 찾아 소아 내분비 전문의, 사회복지사, 심리학자, 기타 정신 건강 전문가를 만나 아이의 젠더 탐색과 젠더 건강 계획에 관해 이야기를 나누는 방법도 있다. 이 전문가들은 학제 간 성별확정 의료팀을 구성한다. 우리는 "다학제Multi-disciplinary"보다는 "학제 간Interdisciplinary"이라는 말을 선호한다. 다학제 시스템

에서는 보통 아이가 한 분야의 전문가를 만나고 나서 다음 전문가로 넘어간다. 반면에 학제 간 시스템에서는 여러 분야의 전문가들이 동시에 협업하여 조합된 지식과 전문 기술로 태피스트리를 짠다.

정신 건강 전문가는 심리적 지원은 물론이고 아이가 젠더를 탐색하거나 다른 젠더로 사회적 트랜지션을 고려할 때 도움을 줄 수 있다. 사회적 트랜지션이란 이름과 성별대명사, 옷 입는 방식 등을 바꾸는 것을 포함한다. 여기에 의학적 개입은 절대 없으며, 부모나 전문가가 아닌 반드시 아이가 주도한다. 정신 건강 전문가와 부모는 이 과정에서 조력자 역할만 한다.

예를 들어보자. 루시아가 처음 동네 젠더 클리닉에 심리상담가를 만나러 갔을 때의 나이가 아홉 살이었다. 루시아는 첫 방문에서 자리에 앉기도 전에 이렇게 말했다. "저는 제가 누군지 알아요. 하지만 어떻게 하는 건지는 잘 모르겠어요." 자신의 마음을 안전하게 표출할 기회를 주자 루시아는 부모와 상담가에게 자신을 남자아이로 생각한다는 사실을 전달했다. 이윽고 "그녀"는 머리를 짧게 자르고 싶다고 했고, 옷을 사달라고 했고, 마침내 이름을 루크로, 성별 인칭 대명사를 "그"로 바꾸었다. 루크 부모님의 지원과 심리학자의 지도로 루크는 학교에서 엄마와 함께 교실을 다니며 모두에게 그의 사회적 트랜지션을 알리기로 했다. 여기에서 성별확정 의료팀의 일원으로서 학교 지원 코디네이터의 역할을 알 수 있다. 학교 지원 코디네이터는 학교가 아이에게 안전한 환경이 되는 데 필요한 부분을 판단하고 교사와 직원들이 모든 어린이의 젠더를 포용하고 지원할 수 있게 개입하며 돕는다.

루크가 다니던 지역 병원에는 상주하는 학교 지원 코디네이터가 있었다. 루크가 모든 학급을 다니며 자신의 사회적 트랜지션을 알리고 지지를 요청할 계획이라고 하자 코디네이터는 이를 먼저 선생님들과 논의해도 되겠냐고 물었다. 루크와 부모는 흔쾌히 동의했고, 행정 직원을 비롯한 교직원들도 루크와 급우들의 긍정적인 경험을 돕는 코디네이터의 지원을 받을 수 있는 것에 만족했다.

변호사가 성별확정 의료팀의 일원이 되어 법적 문제를 담당할 수도 있다. 예를 들어 이혼한 부모가 아이의 젠더를 공개하는 과정에 서로 의견이 일치하지 않을 때, 학교가 지역 젠더 법규를 어겼을 때, 또는 자녀의 법적 문서(특히 여권이나 출생증명서)에 이름 및 성별 표시 변경을 요청하는 경우에 변호사가 그 일을 맡는다. 루크의 경우, 병원에 법무 담당자가 있어 몇 년 후 루크는 정식 개명과 법적 문서에 "남성"으로 기재해 달라고 요청했고, 변호사가 법원과 이 과정을 조율했다.

자녀가 사춘기에 접어들어 의학적 개입을 고려한다면 소아 내분비 전문의가 중요한 역할을 맡는다. 구체적으로 말하면 사춘기억제제를 통해 사춘기를 일시적으로 지연시키거나, 아이의 출생 시 지정된 성에 따른 호르몬을 아이의 확정 성별에 맞게 대체하는 치료가 포함된다('여성화'를 위한 에스트로겐, '남성화'를 위한 테스토스테론). 이 시기에 정신 건강 전문가도 개입하여 의학적 개입뿐 아니라 심리적 지원을 병행한다. 내분비 전문의는 정신 건강 전문가와 협력해 아이의 신체적·심리적 상태를 평가하고, 아이 및 가족과 함께 아이의 미래에 최선이 될 길을 찾는다.

호르몬 치료를 넘어서 수술적 개입에 관심을 보이는 젠더다이버스 청소년이 있을 수도 있다. 남성적인 가슴을 원하는 청소년을 위한 가슴 수술이 가장 흔하다. 그러나 일반적으로 수술은 소아 의료의 영역은 아니고 한 사람이 법적으로 성인이 된 후에 가능하며 사는 지역에 따라서도 달라진다.

성별확정 모델을 둘러싼 논쟁

처음에 성별확정 모델을 구성했을 때 우리는 순진하게도 우리가 이 분야의 개척자인 줄 알았다. 게다가 이 단순한 모델이 10년도 못 되어 충격과 분노의 해일을 일으킬 줄은 정말 예상하지 못했다. 성별확정 전문가를 사람들에게 기쁨을 선사하는 선한 인류애의 전달자가 아닌 아이들의 마음을 조종하여 그들의 몸을 기형으로 만들려는 악의 세력으로 인식하는 사람들이 있었다. 우리가 다섯 살밖에 안 된 어린아이에게 호르몬을 처방하거나 수술시키고, 아이들을 의도적으로 불임으로 만들거나 심지어 거세한다는 속설까지 나돌았다. 물론 모두 사실이 아니다.

2022년에 캘리포니아주가 모든 젠더를 위한 "젠더 안심 지역Gender Sanctuary State"으로 선포된 지 얼마 지나지 않아 나(다이앤)는 지역 신문에서 캘리포니아주 공화당이 철저히 비공개로 회의를 열고 성별확정 전문가에 대해 논의했다는 기사를 접했다. 이 회의 보고서를 통해 우리는 우리가 부모들을 조종하는 훈련을 받았으며, "트랜스젠더 해체"에 연루되었다는 의심을 받고 있다는 것을 알게 되었다. 보고서에 따르면 우리는 아이들을 불임으로 만들고 있고, 더군다나 아이들 대부분은 정신 질환자이기에 우리의 행위는 일종의 우생학적 시도라고 주장되었다. 더 나아가 이 보고서는 성별확정 전문가들의 궁극적 목표가 암흑세계, 즉 "가족과 문화와 사회를 붕괴시키려는 트랜스휴머니즘•, 소아성애. 마르크스주의"라고까지 서술하고 있다.[6] 우리는 젠더를 탐색하고 설명하기 위한 원칙으로 풀 스펙트럼 사고 개념을 소개

• Transhumanism. 과학기술로 인간의 정신적, 육체적 형질 또는 능력을 향상하려는 운동. ―옮긴이

했지만, 공화당 측의 이런 발언은, 그것이 잘못된 정보이든 허위 정보이든 이 정치인들에게 섬세한 사고 능력이 부족하고, 충동적이며 감정적으로 비판하는 경향이 있음을 드러낸다. 물론 이러한 발언은 성별확정 의료에 헌신하는 우

리의 진심을 모욕하는 것이지만, 그보다 더 중요한 문제는 두려움에서 비롯되고 정치적 이득을 위해 조작된 언어가 우리가 돌보는 아이들, 그러니까 우리에게 가장 중요한 존재인 이 아이들에게 심각한 해를 끼친다는 점이다. 그러나 "막대기와 돌은 내 뼈를 부러뜨릴 수 있을지 몰라도 말은 결코 나를 해치지 못한다"라는 속담과 함께, 우리는 성별확정 의료를 경험한 가족들이 보낸 메시지에서 힘을 얻었다. 자녀가 수년간 젠더를 탐험하는 과정에 주기적으로 우리와 상담했던 한 가족이 보내온 메모를 소개한다.

> 여러분이 S와 우리 가족에게 수년간 제공한 모든 지원에 진심으로 감사드립니다. 마침내 직접 만나 뵙게 되어 정말 반가웠습니다. 수십 년에 걸친 여러분의 긴 연구와 유산은 저희에게 아주 의미가 깊습니다. 특히 지금처럼 정치적인 시기에는요. 여러분이 S의 전환을 통해 저희 가족의 인생에 함께해주신 것에 깊이 감사합니다.
>
> — 진심을 담아 B & T

두 번째 메시지는 클리닉의 성별확정 팀 전체에 전달된 것이다.

> 오늘 우리 Z에 관해 알아가는 시간을 함께해주셔서 무척 감사드립니다. 저는 성별확정 팀 전체에 무척 감명

받았고, 무엇보다 Z가 대단히 사적이고 민감한 주제를 여러분께 편안하게 이야기하는 것을 보고 놀랐습니다. 여러분이 숙련된 전문가로서 이 일을 얼마나 의미 있게 여기고, 청소년들이 스스로를 발견하는 과정에 얼마나 중요한 의미가 담겨 있는지를 잘 아는 경험 많은 전문가로서 뛰어난 역량과 공감능력을 가지고 있다는 것을 볼 수 있었습니다. 저는 또한 그 공간에서 번져나간 기쁨에도 깊이 감사합니다. 그것은 아이들이 진정한 자신을 발견할 때 솟아나는 기쁨이었습니다. 이 모든 것에 진심으로 고맙습니다.

성별확정 모델에 처음 열정을 쏟아부을 당시에는 우리가 천사-악마, 악마-천사의 이중 노출 이미지로 비칠 줄은 꿈에도 상상하지 못했다. 직장과 가정, 지역사회에서 성별확정 의료에 참여할 때는 마치 천사가 된 것 같지만, 그 영역을 벗어나면 세상 누군가에게 우리는 악의 화신이 되었다.

정신 건강을 전공하면서 우리는 비슷한 시기에 한 사람에게 상반된 두 메시지(예: 칭찬과 비난)가 반복해서 전달되면 거의 미쳐가는 느낌을 받을 수 있다고 배웠다. 다행히 아직까지는 제정신을 유지하고 있지만, 성별확정 모델과 우리처럼 그것을 실행하는 사람들에 대한 이러한 상반된 메시지에 반복적으로 노출되는 것은 혼란스러운 경험이다. 우리는 우리를 향한 공격이 혐오가 아니라 불안과 혼란에서 비롯된다는 것을 알고 있다. 젠더에 관한 신념이 도전받으면 발밑의 땅이 더는 탄탄하게 느껴지지 않기에 감정적으로 불안해질 수 있다. 이는 젠더 패러다임처럼 우리 문화에 깊이 뿌리박혀 있던 근간이 갑자기 흔들리고 바뀔 때 필연적으로 나타나는 반응이고 피할 수도 없다.

이런 점들을 염두에 두고 우리는 성별확정 모델을 실천하는 사람들이 일부 세간의 인식처럼 아이들을 혼돈의 젠더 세계로 꾀어내는 마법사도, 무작정 승인 도장을 찍어대지도 않는다는 점을 알리고 싶다. 그보다 우리를 아이들의 젠더가 흐릿해진 지점에서 그것을 다시 선명하게 드러내려고 애쓰는 탐구자이자 수색자로 보아주길 바란다.

마법사도, 승인 도장도 없다

지난 10년 동안 이 모델은 소아 젠더 의료의 보편적 형태로써 자리를 잡아 왔고, 그 과정에서 찬사도 받고 비난도 받았다. 세상에는 두 개의 대체 현실이 존재하는 것 같다. 한 곳에서는 성별확정 모델이 모든 것을 더 바람직하게 만들고 있고, 다른 한 곳에서는 같은 모델이 사람들이 알고 있는 세계의 핵심을 파괴한다. 둘 중 한 버전의 세상에서 남자아이는 오로지 남자아이로만, 여자아이는 오로지 여자아이로만 살아야 하고 번복은 허락되지 않는다. 성별을 바꾸는 것은 있을 수 없고, 그게 아니더라도, 입에 올리거나 그것이 나오는 책도 읽으면 안 된다. 그 세계에는 "게이"라는 말은 하면 안 되고 여장 남자가 도서관 열람 시간에 있어서도 안 된다고 믿는 사람들이 있다.

반면 다른 버전의 세계에서 사람들은 젠더 무지개를 인정하며 자기 자신으로 생활한다. 두 세계를 간단하게 비교하면, 비난 없는 인정 속에 자유롭고 편안하게 살아가거나, 아니면 남들의 기대에 순응하는 법을 배우거나 둘 중의 하나이다. 어느 것이 옳을까? 천사든, 악마든, 그 중간의 무엇이든 우리는 모두 신중하게 결정해야 한다. 이 책에서 우리는 우리가 배운 것, 우리가 알게 된 것만 말한다. 또한 우리가 공유하는 모든 것은 성별확정 의료를 제공하는 이들은 물론이고 부모와 교사, 그리고 젠더 건강이란, 위험에서 보호받고 인정과 지지에 둘러싸여 진정한 자신의 젠더로 살아갈 기회라고 정의하는 모두에게 적용된다.

심리상담가이자 양육자로서 우리는 종종 "승인 도장"이라고 불릴 때가 있는데, 의학적 개입을 원하는 아이에게 무조건 사춘기억제제, 호르몬, 또는 수술을 제공한다는 잘못된 뜻이 담겨 있다. "주도하는 것은 우리가 아니라 아이입니다"라는 우리의 원칙을 빌미로 사람들은 우리가 아이한테서 한마디만 나오면 바로 대화를 끝내고 아이의 요청대로 무엇이든 승인하고 돕고 처방할 거라고 생각한다. 즉, 상대가 청소년이고 "어제부터" 테스토스테론을 원했다고 하더라도 우리는 곧바로 처방전을 써주든지 의사에게 줄 소견서를 건넨다. 여섯 살짜리 아이가 찾아와 사람들이 자기를 남자라고 생각하지만 그건 사실이 아니며 자기를 샘이라고 불러달라고 요청하면, 우리는 즉시 학교로 소견서를 보내고 바로 법원에 가서 이름과 성별을 합법적으로 변경한다. 방금 말한 이런 이미지 속에서 우리 상담가들은 아이가 요청하는 것을 바로바로 처리할 수 있게 고무로 된 승인 도장을 들고 있다.

이걸로 충분하지 않다고? 우리는 얼마든지 더 타락할 수 있다. 어떤 이들은 승인 도장을 찍는 우리의 손이 마법사나 주술사—"시스젠더 어린이를 트랜스젠더로 바꿀 의도와 능력을 모두 갖춘 자", 즉 "트랜스젠더 아젠다"를 지닌 사람—의 것이며, 우리가 아이들을 유혹해 트랜스젠더리즘을 숭배하게 만든다고 굳게 믿는다. 순진한 청소년들을 젠더퀴어가 되도록 그루밍* 한다는 말을 들어봤을지도 모른다. 성별확정 서비스 의료진이 사춘기억제제로 성인 호르몬의 흐름을 끊고 생식 능력을 빼앗아(즉, 화학적 방법으로 정자나 난자 생산을 중지시키는 행위) 아이들을 의도적으로 "거세"한다는 루머도 있다. 심지어 우리가 아이들의 생식기를 수술로 훼손한다는 말도 안 되는 생각을 하는 이들까지 있다. 무조건 아이의 편을 들어 아이가 "엄마, 왜 나한테 고추를 줬어요?"라

* Grooming. '조종하다' 또는 '길들이다'라는 뜻. —옮긴이

고 묻는다면 바로 마취제와 수술용 메스로 생식기를 처리한다는 것이다.

하지만 진실은, 성별확정 의료자들은 (실망스럽게도) 마법사가 아닌 탐구자다. 우리는 젠더가 무엇인지 아이들에게 말해주는 대신 아이들의 말을 듣는다. 아이의 답을 듣기까지 며칠이 걸릴 수도 있고, 몇 년이 걸릴 수도 있다. 그러나 목표는 늘 동일하다. 아이가 젠더를 완전히 이해하고 진정한 자신의 젠더로 사는 데 필요한 양분을 제공하는 것.

아이들의 말을 어떻게 알아듣나요?

젠더에 관한 아이의 속이야기를 한 번에 끌어낼 수 있는 경우는 별로 없다. 젠더처럼 말로 표현하기 어려운 주제도 흔치 않다. 그래서 초등학교 저학년의 '쇼 앤 텔•' 시간처럼 아이들의 젠더 경험은 말보다 행동으로 보여지는 경우가 많다. 어떤 아이들은

• Show and Tell. 수업 시간에 각자 물건을 가져와서 친구들에게 설명하는 시간.—옮긴이

두세 살에도 이미 자신의 젠더가 다른 사람의 생각과 어긋나면 사람들이 듣고 싶어 하지 않을 거라는 사실을 눈치챈다. 그런 메시지는 아이가 입을 다물게 한다. 심리학자로서 우리는 아이들에게 그 주제를 말하게 강요하기보다 스스로 꺼낼 때까지 기다리도록 훈련받는다. 따라서 함구령을 지키는 아이가 우리나 부모, 혹은 자신에게 젠더 이야기

를 꺼내려면 지옥 불이 꽁꽁 얼어붙을 때까지 기다려야 할 수도 있다는 걸 안다. 아이와 신뢰를 쌓고 "여기선 젠더 이야기를 해도 괜찮아"라고 초대하며 가장 강한 금기를 깨는 데는 인내가 필요하다. 그래서 이 과정은 아주 오래 걸릴 수 있으며, 그중에서도 가장 어려운 부분은 해석이다. 아이가 분명 자신의 젠더에 대해 말했는데 알아듣지 못한 건 아닐까? 아이들의 말은 때로는 점 이어 그리기와 같고, 때로는 보물찾기 같으며, 어떨 때는 여유 있는 산책 같지만, 또 어떨 때는 정신없이 질주한다.

우리를 목에 카메라를 건 탐험가라고 생각해보자. 우리는 한 아이의 젠더를 파악하여 그 아이만을 위한 맞춤형 젠더 건강 계획을 세우는 사람이다. 우리는 고독한 탐험가가 아니라 팀이다. 양육자와 전문가들은 탐험가이고 아이는 감독이자 카메라 피사체가 되어 한 팀을 이룬다. 우리는 마법사가 아닌 구도자이며, 성별확정 모델은 모든 아이를 저마다 고유한 눈송이로 보는 GPS(Global Positioning System, 위치 확인 시스템)다. 우리의 유일한 관심은 아이들이 자기 젠더를 창의적이고 확장적으로 표현하여 성장을 촉진할 수 있게 길을 닦는 것이다. 세상에는 정해진 한 가지 경로만 있는 것이 아니다. 모든 사람은 성장하면서 새로운 젠더 경험을 통해 방향을 바꾸거나 경로를 바꿀 기회를 가져야 한다. 우리는 아이의 젠더 역사, 그들이 어느 순간에 스스로 창조하는 젠더 캔버스, 그들을 둘러싼 가족과 공동체, 젠더에 관한 느낌과 표현에 영향을 줄 만한 사건과 경험을 듣고, 보고, 파헤친다. 그런 종합적인 여정 끝에서 아이에게 필요한 감정적, 신체적, 사회적 지원을 통해 아이가 최대한 자신의 젠더에 맞는 진정한 삶을 살아갈 수 있게 노력한다.

우리를 찾아온 아이들이 자기 자신에 대해 알아나갈 때 우리는 그들이 무엇을 보고 또 느끼는지 이해하기 위해 옆에서 함께 걷는다. 우리는 모든 어른에게 아이와 함께 걸으라고 요구한다. 이 지점에서 젠더 웹 모델은 유용한 도구가 되어 한 아이의 젠더를 형성하는 모든 실타래를 고려하게 한다.

약물은 어떤가요?

그렇다면 성별확정을 돕는 사람들이 아이들을 거세하거나 불임 수술을 하고 세 살짜리한테 호르몬을 주고, 유치원생의 몸에 칼을 대고, 의학적 동의를 할 수 없는 청소년에게 성별확정 호르몬을 처방함으로써 부모의 권리를 침해하고 제대로 된 의학적 근거도 없이 다시 되돌릴 수 없는 의학적 개입을 시도한다는 말들은 다 뭘까?

최근에 나(다이앤)는 한 정치인이 "하지만 우리는 모두 자신의 팩트를 선택할 수 있지 않나요?"라는 취지로 한 말을 들었다. 과연 그럴까. 물론 우리는 자신이 믿고 싶은 것을 선택할 수 있다. 하지만 "팩트"에 관한 우리의 책임은 그 내용의 실체를 확인하고, 거짓임이 증명된 정보를 바로잡는 데 있다. 그것이 증거에 기초한 과학이 하는 일이다. 이런 취지에서 청소년의 성별확정 의료에 대해 (소설이 아닌) 우리가 알고 있는 팩트를 공유하자면, 이런 의학적 개입은 현대 세계 트랜스젠더보건의료전문가협회, 미국 내분비학회, 미국소아과학회와 같은 전문 단체의 지원과 지침에 따라 엄격하게 수행되고 있다.

일부 아이들은 아주 어린 나이부터 젠더 웹을 형성하면서 자기가 생각하는 성별과 태어날 때 정해진 성별이 일치하지 않는다는 사실을 일찌감치 발견한다. 또 다른 아이들은 저 둘이 일치하는지 아닌지 확신하지 못한 채 청소년기에 돌입한다. 사춘기는 젠더 웹에 "신체"라는 새로운 실타래를 가져온다. 사춘기는 태어날 때 주어진 성에 일치하는 성호르몬이 분비되어 이차 성징이 나타나는 시기이기 때문이다. 어떤 청소년에게 이런 신체 변화는 자신의 젠더 웹을 새롭게 보는 계기가 된다. 자신의 젠더가 출생 시 지정된 것과 일치하지 않는다는 사실을 오래전부터 인지한 아이와 자신의 젠더를 이제 막 새로운 눈으로 보기 시작한 아이에게 가능한 수단은 사춘기억제제, 즉 생식샘자극호르몬방출호르몬 작용제이다.

간단히 말해 사춘기억제제는 사춘기를 잠시 중지시키는 의학적 개입으로, 팔뚝에 호르몬을 주입하거나 이식하여 투약한다. 이 호르몬은 아이의 신체를 당분간 사춘기 초기 단계에 머물게 한다. 그리하여 아이가 원치 않는 이차 성징의 진행을 막고, 자기가 원하는 사춘기를 결정할 시간적 여유를 준다. 청소년은 일단 사춘기의 첫 단계(태너 척도로 2단계: 가슴에 몽우리가 발달하거나 고환이 커지는 등 이제 막 신체적 변화가 일어나기 시작한다)에 도달한 이후에만 사춘기억제제를 사용할 수 있고, 그전에는 사용하면 안 된다. 태너 2단계 이후 사춘기억제제를 투여하면 이차 성징이 진행을 멈춘다. 억제제 사용을 그만두면 그 시점부터 바로 내인성 사춘기Endogenous puberty, 즉 출생 시 지정된 성과 일치하는 사춘기가 시작된다. 사춘기억제제가 신체에 영구적으로 미치는 영향은 없다.

태너 2단계 이상에 도달해야 하는 것 외에도 아이는 다음 기준을 충족해야만 사춘기억제제를 사용할 수 있다.

- 욕구는 전적으로 아이 자신의 것이어야 하며 다른 이가 강요한 것은 안 된다.
- 태어날 때 지정된 성과 일치하지 않는 젠더에 대해 장기적으로 안정된 태도를 보여왔다. 혹은 자신의 젠더가 출생 시 지정된 성과 일치하는지 의문을 품기 시작했다.
- 사춘기억제제를 사용했을 때의 이익과 위험을 이해할 인지적-정서적 능력이 있다.
- 부모 또는 보호자가 해당 개입을 지지한다.

- 사춘기억제제를 사용했을 때 정신 건강에 이롭다는 증거가 있다.
- 현재로서 사춘기억제제를 사용할 수 없는 정신 건강 또는 의학적 문제가 없다.
- 아이와 부모는 치료를 시작하기 전에 생식 능력 보존의 가능성에 대한 정보를 얻고 논의할 기회가 주어져야 한다(만약 아이가 태너 2단계에서 사춘기억제제를 시작하고, 이후 내인성 사춘기와 반대되는 호르몬으로 바로 넘어갈 경우, 난자나 정자의 생산에 문제가 생길 수 있기 때문이다). 이런 이유로 청소년은 의학적 개입 전에, 또는 다음 개입으로 넘어가기 전에 난자나 정자를 채취해 은행에 보관할 수 있다.

청소년에게 시도할 수 있는 두 번째 의학적 개입은 성별확정 호르몬이다. 에스트로겐이 분비되는 여성의 몸을 갖고 태어났지만, 굵은 목소리, 수염과 체모, 그 밖에 테스토스테론에 의해 야기되는 사춘기 이차 성징을 원하는 사람에게 테스토스테론은 약속의 호르몬이다. 반면 테스토스테론이 분비되는 남성의 몸을 갖고 태어났지만 신체적 자아가 유방, 부드러운 피부, 굴곡 있는 몸을 원하는 사람에게는 성별확정 호르몬으로 에스트로겐을 처방한다. 어떤 청소년은 이미 사춘기억제제를 맞고 있어서 아직 사춘기 변화가 진행되지 않는다. 그러나 이미 내인성 호르몬과 함께 시작된 사춘기를 마쳤다면 다시 두 번째 사춘기를 거칠 것이다. 호르몬 치료에 적합한 대상을 결정하는 조건은 사춘기억제제 때와 동일하지만 한 가지 큰 차이가 있다. 이 호르몬은 나중에 중단하더라도 일부 영구 효과를 낳는다는 점이다. 예를 들면 테스토스테론을 맞은 10대는 굵은 목소리, 음핵의 확장, 체모, 그리고 에스트로겐을 맞은 10대는 유방에 해당한다.

"확정(affirming. 긍정)"이라는 단어의 반대말에는 "부인", "거부", "부정" 등이 있다. 아이러니하게도 성별확정 모델에 대한 가장 맹렬한 비판이 이것들을 내세운다. 비판자들은 우리의 의학적 개입을 지지하는 과학적 증거를 '부인'하고, 양육자의 염원과 권리를 '거부'하고, 이런 절차의 위험을 가리키는 과학적 증거를 '부정'한다. 이 아이러니의 다른 측면은 치료의 이점을 보여주는 연구를 부인하고 거부하고 부정하는 이들도 바로 모델의 비판자들이라는 점이다. 그런 연구 중에는 미국 내 대형 소아 젠더 센터 네 곳에서 사춘기억제제와 호르몬을 맞은 청소년의 신체 및 정신 건강 결과를 조사한 미국 국립보건원 종단 연구가 포함되며, 나(다이앤)는 2023년에 공동 저자로 관련 논문을 발표했다.[7] 이런 연구들은 모두 아이들에게 문제가 없다고 일관되게 증명한다.

그렇다면 약물은 어떨까? 만약 학제 간 젠더 팀의 훈련된 전문가가 신중히 처방한다면 약물은 청소년의 젠더 건강을 강화하는 중요한 요소가 된다. 이를 통해 청소년은 자신이 옳게 느끼고 또 세상에 보여주고 싶은 젠더와 일치하는 신체를 얻을 수 있다. 사춘기억제제와 성별확정 호르몬 중에서 무엇이 더 유익할지 판단하려면 의료진의 전문 지식이 필요하며, 이는 결코 가볍게 내릴 결정이 아니다. 성별확정 팀은 청소년이 말하는 젠더가 얼마나 진실되고 확고하며 일관적인지 심도 있게 조사하고, 신체 변화 요청이 삶의 다른 문제를 해결하려는 수단이 아닌지 철저히 확인한다.

성별확정 모델의 효능 테스트

성별확정 모델의 효능을 테스트하기 위해 우리는 이른바 "소급 분석 테스트Ex post facto test"라는 것을 시도한다. 아이가 공유한 젠더 웹을 바탕으로 새로운 젠더 정체성으로 이동한 이후, 그 과정을 되돌아보며 평가하는 방식이다. 만약 우리가 아이의 트랜지션을 잘 도왔고, 그 결과 현재 아이가 자신의 젠더 웹과 일치하는 젠더로서 편안하게 잘 지내고 있다면 행복과 안녕 수치가 증가할 것이다. 만약 과정이 잘 진행되지 않았다면 상황은 비슷하거나 나빠질 것이다. 물론 학교생활에서 큰 변화가 있었거나, 동생이 생겼거나, 체조 고급반에 합격했거나 등 아이의 기분에 영향을 줄 수 있는 다른 요인들이 있다. 그러나 수년간 이 분야에 몸

담으며 우리는 젠더 창의적인 아이의 부모가 작성한 보고서를 통해 놀라운 현상을 목격했다. 아이가 원하는 방식으로 젠더를 표현할 수 있게 되고, 오랫동안 주장해온 젠더로 살아가도 된다는 허락을 받고, 주변 사람의 지지까지 얻었을 때 아이들의 행복과 기쁨은 그 어느 때보다 커졌다.

반대도 마찬가지이다. 아이를 잘못 이해하거나 아이의 진짜 이야기를 놓친다면, 상황은 변하지 않거나 아이들은 점점 더 불편하고 괴로워하게 된다. 우리를 찾아온 어느 다섯 살짜리 남자아이의 엄마는 아들이 가끔 자신이 여자 같다고 느낀다고 말하자, 곧바로 원피스와 긴 가발을 사주어 아이를 소녀로 지낼 수 있게 해주었다. 하지만 아이는 "소녀"가 아니었다. 아이는 사실 화려하고 반짝이는 삶을 꿈꾸는 "바비 소년"이었다. 실제로 상황은 악화되어 아이가 갑자기 화를 내거나 불안해하는 모습을 보였다. 하지만 서서히 자신의 속도로 나아갈 수 있게 배려하자 아이는 차분하게 젠더를 탐색했고 결국 연극과 무대 디자인을 사랑하는 게이 소년으로서의 자신을 발견했다. 이 이야기의 교훈은 분명하다. 아이가 자신의 진정한 젠더로 살아가도록 두면 행복해진다. 하지만 그 길을 막아선다면, 행복할 수 없다. 이 원칙은 어느 방향에서든 적용된다.

지금까지 무엇을 배웠는가?

성별확정 모델은 젠더가 있는 사람이면 누구나, 즉 모두에게 적용된다. 스스로 시스젠더라고 밝히는 사람도 마찬가지다. 공주가 되고 싶은 시스젠더 소녀와 공주처럼 옷을 입고 싶은 시스젠더 소년, 풋볼을 좋아하는 시스젠더 소년과 풋볼팀에 들어가고 싶은 시스젠더 소녀, 그리고 자기의 모습대로 살고 싶을 뿐인 트랜스젠더 소녀와 소년, 자신만의 젠더 캔버스에 자신만의 그림을 그리는 청소년 등이 모두 성별확정 모델의 관심 대상이다.

2021년, 미네소타대학교의 동료들이 발표한 논문에서는 성별확정 모델이란, 진화하는 젠더 과학에 기반한 철학 체계와 최상의 실천 방안을 통합한 틀이라고 설명했다.[8] 이는 낙인과 차별이 개인의 건강에 미치는 영향을 다루고, 성별다양성을 포용하며, 성인과 구별되는 아동 및 청소년을 위한 특정 고려 사항을 인정하는 것을 포함한다.

아직 언급하지 않은 것이 있는데, 아이 자신을 포함해 주변의 모든 사람들에게는 한동안 "알 수 없음"의 상태로 살아야 하는 것이 아주 큰 도전이라는 점이다. 지금까지 사람들이 성장한 문화에서 젠더는 단단한 토대였고 한 사람의 젠더는 태어날 때 바로 결정된다고 믿어져 왔으므로 젠더가 유동적일 수 있다는 생각을 받아들이기가 어려울 수밖에 없다. 또 항상 바로 답을 알 수 있는 것도 아니었다. 그러나 바로 그것이 성별확정 모델이 사람들을 돕는 부분이다. 세상에 승인 도장, 그루밍, 트랜스젠더 아젠다 같은 것은 없다. 오히려 실제는 그 반대이다.

이 모델은 그 어떤 아젠다도 강요하지 않고, 젠더를 고정된 것으로 취급하지 않으며, 아이는 자기 젠더 여정의 관리자 또는 CEO(최고경영자, 최고 의사 결정자)가 되고 다른 사람들은 그 여행의 동반자가 된다. 또한 이 모든 것은 항상 진행 중인 과정이다. 이런 사실을 염두에 두고 이제부터 당신이 이 책의 나머지 장에서 각각 제기되는 문제들을 성별확정 모델의 관점에서 바라보길 제안한다. 그 첫 번째 질문은 다음과 같다.

"여자아이들은 다 어디로 가버린 걸까?"

여자아이들은 다
어디로 가버린 거지?

⑤

청소년의 성별다양성과 관련해 가장 자극적이고 공포를 조장하는 이야기 중 하나는 사춘기 여학생들이 "트랜스젠더 숭배"와 "젠더 이데올로기"를 강요받고 있다는 주장이다. 여학생이 남학생보다 청소년기에 트랜스젠더나 젠더다이버스로 커밍아웃할 가능성이 훨씬 높다는 내용으로만 채워진 웹사이트들과 책들이 시중에 많이 나와 있다. 이 "소녀"들은 특별히 또래의 압박이나 사회적 전염의 쉬운 대상이 되어 스스로 트랜스젠더라고 믿어버리거나, 또래 집단에 들어가려면 트랜스젠더가 되어야 한다고 생각한다.

저 주장은 만약 이런 아이들에게 사춘기억제제나 성별확정 호르몬, 심지어 수술까지 가능한 성별확정 의료가 허용된다면 결국엔 그들이 자신의 "훼손된 몸"을 보며 후회하게 될 거라는 끔찍한 경고로 이어진다. 더 나아가 부모가 빨리 나서지 않으면 아이는 끝내 트랜스젠더의 길을 걷게 될 것이라고 겁을 준다. 따라서 부모들은 어쩔 수 없는 선택에 직면한다. 아이가 "착각한" 성별정체성을 맞춰주기 위해 호르몬이든 수술이든 아이가 요구하는 것을 모두 들어줄 것인가, 아닐 것인가. 만약 "올바른" 선택을 하지 않으면 아이가 이다음에 커서 부모를 원망하며 자신의 삶에서 부모를 배제하게 될 것이라는 식이다.

이런 무시무시한 경고를 전하는 한 유명한 책은 부모에게 딸들의 안전을 보장하는 확실한 팁을 준다. 1) 아이에게 스마트폰을 주지 말고, 이미 갖고 있다면 빼앗아라.

2) 아이를 젠더다이버스 친구들로부터 철저히 떼어놓아라. 필요하면 휴학시키고 1년 동안 가족 여행을 떠나라.[1] 이것들은 모두 아이의 성별정체성을 통제하려는 극단적 조치이다.

사실 아이들의 실제 모습은 양육자가 원하거나 믿는 것과는 다른 경우가 많다. 그런데 아이의 성별정체성을 지킨다는 명목으로 청소년기 자녀를 친구와 떨어뜨려 놓거나 세상에서 격리한다면 정신 건강에 문제가 생기거나 악화되는 것을 포함해 심리적, 사회적 행복에 나쁜 영향을 주게 될 것이 뻔하다. 이처럼 살벌한 경고와 극한의 조치는 소셜미디어가 아이들에게 미치는 영향과 함께 양육자의 두려움을 악용한다. "여러분의 딸들을 보호"한다는 명목으로 내세운 저런 지침은 가족의 인정과 존중, 그리고 성별확정 의료가 정신 건강 문제를 완화하고 심적 안녕을 개선한다는 여러 연구 결과와 완전히 어긋난다. 가장 끔찍한 것은 이런 경고가 사람들의 공포심을 조장하기 위해 설계된 거짓이자 조작이라는 점이다.

이런 억지 논리는 성차별과 여학생들에 대한 최악의 젠더 고정관념, 즉 우리가 없애려는 바로 그 편견에 뿌리를 두고 있다. 그들이 내세우는 한 가지 주장은, 여학생들이 이런 새로운 "열풍"을 이용해 자신을 더 강한 젠더, 즉 남성으로 전환함으로써 내면의 여성 혐오를 해결하려고 한다는 것이다. 또 다른 주장은 전문가나 정치인들이

"여자애들"은 남의 영향을 쉽게 받고 늘 그래왔다는 암묵적인 편견을 바탕으로 그 나이에는 너무 어려서 자신의 진정한 마음을 알지 못하고 타인의 생각에 휘둘린다고 폄하하는 것이다. 이러한 주장은 결국 이 여학생들이 남학생과는 다른 방식으로 보호되어야 한다는 메시지를 전제하고 있다.

비슷한 SOS 신호를 여성 화장실을 사용하고 여성 스포츠에 출전하는 트랜스젠더 여성에서도 본다. 그들이 다른 시스젠더 여학생과 젊은 여성의 신체적 웰빙을 저해하고 경기장에서 위협이 될 거라고 말한다. 그러나 트랜스젠더 남자아이가 남성 팀에서 경기하거나 남자 화장실을 쓰고 싶어 하는 것에 대해서는 비슷한 우려가 없거나 적어도 같은 수준이 아니다.

이런 불필요한 걱정과 성차별에도 불구하고 우리는 젠더 창의성이 여학생들을 사라지게 하지도, 전 세계의 여학생과 여성들을 위협하지도 않는다는 것을 잘 알고 있다. 미국에서 트랜스젠더와 젠더다이버스 청소년은 전체 청소년 인구의 2퍼센트를 넘지 않는다는 점을 기억하자. 오히려 이들을 통해 남학생과 여학생 모두 자신을 탐색하고 표현할 문화적, 심리적 공간의 확장이라는 혜택을 입는다. 사람들의 불안과 공포를 가라앉히기 위해 우리는 실제로 젠더다이버스 청소년의 성비에 관한 수치가 말하는 진실을 공유할 것이다. 즉, 얼마나 많은 아이들이 태어날 때 여성으로, 또는 남성으로 지정되었는지를 말이다. 무엇보다 우리는 세간에 퍼진 헛된 믿음을 거부하고 성별확정 의료가 "여학생"들에게 돌이킬 수 없는 피해를 준다는 잘못된 주장에서 시작된 두려움을 가라앉히고 싶다. 그렇다면 아이들이 트랜스젠더로부터 보호되어야 한다는 저들의 절박한 주장에서 시작해 이 트랜스젠더 열풍을 좀 더 파헤쳐보자.

논란은 어떻게 시작되었나?

사춘기 여학생들이 "트랜스젠더 열풍"에 휩싸였다는 사회적 담론은 2018년에 당시 브라운대학교 교수였던 리사 리트먼Lisa Littman이 발표한 연구 논문에 "급발성 성별불쾌감 Rapid Onset Gender Dysphoria, ROGD"이라는 용어가 사용되면서 크게 주목받았다. 급발성 성별불쾌감은 성별불쾌감의 하위 개념으로 리트먼은 사춘기 딸이 "갑작스럽게" 트랜스젠더 또는 젠더다이버스로 커밍아웃한 부모들의 보고에 기반해 이 개념을 제시했다. 특히 리트먼은 여학생들의 성별불쾌감을 조사하면서, 이를 사회적 전염, 또래 압박은 물론이고 정신 건강 문제 또는 부모와의 갈등 같은 추가 요인의 결과로 보았다. 리트먼은 익명으로 모집한 부모들을 조사해 아이의 커밍아웃 시기가 소셜미디어 사용 증가나 주변에서 트랜스젠더로 커밍아웃한 친구가 늘어난 것과 일치하는지 물었다.

하지만 리트먼의 연구에는 문제가 많았다. 첫째, 리트먼이 모집 공고를 낸 세 개의 웹사이트는 청소년 성별확정 의료에 이미 부정적인 입장이었다. 이 사이트들은 트랜스젠더와의 사회적 접촉이나 사회적 전염이 청소년에게 젠더다이버스 정체성을 야기한다는 생각을 부추기고 있었다.[2] 그러므로 이 연구는 애초에 자녀의 성별정체성이 사회적 전염 때문이라고 믿고 있을 가능성이 큰 사람들을 대상으로 삼았으므로 처음부터 한쪽으로 크게 기울어진 상태였다.

둘째, 학생들과 직접 면담한 적 없이 오로지 사춘기와 함께 시작된 자녀의 성별불쾌감에 대해 부모가 응답한 내용만을 바탕으로 결론을 내렸다. 그러므로 아이가 정확히 언제부터 자신의 성별정체성을 인식하기 시작했는지 알 수 없다. 트랜스젠더는 보통 스스로 정체성을 인지하고도 한참 지나서야 타인에게 말한다. 이런 문제점들 때문에 리트먼은 2019년 3월에 자신의 논문을 정정하면서, "급발성 성별불쾌감은 정식 진단명이 아니"며, "해당 논문은 청소년과 청년들 또는 임상의들로부터 수집한 데이터가 아니므로 이 현상을 입증할 수 없다"라고 인정했다.[3]

2023년 3월에 발표된 또 다른 연구 논문에서도 성별불쾌감의 임상적 하위 집단으로써 급발성 성별불쾌감을 증명하려는 시도가 있었다. 이 연구는 청소년들이 젠더로 인해 고통을 겪는 이유는 또래 집단에서든 소셜미디어에서든 트랜스젠더에 노출되었기 때문이라고 주장했다. 이 연구의 제1저자는 자신의 아이가 급발성 성별불쾌감을 겪고 있다고 믿는 부모였고, 정식 연구 기관에 소속된 연구자가 아니었다. 이 연구도 리트먼처럼 트랜스젠더 혐오 웹사이트에서만 설문 대상을 모집했기 때문에 수집된 정보가 이미 한쪽으로 쏠려 있었다.[4] 다행히 그 연구는 설문 대상자들의 동의를 받지 않은 채 발표되었기 때문에 2023년에 철회되었다.

지금까지 어떤 연구도 과거와는 다른 새로운 유형의 성별불쾌감이 나타난다는 가설을 검증하지 못했다. 예를 들어 한 연구는 청소년을 대상으로 급발성 성별불쾌감이 별개의 임상 현상이라는 가설을 시험했다. 연구자들은 성별불쾌감이 비교적 최근에 갑작스럽게 시작된(즉 "급발성") 것으로 보면서 청소년들이 원하는 성별확정 의료는 더 어린 나이에 정체성을 선언한 아이들과 다르다는 가설을 세우고 급발성 집단에서 예상되는 차이점을 찾으려고 했다. 이를테면 해당 아이들이 정신과 진단을 받았다든지, 자해와 같은 부적응적 대처 방식을 시도한 적이 있다든지, 부모가 아닌 온라인이나 트랜스젠더 친구로부터 격려를 받았다든지, 성별불쾌감의 수준이 낮다든지(실제로는 젠더 문제가 아니기 때문에) 등의 요인을 조사했다.

그러나 연령과 출생 시 지정된 성이 동일한 조건에서 청소년기에 들어와 갑자기 커밍아웃하는 것이 심리적 고통이나 증상, 정신 건강 문제, 성별불쾌감, 자해, 젠더를 지지하는 친구나 트랜스젠더 친구의 유무, 부모의 젠더 지지와는 아무런 유의미한 관련도 없는 것으로 나타났다. 오히려 청소년기에 갑작스럽게 시작된 성별불쾌감은 불안감 완화, 마리화나 사용 감소 등과 연관되었다. 참고로 마리화나는 부적응적 대처 방식으로 여겨지는 행동[5]의 하나이다. 이처럼 급발성 성별불쾌감을 지지하는 연구들은 이후에 철회되었거나 급발성 성별불쾌감이 의학적, 정신의학적 증상이 아니라고 정정했다.

결론적으로 급발성 성별불쾌감 또는 젠더다이버스 정체성을 부추기는 사회적 전염을 증명한 연구는 없다. 하지만 반대로 반박한 연구는 있다. 미국심리학회와 세계트랜스젠더보건의료전문가협회를 포함한 62개 보건 전문 단체는 급발성 성별불쾌감 또는 유사 용어를 임상 및 진단 용어에서 삭제할 것을 지지하는 성명에 서명했다. 급발성 성별불쾌감은 경험적 증거가 부족하고, 청소년에게 해를 끼칠 가능성이 있으며, 정신 건강에 부담을 주며, 미디어는 물론 정신의학 분야에 잘못된 진단을 추가하게 할 수 있다는 우려에서였다.[6]

젠더를 밝히기까지의 시간

우리의 임상 경험에서도 증명되듯이, 아이가 스스로 성별정체성을 발견하고 이를 양육자에게 밝히기까지 상당한 시간이 걸리는 경우가 많다. 양육자는 보통 아이의 성별정체성을 가장 나중에 알게 되는 사람이다. 그리고 이런 현상을 "급발성 부모 발견Rapid Onset Parental Discovery"이라고 말한다.

우리가 본 많은 사례에서 청소년은 여러 가지 이유로 부모에게 말하는 것을 미룬다. 흔한 이유를 몇 가지 들면 부모에게 말하기 전에 확신을 갖고 싶어서, 부모에게 스트레스를 주게 될까 걱정되어서, 대답할 수 없는 질문 세례를 받을까 봐 두려워서 등이 있다.

열아홉 살 트랜스젠더 소년은 자신의 아버지에게 성별정체성을 말하지 않는 이유를 이렇게 설명했다. "아버지는 제가 무슨 말을 하는지, 왜 그런 말을 꺼냈는지, 그게 무슨 뜻인지 전혀 모를 테니까요." 그리고 이렇게 덧붙였다. "어른들에게 말하지 않는 건, 일반적으로 사람들은 (특히 좀 더 수용적인 젊은 세대가 아니라면) 논바이너리 젠더를 진짜라고 믿지도 않고, 제가 그런 사람이라고 말해도 이해하지 못할 것 같기 때문이에요."7

많은 트랜스젠더 청소년이 가족에게 거부되거나 집에서 쫓겨나는 바람에 주거 취약 인구 중에서 과도하게 높은 비율을 차지한다. 트랜스젠더와 논바이너리 청소년의 대략 35퍼센트에서 39퍼센트가 노숙을 하거나 거주지가 불안정하다(과거든 현재든).8 그래서 어떤 청소년은 양육자의 반응이 두려워 커밍아웃하지 않으며, 실제로도 양육자에게 자신의 성별정체성을 밝혔을 때 위험해지는 경우가 빈번하다. 안전을 위해서, 그리고 집에서 쫓겨나지 않기 위해서 친구나 교사, 상담사를 제외하고 사실을 숨기는 청소년이 아주 많다는 건 사실 전혀 놀랍지 않다.

조사에 따르면 대부분의 젠더다이버스 청소년은 치료사나 의료진에게 가장 먼저, 다음으로 친구, 그리고 마지막에야 부모에게 커밍아웃한다.[9] 트랜스마스큘린 청소년 찰리는 부모가 자신의 성별정체성을 지지하지 않을 거라는 걸 알았다고 했다. "성별정체성은 나 자신을 위해 원했던 것이었어요. 하지만 부모님이 크게 반기지 않을 거라는 걸 알았습니다. 아주 이상하게 생각하실 수도 있고요. 하지만 의절까지 하시지는 않을 거라고 생각했죠. 그 점은 감사해요. 하지만 살아남기 위해선 집을 떠나야 했어요." 찰리는 자신의 성별정체성을 숨기려고 애썼지만 결국 부모가 알게 되었고 고등학교를 졸업하기 전에 집을 나와야 했다.

청소년이 "갑작스럽게" 커밍아웃하거나 그들이 느끼는 성별불쾌감에 다른 이유가 있다는 증거가 부족함에도 언론은 잘못된 정보에서 시작된 발상을 받아들여 허위 정보를 조장하고, 이로 인해 "트랜스젠더 열풍"이라는 신화가 만들어졌다.

트랜스젠더 열풍이란?

사회적 열풍이란 유행과 같은 것으로, 패션 유행처럼 비교적 짧은 기간 동안 큰 인기를 끄는 현상을 말한다. 그러나 "열풍craze"은 시간 및 감정의 투자가 더 크게 요구된다는 점에서 유행과 차이가 있다. 또한 열풍이라는 단어는 사람들이 비정상적인 수준으로 몰입하거나 이해받기 어려운 행위라는 부정적 함의를 지니는 경향이 있다.

가벼운 예를 들면, 1950년대를 휩쓴 로큰롤 열풍이 있다. 이 시절에는 수많은 청소년이 음악을 듣고 춤을 추고 콘서트에 가는 데 많은 시간과 돈을 들였다. 1955년에 어느 기사는 10대를 사로잡은 로큰롤 열풍이 어른들의 시각에서 얼마나 이해하기 어려운 것이었는지를 잘 보여준다. 기자가 한 10대 청소년에게 로큰롤이 무엇이냐고 물었더니, "그냥 입이 벌어지고 눈빛이 멍해지면서 마치 배탈이라도 난듯 지렁이처럼 몸이 꿈틀대기 시작하는 것"[10]이라고 말했다. 기성세대들은 본능적인 반감과 더불어 젊은이들의 로큰롤 사랑을 이해하려는 시도 자체가 시간과 에너지 낭비라는 태도를 보였다. 비록 이제 그 열풍은 잠잠해졌지만, 로큰롤은 아직까지 살아남았다.

"로큰롤 열풍"은 오늘날 기성세대와 미디어가 변화하는 젠더 규범을 지각하는 방식과 흥미로운 유사점을 보여준다. 그러나 로큰롤 열풍과 달리 성별다양성과 변화하는 젠더 규범은 부모와 기성세대가 충분히 이해할 수 있다는 것이 우리의 주장이다. 또한 어른이 이해를 해주어야, 아니 적어도 노력이라도 해야 아동과 청소년이 자기 자신으로 살아갈 공간이 생긴다.

지난 10년간 트랜스젠더 및 젠더다이버스 아동과 청소년, 그리고 소아 젠더 클리닉의 진료 의뢰가 급증하고 있다는 것은 명백한 사실이다. 그것을 단지 열풍이라고 표현하는 것은 (특히 여학생들에 대해) 트랜스젠더와 젠더다이버스 청소년들이 사회적 홀대로 인해 겪는 고통, 자기와 맞지 않는 젠더 규범을 따라야 한다는 압박, 자신은 자기가 알고 있는 사람이 아니라는 말을 반복해서 듣는 괴로움을 무시하는 것이다. 찰리는 그 괴로움을 이렇게 설명했다. "정말 사람을 미치게 만들죠…. 그리고 그게 제 자신을 보는 눈에도 영향을 줘요. 그리고 별로 건강하지 못한 방식으로 표출되죠."

이런 언어는 이 아이들의 고통과 괴로움을 하찮게 여길 뿐 아니라, 청소년기의 주요 발달 과제인 정체성 탐색과 성장이 제대로 이루어지지 못하게 한다. 그렇다면 정말로 청소년들이 스스로 식별하는 어떤 성별이든 될 수 있는 공간을 마련해주면 정말 그것들이 전염될까?

성별정체성이 전염될까?

성별정체성이 열풍이 아니라면, 전염성은 있을까? 어떤 사람들은 출생 시 지정된 성이 여성인 청소년과 남성인 청소년의 차이가 크고 심하며, 트랜스젠더 청소년, 특히 "여학생"이 또래의 압력이나 사회적 전염에 크게 영향받는다고 주장한다. 그리고 이런 주장을 뒷받침하기 위해서 심지어 한 저자는 "10대 여학생들을 덮친 트랜스 전염병"을 17세기 세일럼 마녀 재판과 비교하고, "18세기에 유행한 신경 질환과 19세기에 유행한 신경 쇠약(피로하고 실신을 동반하는 증상)"에 비유했다. 그 저자는 이어서 "20세기의 신경성 식욕 부진, 억압 기억repressed memory, 신경성 폭식, 자해 전염"까지 언급하며 이렇게 결론지었다. "저것들을 모두 홀로 이끌며 자신의 정신적 고통을 과장하고 퍼트리는 것으로 유명한 주인공이 있으니, 바로 사춘기 소녀다."[11] 사춘기 여자아이들이 세일럼 마녀 재판을 주도하고 여러 정신 장애를 유발할 만큼 강력한 힘을 지녔다는 발상은 아무래도 납득하기 어렵다.

임상심리학자로서 우리는 자해, 신경성 폭식과 식욕 부진은 모두 정신 건강 측면에서 지속적으로 나타나며, 실제로 최근에 증가하고 있다고 본다. 신경성 식욕부진의 예를 들어보자. 거식증이라고도 알려진 이 증상이 1980년대에 처음 미디어에 소개된 이후로 섭식 장애의 치명적인 위험을 사람들에게 교육해야 한다는 큰 압박이 있었다. 특히 가수이자 뮤지션인 캐런 카펜터Karen Carpenter가 이 증상으로 32세(10대 소녀는 아니었다)의 나이에 요절하면서 언론은 대대적으로 이 증상에 관해 다뤘다. 하지만 이제는 미디어에서 신경성 식욕 부진을 크게 다루는 일은 드물어졌다.

신경성 식욕 부진 환자의 수는 1980년대 이후로 비교적 안정을 유지하고 있다. 이러한 까닭은 실제로 최근에 신경성 식욕 부진 사례가 늘어난 경우도 있지만, 그건 사람들이 실제로 이 병을 앓기 때문이라기보다는 병에 대한 인식이 늘어나고 치료가 가능해지면서 환자의 수가 좀 더 정확하게 파악되었기 때문으로 판단된다.[12] 그러므로 어디까지나 "열풍"은 사람들이 아닌 미디어에 자리 잡았던 것이다. 하지만 미디어가 이 증상에 흥미를 잃고 다른 화젯거리로 옮겨가면서 열풍도 식었다. 이 문제로 고통받는 이들은 여전히 많지만 새로운 화제를 낳지는 못한다.

10대 여학생과 여성들이 섭식 장애의 영향을 절대적으로 더 많이 받는 것은 사실이다. 그러나 이러한 남녀 성별 차이를 일으키는 주요 요인은 사회가 여학생과 여성에게 그들의 몸에 대해 끊임없이 보내는 메시지 때문이다. 여성의 몸은 남성의 몸보다 더 자주 감시받고 평가받는다. 흥미롭게도, 트랜스젠더와 젠더다이버스 청소년들 또한 섭식 장애를 겪는 비율이 높은데, 이는 우연이 아닐 것이다. 그들 또한 자신의 몸에 대한 강한 메시지를 반복해서 주입받고 있으며, 심지어 그 메시지가 요구하는 이상적인 기준에 결코 도달할 수 없다. 물론 우리도 대부분의 청소년이 자신과 비슷한 경험과 고난, 가치를 공유하는 또래를 찾고 싫어 한다는 사실을 알고 있다. 그러나 이들 정신 건강 진단 가운데 어느 것에도 전염성은 없다.

사회적 전염이란 무엇인가?

"전염"이라는 말은 보통 질병, 경고, 위험과 흔하게 연관되어 있지만, 그중 어느 속성도 성별정체성과는 상관이 없다. 사회적 전염의 정의를 좀 더 자세히 조사하면서 우리는 이것이 여러 학문 분야, 심지어 한 분야 안에서도 다양하게 정의되고, 그 정의들이 종종 서로 상충되거나 전혀 다른 현상을 가리킨다는 것을 알게 되었다. 학계나 현장 실무자 사이에서도 사회적 전염이 (만약 전염이라는 게 존재한다면) 무엇인지에 대한 합의는 없으며, 전염의 방식이나 형태에 대해서는 말할 것도 없다.

다양한 연구와 과학적 담론을 종합한 어느 연구 논문에서는 사회적 전염이란 일반적으로 정서, 태도, 행동 등이 한 사람에서 다른 사람으로 확산되는 현상이며, 감염된 사람은 외부적 영향력을 인지하지 못한다고 설명했다.[13] 아마 이것이 젠더의 사회적 전염 "이론"에서 사용되는 정의에 가장 가까울 것이다. 그러나 이를 뒷받침하는 증거는 없고, 오히려 그 반대로 사회적 전염 때문에 청소년들이 성확정 치료를 찾게 만든다는 가설을 뒷받침하지 않는 과학적 증거가 늘고 있다.[14]

경험적 증거를 바탕으로 하는 이야기는 아니므로 "전염성" 부분은 접어두고 일단 "사회적"이라는 말만 살펴보자. 한 어린이의 환경과 사회적 관계가 그들의 성별정체성에 큰 영향을 미친다는 말은 백번 옳다. 어린이는 자신이 받아들여진다는 느낌을 원하고, 공통점을 공유하는 친구를 찾고 싶어 한다. 앞에서 한 사람의 젠더 웹은 본성, 양육, 문화에서 비롯한 다양한 실타래로 이루어졌다고 말했었다. 그러나 이런 실타래가 하나로 합쳐지는 과정은 궁극적으로 내적인 현상이며, 그 결과물인 젠더 웹은 개인의 소유물이다. 이 말이 옳다면, 아이들이 사회적 맥락에 의해 영향을 받는 것만큼 그들도 사회적 맥락에 영향을 미친다고 가정할 수 있으며, 그렇다면 젠더다이버스 정체성이 오로지 또래의 영향이나 압박을 받은 결과라는 주장은 논리적이지 못하다. 따지고 보면 서양 세계 전체가 이 아이들에게 트랜스젠더나 젠더다이버스가 되지 "말라는" 강한 압박을 주고 있기 때문이다.

그렇지만 어쨌거나 어느 청소년이 전적으로 또래의 영향에 의해 성별확정 의료를 받으러 왔다고 해보자. 그렇지만 여전히 이 청소년은 성별확정 의료를 받을 수 없을 것이다. 치료에 필요한 부모의 동의를 얻기가 어려울 가능성이 크고, 삶의 다른 문제를 해결하기 위해서가 아닌(이 경우는 특정 사회 집단에 소속되고 싶다는 욕구), 내면에서 일관적으로 유지된 안정적 성별정체성을 지녀야 한다는 조건에 부합하지 않기 때문이다. 그렇다면 젠더다이버스 아동과 청소년이 증가한 것이 사회적 전염의 결과가 아니라면 무엇이 그것을 야기한 걸까?

숫자가 말하는 것

스스로 트랜스젠더와 젠더다이버스라고 밝힌 아동과 청소년의 수가 증가한 것은 다양한 사회문화적 변화의 시기와 일치한다. 첫째, 서양 문화에서 성별다양성과 성별불쾌감에 대한 인식이 커졌다. 또한 성별확정 의료에 대한 접근성과 가시성이 커졌고, 해당 치료에 대한 보험 혜택도 늘어났다. 젠더다이버스의 정체성을 밝힌 청소년이 증가하면서 젠더다이버스 인구를 대변하는 문화적 변화의 폭이 넓어졌고 젠더 탐색을 위한 공간도 확대되었다. 그리하여 더 많은 젠더다이버스 청소년과 가족이 성별확정 서비스를 찾고 있다.

소아 젠더 클리닉에 찾아오는 환자들의 성비 차이를 보았을 때, 출생 시 지정된 성이 여성인 청소년의 진료 의뢰 건수가 크게 증가해 출생 시 지정된 성이 남성인 청소년의 의뢰 건수를 넘어섰다는 보고는 우리 상담소에서도 관찰된 사실이다. 15년 전에는 출생 시 지정된 성이 남성인 청소년이 대부분 상담소를 찾았지만, 점차 양쪽 성이 균일해지고 있다. 그러나 젠더 클리닉을 찾는 청소년만이 아니라, 일반 인구 집단 전체에 속한 트랜스젠더 및 성별다양성 청소년의 수를 살펴보면, 실제로는 출생 시 여성으로 지정된 청소년보다 출생 시 남성으로 지정된 청소년이 약간 더 많다. 이는 미국 전체 인구의 분포와도 일관된다.[15] 요컨대, 소아·청소년 젠더 클리닉에 대한 의뢰에서는 출생 시 여성으로 지정된 청소년이 출생 시 남성으로 지정된 청소년보다 많지만, 일반 인구 전체에서는 출생 시 남성으로 지정된 트랜스젠더 및 성별다양성 청소년이 출생 시 여성으로 지정된 청소년보다 더 많다.

소아 젠더 클리닉을 찾아오는 모든 가족이 성별확정 의료를 원하는 것은 아니다. 또한 사춘기 이전 아동을 위한 의학적 개입은 불가하다는 사실을 기억할 필요가 있다. 젠더다이버스 사춘기 아이들의 경우에도 모두가 의학적 개입을 원하는 것은 아니다. 추가로 미국에서는 지역 법률 및 법규 때문에 성별확정 의료를 제공할 수 없는 소아 젠더 클리닉도 있다.

한편, 현재 영국에서는 국민보건서비스 산하에 여러 지역 서비스 허브가 도입되면서 소아 젠더 서비스가 기존의 타비스톡 성별정체성 개발 서비스GIDS에서 이전되는 중이다. 때문에 기관에서 제공할 의학적 처치의 구체적인 내용을 두고 아직 서비스 제공자들 사이에서 의견이 일치되지 않아 혼란스러운 상태다.[16] 소아 젠더 클리닉은 대개 학제 간 팀으로 구성되어 정보와 정신 건강 지원, 사회복지

서비스, 교육 및 법적 지원 등의 부속 서비스 지원 등을 받을 수 있다는 점을 기억하자. 더하여 일부 연구는 이런 클리닉에서 환자 수는 증가했지만 의학적 개입은 감소했다고 보고한다.[17]

왜 숫자에 차이가 나는가?

진료 의뢰 건수에서 출생 시 지정된 성이 여성인 트랜스젠더 청소년이 남성을 초과하는 현상에는 여러 원인이 있다. 가장 큰 요인은 문화적 인식 변화를 통해 청소년들이 자신의 성별정체성을 탐구하고 표현할 기회가 많아졌다는 것이다. 그럼에도 이런 환경은 트랜스젠더나 성별다양성을 공개적으로 인정한 이들에게 큰 영향을 미친다. 예를 들어 서양 문화에서는 출생 시 지정된 성이 여성인 사람이 출생 시 지정된 성이 남성인 사람보다 성별표현에서 더 많은 유연성과 자유를 누린다. 우리 사회에서는 여자아이가 남자아이처럼 옷을 입거나 스포츠에 뛰어나도 자연스럽게 받아들여지지만, 남자아이가 드레스를 입거나 공주에 관심을 보이면 여전히 억제되거나 심지어 훈육의 대상이 된다.

이처럼 여자아이들이 어릴 때는 출생 시 지정된 성의 제약 없이 비교적 자유롭게 젠더와 취향을 표현할 수 있다. 그러나 사춘기에 접어들어 비로소 타인의 시선과 행동이 달라지는 것을 보면서 제약을 더 크게 느낄 수 있다.

출생 시 지정된 성이 여성인 아이들의 사춘기는 대개 가슴 몽우리의 발달로 시작되는데, 이는 외부에 쉽게 드러나기 때문에 아이가 사춘기를 좀 더 힘들게 받아들일 수 있다. 반면, 남자아이의 사춘기는 보통 더 늦게 시작될 뿐더러 제일 처음 나타나는 특징도 음모나 고환 및 음낭의 변화처럼 밖으로 잘 드러나지 않는 것이 대부분이다.

출생 시 지정된 성이 여성인 청소년이 성별확정 의료를 더 많이 찾는 이유에는 테스토스테론 치료의 특성도 있다. 테스토스테론은 낮은 용량으로 단기간 투여해도 남성적 특징을 뚜렷이 나타난다. 예를 들어 테스토스테론 치료를 중단하더라도 굵어진 목소리는 영구적으로 유지된다. 이는 출생 시 지정된 성이 남성인 사람에게 사용하는 에스트로겐보다 신체와 외모의 변화를 더 효과적으로 이끌어 내며, 특히 사춘기가 지난 경우에 두드러진다. 반면 출생 시 지정된 성이 남성인 청소년은 이를테면 이미 굵어진 목소리는 다시 되돌아가지 않으므로 젠더 클리닉의 도움을 덜 필요로 할 수 있다. 또한 에스트로겐은 많은 용량을 투여해야 하고 가슴의 발달처럼 눈에 띄는 신체적 변화가 나타날 때까지 시간이 오래 걸린다.

또 다른 가능성은 출생 시 지정된 성이 남성인 아이들은 사춘기가 되기 전, 훨씬 어린 나이에 젠더 클리닉을 찾는 경우가 많다는 점이다. 이는 부모가 젠더 규범을 따르지 않는 아들을 염려해서 데려오기 때문이다. 반면 출생 시 지정된 성이 여성인 아이들은 성별표현에서 훨씬 자율적이어서 사춘기가 되어 젠더 범주가 점점 제한되고 세상의 대우가 달라질 때까지는 별다른 문제를 느끼지 못하기도 한다. 또한 젠더다이버스 청소년은 모두 폭력과 따돌림의 위험에 노출되지만, 출생 시 지정된 성이 남성인 청소년이 폭력 피해자가 될 가능성이 가장 높다. 따라서 이들이 스스로 정체성을 드러내거나 성별확정 의료를 모색하기를 꺼릴 수 있다. 이런 이유들로 트랜스젠더, 논바이너리, 젠더다이버스 가운데 출생 시 지정된 성이 여성인 청소년의 수는 과대 보고되고, 출생 시 지정된 성이 남성인 청소년의 수는 축소 보고되었을 가능성이 있다.

따돌림과 폭력

트랜스젠더 열풍에 대한 이런 이야기들은 젠더다이버스 정체성에는 설령 그것이 자신이 진정으로 느끼는 정체성이 아닐지라도, 어떤 매력이 있어서 아이들이 그것을 받아들이게 된다는 인상을 준다. 그러나 많은 청소년이 오로지 또래 집단에 어울리려는 의식적 욕망만으로 트랜스젠더나 젠더다이버스라고 커밍아웃하여 스스로 고통을 감수한다고 보기는 어렵다. 사춘기 청소년들이 자신의 성별정체성을 시험해보는 것은 사실이다. 그리고 이것은 자기 자신에 대해 알아가는 하나의 방식이다. 그러나 일관되고 지속적인 젠더다이버스 정체성은 그저 "한번 시도해보는" 것이 아닌 진정한 정체성을 말한다.

이와 별개로 트랜스젠더와 젠더다이버스 청소년들이 학교에서 시스젠더 청소년보다 괴롭힘과 따돌림을 당할 가능성이 더 높다는 점에 주목할 필요가 있다. 미국 질병통제예방센터 보고에 따르면 트랜스젠더 학생들은 학교나 등하굣길에서 안전하지 않다고 느낀다고 응답한 비율이 높았다. 이들은 자주 괴롭힘과 위협을 당하고, 무기에 의해 다치거나, 강제 성관계, 신체적 폭력 및 성적 데이트 폭력을 경험한다.

트랜스젠더 학생 약 25퍼센트가 무기로 협박받거나 다친 경험이 있다고 보고한 반면, 시스젠더 남학생은 6.4퍼센트, 시스젠더 여학생은 4.1퍼센트였다.[18] 또 다른 연구에서는 트랜스젠더 청소년의 86퍼센트가 젠더 때문에 괴롭힘이나 놀림을 당했다고 응답했으며,[19] 이는 성별확정 의료를 원하는 트랜스젠더 청소년의 86.5퍼센트가 성별정체성 때문에 학교에서 괴롭힘을 당했다고 답한 영국의 연구 결과와도 일치한다.[20] 게다가 성별정체성 때문에 피해를 경험한 트랜스젠더 청소년은 다른 학생들보다 그 달에 결석할 가능성이 세 배나 더 컸다.[21] 트랜스젠더 청소년이 자신의 성별정체성과 일치하는 화장실이나 탈의실을 사용할 수 없을 경우, 그렇지 않은 학생들보다 성폭행을 경험할 가능성이 더 컸다.[22]

출생 시 지정된 성이 여성이자 젠더 창의적인 청소년인 레이는 맨 처음 젠더다이버스라고 커밍아웃을 할 때 자신의 성별정체성에 대해 자신감이 넘치고 긍정적이었다. 그러나 학교에 가면서 모든 것이 달라졌다. "괴롭힘은 끝이 없었고 큰 충격을 받았어요. 남자애들이 저와 다른 트랜스 친구들에게 혐오감을 드러냈을 때는 놀라서 학교 식당에 앉아 울어버렸죠. 그 애들은 저에게 죽어버리라고 했어요." 이어서 레이는 괴롭힘과 차별이 정신 건강에 미친 영향을 설명하면서 "원인은 괴롭힘 때문이지 제 성별정체성 때문이 아니예요"라고 지적했다.

찰리는 10대 트랜스마스큘린인데 친구들과 함께 지하철에서 칼을 든 남성에게 협박당한 일을 이야기했다. 그 남성은 계속해서 "너를 죽일 거야. 오늘밤에 죽이러 갈 거다"라는 말을 반복했다. "다음 전철역에 도착해 도망칠 때까지 그는 점점 계속해서 우리 쪽으로 다가왔어요. 제 평생 가장 긴 3분이었어요." 우리의 청소년들이 성별정체성 문제로 보호가 필요하다면 그건 젠더다이버스 청소년으로부터가 아니라 그들에게 가해지는 폭력으로부터이다.

나중에 후회하면 어떡하나요?

청소년의 뇌는 여전히 발달 중이고 급격하게 변화하므로 부모는 자녀가 성급한 결정을 내렸다가 나중에 후회할 봐 걱정한다. 이런 염려는 트랜스젠더 또는 젠더다이버스 청소년이 트랜지션, 특히 의학적 성별확정처럼 부분적, 혹은 전적으로 되돌릴 수 없는 결정을 내릴 때 가장 극심해진다. 하지만 17세 트랜스젠더 사이러스의 말을 들어보자.

"저는 트랜지션을 하려고 정말로 열심히 노력했어요. 학교에서 따돌림을 당해도 참았고, 사람들이 제가 존재한다는 이유만으로 저에게 못되게 굴어도 견뎠어요. 그것들을 버텨냈다는 것은 저는 제가 누군지 안다는 거예요. 다시 돌아가지 않을 겁니다."[23]

사이러스는 많은 이들의 생각을 대변한다. 그러나 성별 전환에 대한 이들의 확신에도 불구하고 "디트랜지션 Detransition", 즉 자신이 받은 의학적 성별확정 의료를 후회하고, 태어날 때의 성으로 다시 돌아가길 원하는 가능성이 있을 것이라는 이야기가 끝없이 회자된다. 실제론 청소년이든 성인이든 의학적 성별확정 의료를 받은 다음 이를 후회하는 경우는 극히 드물다. 이후에 자신을 다시 출생 시 지정된 성으로 인식하게 되는 경우에도 마찬가지다. 그럼에도 불구하고 '디트랜지션 경험자'들이 마치 예외가 아닌 일반적인 현상인 것처럼 언론에 소개되고 입법자들의 입에 오르내린다. 이들의 이야기는 성별확정 의료 전반에 대한 불신을 조장하는 빌미가 된다. 반면, 얼굴 성형이나 유방 확대술과 같은 '성형 수술' 후 후회를 경험하는 개인의 비율은 이보다 더 높음에도, 모든 성형 수술을 중단해야 한다는 식의 반응을 본 적은 없다.

연구 결과와 우리의 전문적 경험에 비추어 보면, 디트랜지션은 드물고, 설령 그런 일이 일어나더라도 반드시 후회가 동반되는 것은 아니다. 어떤 경우에는 이러한 변화가 한 개인의 진화하는 성별정체성의 한 과정일 뿐이다. 어떤 사람은 성별불쾌감을 완화하기 위해 비교적 짧은 기간 동안만 성별확정 의료를 원하거나 필요로 할 수 있다. 출생 시 지정된 성이 여성인 사람이 굵은 목소리나 얼굴의 솜털 같은 영구적인 변화를 일으킬 정도로만 저용량의 테스토스테론을 사용하는 경우가 이에 해당한다. 이들은 원하는 신체적 변화가 일어나면 호르몬 치료를 중단한다. 또 어떤 사람은 경제적 문제나 진료 기관에 접근하기 힘든 여건 때문에 치료를 지속하지 못하며, 의학적 이유로 성별확정 호르몬을 사용할 수 없는 경우도 있다. 혹은 의학적 트랜지션으로 인해 젠더다이버스라는 정체성이 외부에 밝혀지면서 일상이 위협받는다고 느끼면 치료를 그만둘 수 있다. 또 어떤 사람들은 자신이 걸어온 모든 과정을 긍정하며, 자신의 젠더 웹이 새롭게 자리 잡아가는 모습을 받아들인다.

물론 출생 시 지정된 성이 여성의 경우 사춘기에 시작되는 성별불쾌감은 소수자라는 신분과 성별다양성의 역사가 짧기 때문에 치료 후에 후회할 위험이 더 크다는 주장도 있다. 하지만 우리는 오히려 반대 사실을 발견했다. 사실 사춘기가 시작한 후에 지속적으로 성별불쾌감을 느끼게 된 청소년들은 성별확정 의료를 받든 아니든 거의 대부분 자신의 성별정체성을 장기적으로 유지한다.[24] 오히려 6세 미만에 트랜스젠더로 커밍아웃하는 아이들은 사춘기 때 커밍아웃하는 아이들보다 10세 무렵에 출생 시 지정된 성으로 바뀌는 일이 좀 더 흔하다.[25] 전문 젠더 클리닉에서 성별확정 약물을 처방받은 트랜스젠더 청소년의 1.9퍼센트에서 3.5퍼센트가 중간에 치료를 중단하는데[26], 왜 이들이 더 이상 클리닉을 예약한 날짜에 오지 않는지 알 수 없는 경우도 있다. 이유를 아는 경우는 병원을 바꿨을 때뿐이다.

성별확정 호르몬을 중단한 성인은 그 이유가 대부분 성별정체성 변화와 무관하다고 말한다. 가장 흔하게 답변하는 원인은 가족의 압박, 취업의 어려움, 성차별 같은 외부적인 요인이다.[27] 예를 들어 트랜스젠더 성인 1만 7,151명을 대상으로 조사했을 때, 13퍼센트가 디트랜지션을 했지만 모두 치료를 후회한 건 아니었다. 디트랜지션을 했다고 응답한 사람들의 대부분(82.5퍼센트)은 자신의 성별정체성을 지지하지 않는 가족의 압박, 그리고 사회적 낙인 등 외부적 요인을 언급했다.[28] 성별확정수술을 받은 청소년 및 성인 트랜스젠더 환자 총 7,928명을 대상으로 진행한 27개 연구를 종합한 메타분석에 따르면 수술을 후회하는 비율은 1퍼센트에 불과했다.[29] 참고로 젠더와 무관한 선택적 수술Elective surgery을 받은 사람들을 조사한 메타분석 연구에서는 놀랍게도 14.4퍼센트의 환자가 수술을 후회했다.[30] 이는 엄청난 차이다. 다른 선택적 수술과 비교했을 때 성별확정수술을 받은 환자가 후회하는 비율이 이례적으로 낮다는 것을 알 수 있다. 성별확정수술 후 후회하는 가장 흔한 이유는 가족과 사회처럼 자신을 둘러싼 세상의 반응 때문이었다. 어떤 사람들은 사회적 수용을 위해, 더 나은 봉급을 받으려고, 가족이나 친구와의 관계를 유지하기 위해 젠더 역할을 되돌렸다.[31]

이렇듯, 성별확정 의료에 대해 후회하는 경우는 매우 드물고, 그것이 청소년에게 이 치료를 제공해서는 안 되는 이유가 될 수도 없다. 또한 성별확정 의료가 10대 소녀에게 특별히 더 영향을 미치는 것도 아니다. 우리는 트랜스젠더와 젠더다이버스 청소년에서 성비의 차이에 관심을 두지만, 사실 성별다양성은 어디에나 있다. 그럼, 지금부터 언론 보도에서 소외된 가장 중요한 목소리, 트랜스젠더 및 성별다양성 아동과 청소년의 목소리를 직접 들어보자.

아이들이 입을 열다

㉯ 누가 너한테 "고추가 있으면 남자아이야"라고 말하면 뭐라고 하겠니?

Ⓜ (7세)이렇게 대답할래요. "그걸 어떻게 알아? 꼭 그런 건 아니잖아."

— 말로 맥,《소녀가 되는 법How to Be a Girl》

　우리 아이들은 젠더를 설명하는 최고의 선생님이다. 우리가 자라면서 배운 젠더 규칙은 이 아이들에게 도무지 납득할 수 없는 것이다. 물론 이런 규범이 하늘에서 뚝 떨어진 것은 아니다. 여러 세대를 거치며 진화되어 지금까지 전해 내려왔고, 그때마다 아이들은 나름의 젠더 창조성으로 반응해왔다. 아이들은 무엇을 알고 있을까? 이들은 우리에게 무엇을 가르칠 수 있고, 우리는 그들에게 무엇을 가르치고 있을까? 중국에 사는 아이는 나이지리아에 사는 아이와는 전혀 다른 것을 우리에게 가르친다. 그리고 그 아이는 다시 오스트레일리아, 콜롬비아, 캔자스주, 로스앤젤레스, 런던에 살고 있는 아이와는 또 다른 것을 가르칠 것이다. 이런 차이에도 불구하고 청소년과 젠더의 진화하는 관계를 설명할 보편적 진실이 있을까?

어린이에게 배우다

알렉산더는 여덟 살 때 처음으로 자신이 남자가 아니라 여자일지도 모른다는 의문을 품었다. 기억하는 가장 어린 시절부터 그는 항상 누나가 가지고 놀던 인형이나 놀이용 의상에 더 끌렸고, 자기 몫의 장난감 트럭이나 야구 장갑은 건드리지도 않았다. 점점 분홍색이 좋아졌고, 셔츠에 나비, 특히 반짝이는 화려한 나비 자수가 없으면 입고 싶지 않았다. 하루는 제일 좋아하는 분홍색 반짝이 나비 셔츠를 입고 기분 좋게 학교에 갔다. 쉬는 시간에 운동장에서 놀고 있는데, 방과 후 수업에서 알게 된 상급생 둘이 다가왔다. 그중 한 명이 그에게 얼굴을 들이밀며 위협하듯 말했다. "야, 이런 셔츠 입고 다니지 마. 남자아이가 무슨 분홍색이야! 분홍색은 여자애들 색깔이잖아." 하지만 알렉산더는 형들의 눈을 번갈아 보면서 망설임 없이 말했다. "형, 나는 남자야. 그런데 분홍색 옷을 입었잖아? 그러니까 남자아이도 분홍색을 입을 수 있는 거지." 그러고는 차분하게 자리를 떠났고 형들은 말문을 잃었다.

가장 어린 세대의 젠더를 이루는 토대와 변화하는 지형이라는 측면에서 이 세 아이가 모두 같은 땅 위에 서 있다. "분홍색은 여자아이의 색깔이지 남자의 색깔이 아니야"라는 말은 두 상급생 아이가 생각하는 젠더의 토대이다. 하지만 알렉산더에게 그것은 변화하는 지형이다. 알렉산더로서는 그들이 말하는 규칙이라는 것을 도무지 이해할 수 없다. 분홍색을 좋아하는 사람은 그냥 분홍색 옷을 입으면 된다. 남자의 색깔과 여자의 색깔을 구별하는 규칙

같은 것은 없다.

　　이것은 알렉산더와 두 아이 사이에서 있었던 일이다. 그러나 잠깐 다른 상황을 상상해보자. 지적 호기심이 충만한 알렉산더는 자리를 떠나는 대신 형들에게 사실 옛날에는 분홍색이 남자의 색깔이었고 1920년대까지는 백화점 카탈로그에서 분홍색 옷을 남자아이용으로 선전했었다고 알려줄지도 모른다. 분홍색이 남아용으로 분류된 것은, 분홍색의 "어머니" 색깔인 빨간색이 남성의 색깔이기 때문이다. 원색인 빨간색은 "열렬한", "열정적인", "적극적인", "공격적인"의 뜻을 지니고 있어서 남성적인 것으로 인식되었다. 그러나 이런 것들조차 알렉산더에게는 그다지 중요하지 않다. 알렉산더는 다른 사람이 자기를 공격적이거나 열정적이라고 생각하기보다 그냥 분홍색과 반짝이 나비를 좋아하는 남자아이로 봐주길 바라니까 말이다. 마지막에 그는 자기에게 잔소리했던 두 상급생에게 이렇게 묻는다. "형들은 영화 〈바비〉 몰라? 이 영화를 보러 가는 사람들은 모두 분홍색을 입고 영화관에 간다고. 그러니까 남자아이들도 분홍색을 입을 수 있는 거야."

　　알렉산더가 연설을 마칠 무렵, 두 형들은 고개를 저으며 달아날지도 모른다. 하지만 어쩌면 그 아이들도 "분홍색은 남자아이의 색깔이 아니라는" 사실을 곱씹게 되었을 것이다. 또는 지금까지 알고 있던 젠더 법칙이 과연 자기에게도 잘 맞는 것인지 의심해볼 수도 있다. 늘 파이터의 상태로 지내지 않아도 되고, 놀이터에서 젠더 감시자 노릇을 하지 않아도 된다면 썩 괜찮지 않은가?

우리가 알렉산더와 학교 친구들의 가상 스토리를 공유한 것은 단지 대안 현실을 보여주기 위해서가 아니라, 우리가 알게 된 많은 청소년이 원래 분홍색은 남자의 색깔이고 파란색은 여자의 색깔이었다는 사실을 알게 되어 즐거워한다는 것을 말해주고 싶어서였다. 만약 분홍색을 좋아하는 남자아이라면 이 정보를 "젠더 도구상자"에 집어넣고 앞으로 다른 아이들이 자신의 색깔 취향을 두고 잔소리할 때마다 꺼내서 대응할 것이다. 만약 남자는 분홍색을 좋아하면 안 된다고 생각했던 아이라면 새로 알게 된 이 정보에 놀라 앞으로 다른 아이들에 대한 "젠더 감시Gender policing"를 그만둘 것이다.

다른 세대에서 온 아이의 외침

그럼, 이제부터 잠시 알렉산더와 그 또래들을 두고 더 과거로 시간 여행을 떠나보자. 1960년대 초를 지냈던 사람이라면 1960년에 출간된 하퍼 리Harper Lee의 장편소설《앵무새 죽이기》에서 일인칭 화자였던 스카웃을 기억할 것이다. 책에서든, 무대에서든, 영화 속 화면에서든, 미국 남부의 어느 가상 도시에서 자란 스카웃은 여자아이가 이 세상에서 어떤 모습으로 보여야 하고 또 행동하고 생각해야 하는지를 규정한 20세기 중반의 젠더 규범에 도전했던 당찬 소녀로 우리의 기억에 새겨져 있다.

　자신과 오빠 젬이 만든 연극에 관해 스카웃은 이렇게 말한다. "나는 대본에 나오는 각종 여자 역할을 억지로 연기했다. 하지만 그중에 타잔보다 재밌는 건 하나도 없었다." 또 스카웃은 자기에게 결혼하자고 말하고는 오빠하고만 노는 오빠 친구 딜에 대해 이렇게 말했다. "그를 두 번이나 때렸는데도 소용없었다." 삼촌 잭이 "넌 이 다음에 커서 숙녀가 되고 싶지 않니?"라고 묻자 이렇게 대답한다. "그닥이요." 숙모 알렉산드라가 스카웃에게 원피스를 입고 아버지의 외로운 삶에 한 줄기 햇살이 되라고 잔소리하자 이렇게 쏘아붙인다. "바지를 입어도 충분히 한 줄기 햇살이 될 수 있다고요." 외로운 아버지 애티커스 핀치의 반응에 관해서는 이렇게 말한다. "아빠한테 (숙모가 말한 복장에 대해) 물었더니 우리 집에는 이미 햇살이 충분하고, 아빠는 제 모습이 어떻든 개의치 않으니 제 할 일을 하라고 했어요."

　스카웃은 누구인가? 소녀다. 커서 오빠 친구 딜과 결혼할 생각인 소녀, 그 시대의 젠더 규칙과 젠더 복장을 따르지 않는 소녀, 주변 사람들로부터 좀 더 여성스럽게 행동하라는 압박을 받는 소녀, 지금 그대로도 훌륭하다고 말하는 아버지가 있는 소녀, 자기 젠더를 수행하고 싶은 방식과 좀 더 "숙녀"답게 행동하라는 바깥세상의 메시지 사이에서 긴장하는 소녀, 과거로부터 지금까지 모두가 사랑하는 소녀, 그리고 1960년대 초 베티 프리단 Betty Friedan 이 출간한 《여성성의 신화》가 앞으로 많은 이들의 책장을 차지하고 조만간 전통적인 젠더 고정관념이 무너지기 시작할 거라는 사실을 이미 예지했던 작가가 창조한 소녀가 바로, 스카웃이다. 다가올 젠더 변동을 예견했든 하지 못했든 하퍼 리는 이 젠더 창의적인 소녀 스카웃을 인종차별주의자들이 존재하던 미국 남부에서 벌어진 가슴 아픈 이야기를 전달할 주인공으로 내세워 청중의 상상력을 사로잡았다. 이 책의 나이 든 저자는 물론이고 수많은 독자가 동일시하고 공감했던 가상의 어린아이에게서 우리는 새로운 젠더 세상과 아이들의 젠더 창의성이 아주 오래전부터 형성되어 왔다는 증거를 찾는다.

우리 이웃의 젠더다이버스

지금쯤 당신이 젠더란, 대단히 개인화되고 사람들은 저마다의 젠더 웹을 짓고 있으며 세상에는 셀 수도 없이 많은 젠더가 있다는 사실을 이해했기를 바란다. 그럼, 지금부터 우리 이웃에 살고 있는 아이들을 소개하겠다. 그러나 그 전에 양해를 구할 일이 있다. 우리는 이 아이들의 언어와 이야기를 있는 그대로 들려주고 싶지만, 젠더 창의적인 아이들을 향한 정치적 공격이 거세지는 지금, 주위에서 일어나는 혼란스러운 상황에 예민할 수밖에 없다. 더군다나 이 아이들이 친절하지 않은 사람들 속에서 살고 있다면, 우리에게는 그들의 비밀을 지키고 안전을 보장할 의무가 있다. 그러므로, 1장에서 언급했던 것처럼 이 책에 등장하는 모든 아이들의 이름 및 신상 정보를 수정했다. 어떤 경우에는 다른 아이들과 조합하기도 했다.

길을 잃었다가 다시 돌아온 소년

샘은 열네 살이다. 그리고 아주 어릴 적부터, 그러니까 한 문장을 온전히 다 말하지도 못하던 시절부터 자신이 "여자아이(태어날 때 사람들이 그의 몸을 보고 정해준 성별)"가 아니라고 느꼈다. 하지만 혼자서 그 생각을 간직하고 있다가 사춘기가 되어서야 커밍아웃하여 트랜스젠더 청소년이 되었다. 최근 그는 소년의 성별로 사춘기를 보내기 위해 성별확정 호르몬 치료를 시작했다. 성별확정 모델에 따라 샘과 그의 가족, 그리고 소아 젠더 클리닉팀이 신중하게 고민하고 판단한 결정이었다.

굵어진 목소리와 윗입술에 돋아나기 시작한 수염을 보며 샘은 테스토스테론이 불러온 변화에 훨씬 행복해졌다. 한편, 그는 매일 뉴스를 읽는 학구적인 학생이었다. 그래서 일반 대중은 물론 의학 전문가 중에도 청소년은 자신의 젠더를 확실히 파악하기엔 아직 어린 나이라 샘처럼 호르몬 치료로 영구적인 신체 변화를 선택했다가 나중에 후회하여 부정적 결과를 맞이할 수 있다고 경고하는 사람들이 있다는 것을 알게 되었다. 이들은 샘처럼 출생 시 지정된 성이 자신과 맞지 않는다는 사실을 일찌감치 깨달은 아이를 전혀 만나본 적 없으면서 단정했다. 샘은 지금까지 "나는 남자아이야"라는 자기 이해에 늘 확신이 있었다. 그러나 이제 처음으로 의심하기 시작했다. 내가 너무 어렸던 걸까? 내 생각이 틀렸다면? 그 비평가들이 맞다면 어쩌지?

아이들이 사춘기로 들어서면서 이런저런 의심을 품게 되는 것은 흔한 일이다. 우리는 당연히 아이들이 아동기와 성인기를 연결하는 이런 흥미롭고도 위태로운 과도기를 겪으며 발견하는 새로운 자기를 향해 문이 활짝 열려 있기를 바란다. 그러나 샘에게 일어난 일은 아니었다. 샘이 자신의 진정한 성별정체성이라고 믿던 토대는 과학이 아닌 신념에 기반한 비판적 회의론과 주장에 폭격당해 무너져 내렸고, 그리고 그 자리에는 어른들이 그에게 매 걸음 자멸의 구덩이로 밀어 넣으리라 경고한 바위투성이 언덕만 남았다. 결코 되돌릴 수 없는 호르몬의 효과, 스스로 확정 지은 "잘못된" 젠더로 살아가며 허비할지도 모르는 세월에 대한 이야기들. 그러나 그때 젠더를 의심하라는 속삭임 너머로 어린 시절에 들었던 노랫소리가 들렸다. 개구리 커밋*이 부르는 늙은 음유시인 같은 구슬픈 노래였다. "초록으로 산다는 것은 쉽지 않다네." 여기에서 "초

* TV쇼 〈세서미 스트리트〉에 등장하는 초록색 개구리 캐릭터.—옮긴이

록"을 "트랜스"로 바꾸면 21세기 샘 버전의 노래가 된다. 샘은 이 노래의 두 번째 소절도 기억했다. 그 노랫말은 커밋이 원한다면 초록으로 살아도 괜찮다고, 그는 초록으로도 잘 살 거라고 가르쳐 주었다.

샘은 소년이 되고 싶은 게 아니라, 처음부터 자신을 소년이라고 생각했다. 샘은 자신의 젠더를 알 수 있고 또 실제로도 알고 있는 아이다. 그러나 동시에 그는 자기와 만난 적도 없는 전문가와 정치인들이 던진 잘못된 사실에 흔들리는 아직 어린아이일 뿐이다. 하지만 어린 시절의 소중한 추억, 커밋과 〈세서미 스트리트〉 덕분에 샘은 다시 평정심을 찾을 수 있었다. 그리고 이렇게 말했다. "나는 나다워진 소년이다."

너무너무 어색해서

마고는 아주 예민하고 사생활을 중요하게 생각하는 중학생으로, 소아 젠더 케어 금지를 추진 중인 미국 북부의 어느 주에 살고 있다. 마고는 어려서부터 자기가 "여자아이"가 아니라고 생각했고, 그래서 네 살 때부터 치마나 원피스를 입지 않았다. 이런 어린 시절은 비교적 순탄하게 지나갔으나 사춘기가 되어 자신의 몸이 끔찍하게 변해가면서 절망하기 시작했다. 하지만 마고는 젠더에 대한 생각이 정리될 때까지 이차 성징을 지연할 사춘기억제제를 처방받을 수 있는데도 그렇게 하지 않았다. 소녀라는 지정된 성이 옳지 않다는 것도, 몸에서 에스트로겐이 분비되길 바라지 않는다는 것도 알았다. 짧은 머리와 옷차림 때문에 처음 본 사람이 자기를 남자인 줄 아는 것을 즐긴다는 것도 알았다. 하지만 사회적, 의학적으로 성별확정 의료(호르몬 치료 및 성별확정수술)를 하겠다는 결정은 쉽사리 내리지 못했다. 자신의 젠더가 남자라는 사실은 너무나도 확신하지만 성확정을 하는 순간 자기가 사랑하고 아끼는 모든 사람들과의 관계가 망가질 거라고 생각했기 때문이다. 정작 그 사람들은 자기가 어떤 결정을 내리더라도 사랑할 거라고 말해주었는데도 말이다. 또한 사람들이 자신의 진정한 젠더를 모르는 것은 상관없었지만, 주변 사람들에게 자기를 이제 남자아이로 생각해달라고 부탁하기는 너무 어색할 것 같았다. 다들 괜찮다고 하지만 그럼에도 다시는 그들을 편안하게 대하지 못할까 봐 걱정했다. 마고의 상황은 한 아이의 젠더가 아무것도 없는 진공 상태에서 펼쳐지는 것이 아님을 상기시킨다. 그 아이의 젠더가 마지막에 도달하는 곳은 자아와 타자, 아이와 주변의 가깝고도 먼 세계 사이에서 깊이 얽혀 있다.

난 바비가 좋고 프랭키는 트럭을 좋아해요

어맨다는 여덟 살이다. 어맨다와 쌍둥이 프랭키는 싱글맘

글로리아와 함께 캐나다의 어느 작은 도시에 산다. 비영리 단체에서 일하는 글로리아는 언제나 자신의 딸이 강하고 적극적인 아이로 성장하길 바랐다. 그리고 과거 유치원에서부터 12학년까지 자신이 다녔던 학교들의 억압적인 규칙에 자신의 아이는 얽매이지 않기를 원했다. 글로리아는 어려서 여학생은 "숙녀"처럼 행동하고 현모양처의 소양을 쌓아야 하며 등교할 때나 학교와 관련된 모든 활동에 치마를 입어야 한다고 배웠다. 가장 춥고 눈이 오는 날도 예외는 아니었다. 그래서 딸에게만큼은 자기가 절대 누리지 못했던 자유를 선사하고 과거의 억압적인 젠더 규범은 일절 거부하겠다고 마음먹었다. 바비 인형은 금지, 주름장식은 깔개에나 있는 것이지, 내 딸의 옷에 달리면 안 된다.

글로리아는 아들 프랭키에 대해서도 유독한 남성성에서 탈출하고 내면의 "여성성"을 찾을 수 있게 도왔다. 그래서 프랭키의 장난감 선반을 귀여운 인형이나 《스파클 보이Sparkle Boy》, 《클라이브와 아기들 Clive and His Babies》, 《남자도 분홍을 좋아해》처럼 온순한 남자아이들을 위한 책으로 채웠다. 하지만 정작 아이는 이런 책에 손도 대지 않았다. 프랭키가 원하는 것은 통카 트럭으로 채워진 선반이었다. 장난감 병정, 심지어 작은 총(물론 가짜)도 좋았다. 글로리아는 프랭키가 친절하고 다정하며 자기 감정을 잘 표현하고 공격성보다 애정을 선호하는, 살면서 자기가 한 번도 만나보지 못했던 그런 남성으로 자라기를 바랐다. 그러나 프랭키는 다른 남자애들이 좋아하는 그런 장난감에 끌렸다.

우리는 모든 어린이가 자신의 자녀를 사랑하고 그들을 위한 꿈이 있는 부모를 만나길 바란다. 그러나 부모의 꿈이 아이의 꿈과 다를 때 아이들은 (기회가 있다면) 그 사실을 부모에게 알린다. 이런 긴장은 아주 우울한 경험이 될 수 있고 심지어 갈등의 촉매가 될 수도 있다. 어맨다와 프랭키는 이유가 무엇이든, 둘 다 전통적인 젠더 규범에 해당하는 것에 끌렸다. 어맨다는 주름장식을 좋아했고 분홍색이면 무엇이든 괜찮았다. 또 바비 인형을 가질 수 있다면 어떤 장난감과도 기꺼이 맞바꿀 아이였다. 반면 프랭키는 친구들과 자동차를 가지고 놀 생각뿐이었다. 또 힘이 세고 멋있어 보이는 위장 재킷도 원했다.

어맨다와 프랭키는 젠더 세계에 사는 우리의 한 이웃일 뿐이다. 그들이 "전통적인" 성별표현에 끌린 건 그저 자기의 개성을 드러내기 위해서 였을까? 또는 자녀가 젠더 비순응자가 되길 바란 엄마의 기대에 도전하기 위해서였을까? 그럴지도 모른다. 아니면 주변 문화의 영향으로, 스스로 타고난 젠더에 순응해야지만 거부되지 않고 수용을 바랄 수 있다고 생각했기 때문일까? 그럴지도 모른다. 쌍둥이로 태어나 서로 구분되려는 내면의 압박이 있었을까? 비록 자궁과 생일은 공유했지만 세상을 향해 "우리는 서로 다른 사람이에요. 저는 여자, 프랭키는 남자. 행동으로 보여드릴게요"라고 말하려는 것이었을까? 그럴지도 모른다.

그러나 우리가 실제 어맨다와 프랭키에 대해 알아가면서 저런 가능성은 하나도 해당되지 않는다는 생각이 들었다. 오히려 그들은 서로 친밀한 사이였고, 엄마를 아주 사랑하지만 엄마가 말하는 "너답게 살아갈 자유" 같은 것에 대해서는 바보 같다고 생각하고 있었다. 아이들의 관점에서는 글로리아가 그냥 자신들을 자유롭게 표현하도록 놔두었으면 더 좋았을 것이다. 분홍색, 주름장식, 바비 인형을 사랑하는 시스젠더 소녀와 트럭과 거친 놀이를 좋아하고 분홍색을 싫어하는 시스젠더 소년으로 말이다.

제발 내 말 좀 들으라고요!

미국의 10대들이 젠더다이버스 청소년을 위한 성별확정 의료 및 사회적 지원을 폐지하려는 시도와 그 성공에 대해 공개적으로 발언했다. L.W.는 필요한 치료를 받을 권리를 주장하며 목소리를 낸 청소년 중 하나로, 이 책을 집필할 당시 15세 트랜스젠더 소녀였다. 그녀는 테네시주에서 소아 젠더 치료를 금지하는 법적 조치에 대응한 소송의 원고로 참여했다. 이 금지 조치가 L.W.에게 어떤 영향을 주었을까? "성별정체성을 공개하고 의사 선생님이 처방한 치료를 받기 전의 그 어둠 속으로 다시는 돌아가고 싶지 않아요. 이 법이 폐지되어 앞으로도 계속 부모님, 의사 선생님들과 대화하면서 필요한 치료를 계속 받고 싶어요. 자유롭게 제 삶을 살고 즐기는 일을 할 수 있게요."[1] 법안이 발효되면 L.W.은 시행일로부터 9개월 안에 성별확정 호르몬 치료를 중단해야 한다. 자신의 생명을 구하는 치료를 받을 수 없다는 것은 L.W.에게 매우 끔찍한 일이다.

테네시주가 소아 젠더 치료 금지를 추진한 같은 해에 네브래스카주도 이를 따랐다. 이 법안은 19세 미만에게 의학적 젠더 치료를 제공하는 것을 범죄로 규정했다. 12세 트랜스젠더 소년 애쉬 호먼은 공청회에서 트랜스젠더 미성년자를 위한 트랜지션 치료 금지에 반대하며 입법자들에게 이렇게 호소했다. "이런 법안을 발의하고 통과시키는 사람들은 아이들이 자신의 몸과 마음을 얼마나 잘 이해하는지 무시하고 있습니다."[2] 그의 어머니가 네브래스카 주 상원의원 메건 헌트라는 점이 주목할 만하다. 헌트가 아들의 경험을 묘사한 기사를 인용하겠다.

헌트는 트랜지션을 시도하기 전에 애쉬는 자주 우울했다고 말했다. 그러나 이제 그는 아주 잘 지낸다. 애쉬는 학교에서 인기가 있고 사교 활동으로 바쁘며, 최근에는 작가를 꿈꾸는 학생들을 위한 동아리를 만들었다. 마치 구름이 걷힌 듯한 변화였다. 그는 이제 즐거운 청소년 시절을 보내고 있다. 이전에는 그러지 못했다.[3]

알렉산더 몽고메리는 네브래스카주에 사는 또 다른 트랜스젠더 청소년으로 애쉬보다 다섯 살 더 많다. 알렉산더는 11세에 트랜지션을 시작했다. 또래와 친척들로부터 조롱과 괴롭힘을 당하다가 12세에는 자살 시도까지 했지만 다행히 살아남았다. 이후 다양한 정신요법을 받고 신중하게 고민한 끝에 16세에 정식으로 개명하고 테스토스테론을 투여하기 시작했다. 그는 이 치료를 통해 기분과 인생관이 확실히 개선되었다고 말했다.

> 몇 달 동안 호르몬을 맞은 후 마침내 거울 앞에 선 내 모습에서 변화가 보이기 시작했을 때의 그 기분을 누구도 이해하지 못할 거예요. 나는 나 자신을 보고 숨는 대신 미소 짓고 있었어요.[4]

영국에서도 청소년들이 치열하게 싸워왔다. 2023년 6월 여론조사에서 청소년이 성별확정 의료나 상담을 받을 수 있어야 한다고 답한 사람은 절반에도 미치지 못했다.[5] 그러니 제발 이 청소년들의 목소리에 귀를 기울여주길 바란다.

성별확정 모델의 핵심 원칙 중 하나는 모든 사람이 비난받지 않고 수용 속에 진정한 젠더로 자유롭게 살아갈 권리가 있다는 것이다. 이 청소년들은 지역 입법 기관에 나서서 한 사람의 젠더 현실이 비난하거나 파괴할 대상이 아니라 축하하고 지지해야 할 현상임을 입법자들에게 알렸다. 이들은 단순히 이 원칙을 아는 데 그치지 않고 대담하게 행동으로 실천했다.

전 그냥 어린아이일 뿐이에요

최근에 나는 소아 젠더 케어가 금지된 주에서 온 한 가족을 만났다. 열한 살의 스테판은 사춘기억제제 치료를 받던 중 병원이 갑작스럽게 폐쇄되는 바람에 급히 다른 주의 치료 기관을 수소문했다. 다행히 이 가족은 다른 주에서 치료를 계속할 여건이 되었다. 스테판은 1년 전에 치료를 시작한 후 심리 상태가 크게 좋아졌고, 원치 않는 내인성 사춘기 변화를 겪지 않아도 되는 것에 안심했다. 따라서 치료가 중단되었다면 크게 낙담했을 것이다.

이 가족은 캘리포니아주에서 치료를 계속할 수 있다는 것을 확인하고 나를 찾아왔다. 마침 스테판이 부모와 함께 왔는데 나는 그들이 사는 주가 젠더 치료를 법적으로 금지한 후 어떻게 마음을 다잡았는지 물었다. 그런데 부모가 대답하기도 전에 이 현명한 아이가 먼저 말했다. "저는 고작 열한 살이에요. 법은 몰라요."

모두 명심해야 한다. 스테판은 고작 열한 살이며, 열한 살 아이들은 어떤 방해도 받지 않고 자유롭게 성장할 권리를 보장받아야 한다는 것을. 우리는 이 젠더 창의적인 아이에게 감사해야 한다. 모든 아이들은 성장과 확장이 필요할 뿐만 아니라, 보호 역시 필요하다는 것을 일깨워준 것에 대해 말이다.

아이들은 어떻게 젠더를 배울까?

모든 아이들은 젠더 창의적이다. 모든 아이가 본성, 양육, 문화를 바탕으로 자기의 젠더 캔버스에 자신만의 그림을 그리고 있다. 게다가 그들은 단순히 그림만 그리는 화가가 아니다. 이 세상에 태어난 모든 아이에게 젠더는 그들 자신이자, 그들이 행동하고 느끼고 말하고(또는 말하지 않고) 배우고 가르치는 것이다. 만약 길 가는 아이를 붙잡고 자기 성별을 어떻게 아는지 묻는다면 당신의 얼굴을 멍하니 쳐다보다가 이렇게 말할 것이다. "그거야 그냥 아는 거죠."

이 말은 정답이자 정답이 아니다. 이 장에서 등장한 아이들을 통해 보았듯이 젠더는 아이의 소유물인 동시에 아이가 자신에게 가장 소중한 사람(부모나 주 양육자)과 함께 추는 관계의 춤이기도 하다. 이런 젠더의 안무는 어떤 모습일까? 애착 이론을 개발했던 심리학자들, 특히 이 이론의 아버지이자 어머니인 존 볼비John Bowlby와 메리 에인스워스Mary Ainsworth [6]는 아이가 어떻게 처음으로 자신과 타인의 젠더에 관해 배우는지 알려주는 중요하고 귀중한 선물을 주었다.

피드백 고리

애착이론은 발달 심리학에서도 가장 많이 연구되는 분야로 자녀와 부모 간에 형성되는 피드백 고리Feedback loop를 설명한다. 태어난 순간부터 유아는 부모가 아기에게 주는 영향만큼이나 부모에게 영향을 준다. 흔히 부모와 자녀의 관계를 생각할 때 아이는 온전히 부모에게 의존하며 부모가 긍정 또는 부정적 방식으로 영향을 주는 일방적인 관계라고 본다. 그러나 자녀가 한 명 이상인 사람들은 아이가 부모를 바꿔나갈 때, 또 아이들이 모두 얼마나 다른지를 경험할 때마다 깜짝 놀란다. 예를 들어 온순한 아기는 영아산통을 겪는 아이와는 부모에게 아주 다른 영향을 미친다. 전자의 부모는 흔들의자에 앉아 여유 있게 지내고, 후자의 부모는 잠이 부족해 눈이 충혈된 괴물이 되어버린다.

젠더에 초점을 맞춰보면 당연히 부모는 이 세계와 아이의 인생에서 젠더에 대한 이해를 형성하는 가장 큰 요인이다. 그러나 동시에 아이도 자기의 생각을 신호로 보내는데 그것이 인생 초기의 진화하는 젠더 웹 형성에 대한 부모의 반응에 영향을 미친다. 과학은 아직 이런 과정이 일어나는 이유를 설명하려고 연구 중이지만, 관찰을 통해 그 존재는 이미 검증되었다.

원래 우리는 모든 아기의 성이 태어날 때 딸이나 아들로 결정된다고 생각했다. 그런 다음 아이들은 스스로 자기가 남자아이인지 여자아이인지를 배우게 되는데, 부모가 자신들을 그렇게 부르기도 하며, 또 세 살쯤 되면 남자아이, 여자아이가 된다는 것이 무슨 뜻인지 알게 되기 때문이다. 분명히 이 말도 진실이지만, 우리는 아이의 젠더가 무조건 부모나 사회의 기대에 따라 빚어지는 찰흙 덩어리가 아니라는 점을 잊고 있다. 아이의 젠더는 태어날 때 지정된 성과 일치할 수도, 일치하지 않을 수도 있다. 일치하지 않는다면 한두 살의 아기도 꼭 말로가 아니더라도 최소한 행동으로 보여준다. 많은 사람이 바버라 월터스Barbara Walters가 진행한 〈20/20〉에서 2007년에 방영한 (최초의) 트랜스젠더 어린이 특집을 기억할 것이다. 이 마음 아픈 영상에서 걸음마쟁이 트랜스젠더 소녀는 자기의 유아 우주복의 단추를 풀러 바지가 아닌 치마처럼 보이게 했다.

우리가 이 아이들로부터 배운 가장 큰 교훈은 젠더에 관해서 아이들의 말을 듣기만 하고 말하지 말라는 것이다. 그렇게 하지 않으면 젠더 웹을 짜고 있는 아이의 손에서 실타래를 빼앗는 것이고 아이들은 모든 것이 엉켜버린 기분이 들 것이다. 아이들의 목소리를 들으면 우리가 모르는 것을 아이가 알고 있다는 사실이 강조되는데, 정확히 그곳이 피드백 고리가 작용하는 시점이다. 아이가 말하고, 부모가 듣고, 부모는 아이가 자신의 젠더에 관해 전달한 내용에 대한 반응을 되돌려준다.

앞에서 나왔던 마고에게 돌아가보자. 이 아이는 아직 자신의 젠더가 무엇인지, 또 앞으로 어떻게 살아가길 원하는지 알아가는 과정에 있다. 그러나 마고가 중학교에 들어가기 훨씬 전, 아주 어린 시절부터 부모는 아이가 헨젤과 그레텔처럼 흘리고 다닌 "젠더 빵조각"을 보고 내심 눈치챘다. 걸음마쟁이였을 때 마고는 언제나 집안에서 아빠의 작업용 부츠를 신고 돌아다녔고, 우유를 주면 콧수염 자국을 만들어 아빠를 흉내 냈다. 마고는 세 자녀 중의 막내였는데 그들의 부모는 "저희는 마고를 다른 아이들과 똑같이 키웠어요. 하지만 마고는 말을 배우자마자 선언했죠. '남자아이가 될 거야, 여자아이는 싫어.' 맹세하는데 저희는 아무것도 하지 않았어요. 그저 아이가 이끄는 대로 따라갔을 뿐이에요"라고 말했다.

누가 주도한 것이든, 마고는 아주 어릴 때부터 첫째나 둘째와는 다르게 키울 수밖에 없었다. 남자일지도 모르는 여자아이로 말이다. 그리고 부모는 "네가 어떤 사람이든, 우리는 언제나 너를 사랑할 거야"라는 메시지를 들려주며, 그에 응했고 마고는 안심했다. 중학교에 들어가 사춘기에 대한 불안에 휩싸이면서 마고는 뜻밖의 말로 부모를 놀라게 했다. 부모가 계속해서 응원의 말을 전했음에도 마고는 여전히 자신이 젠더를 바꾼다면 그들 사이가 "어색하게" 될까 봐 걱정한 것이다. 겉으로 보기에 머리 모양, 옷, 외모 등 모든 면에서 언제나 소녀가 아닌 소년으로 보였던 아이가 한 말이었다. 그렇게 피드백 고리는 끝없이 돌도 또 돈다.

거울 반응

아이들은 부모로부터 자신이 누구인지, 다른 사람에게 어떻게 보이는지가 반영된 이미지를 본다. 저명한 소아과 전문의이자 정신분석학자인 D. W. 위니컷D. W. Winnicott은 밖으로 보이는 아이의 이미지를 부모가 아이에게 비추어 보여주는 '거울 반응'이라고 불렀다. 이때 부모가 아이의 진짜 이미지를 반영하지 않고 부모가 원하는 이미지를 강요한다면, 아이는 혼란스럽고 동요하며 분노하거나 좌절감을 느낄 수 있다. 반대로 아이가 자기 자신을 이해하는 그대로의 이미지를 부모가 비춰준다면, 아이는 자신이 인식되고 인정되며 받아들여진다고 느끼며, 자신에 대한 감각이 더욱 단단해진다.[7] 우리가 거울을 볼 때와 마찬가지로 말이다. 놀이동산 귀신의 집의 왜곡된 거울처럼 거울에 비친 모습이 잘못되어 있다면 자신의 모습을 보고 놀라거나 모멸감을 느낄 수 있다. 거울의 상태가 온전하다면 그때 거울에 비친 이미지는, 비록 좋아하는 것은 아닐지라도 적어도 진짜다. 진짜 자신인 것이다. 그러나 동사로서의 "거울 반응"은 두 사람이 서로 주고받는 것으로, 단지 그 사람의 모습을 반영하는 것이 아니라 그 사람이 "어떤 사람인지"를 반영하는 심오한 현상이다.

이 논리를 젠더에 적용하면 아이들은 어른에게 의존해 어른의 눈을 통해 자신의 모습을 본다. 립스틱을 바르고 함박웃음을 지으며 거실에 나타난 꼬마 남자아이가 있다고 해보자. 아이는 이분법적 범주 바깥에서 자신의 젠더를 표현하며 기뻐하고 있다. 이제 아이에 대한 두 가지 반응을 비교해 보자.

시나리오 A: 아빠가 웃으면서 아이를 껴안고는 탄성을 지른다. "참 예쁘네!" 시나리오 B: 아빠가 인상을 찌푸리더니 아이를 밀어내면서 소리친다. "당장 방에 가서 지우지 못해! 사내자식은 립스틱 같은 거 바르지 않아!" 시나리오 A에서 꼬마는 거울에서 자신의 성별을 초월하여 경계를 넘나드는 자아를 보았다. 시나리오 B에서 꼬마는 훈육이 필요한 아이, 자신의 이미지가 아니라 아버지가 원하는 남자아이의 이미지를 보았다. 모든 아이들의 건강한 젠더를 바라고 헌신하는 사람으로서 우리는 당연히 시나리오 A를 바란다. 그리고 기억하길. 이런 긍정적인 젠더 거울을 제공하는 것은 부모만이 아니라 아이의 젠더 창의성과 접촉하게 되는 모든 어른에게 적용된다. 모든 어른이 다음 세대의 젠더 안녕gender well-being에 크나큰 영향을 미친다.

인생을 시작하는 단계에서 어린아이들은 거울로서의 부모에 대단히 의존한다. 하지만 나이가 들면서 의존도가 낮아진다. 모든 것이 순탄하게 진행된다면 아이는 독립심과 지적인 정신으로 자기 내면의 거울에 의존하기 시작한다. 다른 사람의 피드백이 아닌 내면에서 반영된 상으로 젠더 자아를 그리는 것이다. 그들은 내면의 거울이 말하는 젠더 자아와 바깥 세계가 뒤틀린 형태로 비춘 부정적인

상의 차이를 더 잘 인지하게 된다. 그래서 트랜스젠더 소년 알렉산더가 '거울 속의 자신을 보고 숨는 대신 미소 짓고 있었다'고 말했을 때 그는 실제 거울을 본 경험을 말하는 게 아니었을지도 모른다. 더 깊은 차원에서, 알렉산더는 오랫동안 이어진 한 여정의 끝에 도달했다. 그 여정에서 주변 사람들은 그가 말하고자 했던 바를 제대로 이해했고, 그 이해를 통해 그의 모습을 지지하고 되비춰주었다. 그 결과, 그는 있는 그대로의 자신, 곧 보여지고 싶었던 소년의 모습을 마침내 확인하게 되었다.

또한 트랜스젠더 소녀 L.W.가 "성별정체성을 공개하고 의사 선생님이 처방한 치료를 받기 전의 그 어둠 속으로 다시는 돌아가고 싶지 않아요"라고 말했을 때도 저 아이는 소아 젠더 프로그램의 폐쇄를 언급한 것이 아니다. 자신을 자기가 알고 있는 소녀로 보여지게 허락한 호르몬 치료를 받지 못하게 된다면, 사람들이 왜곡된 거울 반응을 통해 자기의 젠더를 잘못 알던 과거로 돌아갔을 때의 고통을 상상한 것이다.

아이는 작은 어른이 아니다

이 아이의 목소리와 이야기를 들으면서 우리는 아이들은 발달 과정의 한 단계에서 다음 단계로 빠르게 움직이는 생명체이지, 작은 어른이 아니라는 사실을 계속해서 떠올리게 되었다. 나라마다 아이가 처음으로 성인으로 인지되는 "성년"의 나이가 있다. 성년의 반대는 "미성년"이다. 미성 년자라는 말은 아이들, 적어도 머리가 큰 아이들은 듣기 싫어하는 말이다. 그러나 삶은 태어난 순간부터 성숙해가게 마련이고 모든 문화는 아동기의 경계, 전개 방식, 그 의미에 대한 기준이 제각각일 수밖에 없다.

아이들의 젠더 자아에 대해 우리는 걸핏하면 반대 방향으로 가는 실수를 저지른다. 아이와 어른이 젠더를 살아가는 방식에 차이가 없다고 보거나, 아이들이 젠더를 인지하는 능력을 무시하거나 신뢰하지 않는다. 아이들은 아직 너무 어리고, 수시로 변화하고, 아직 뇌가 다 여물지 않았다고 여긴다. 아이들의 진정한 목소리를 듣고 모든 모양과 색채의 창의성을 인정하려면, 젠더 웹을 짓는 두 살짜리는 일곱 살짜리와 다르고, 열한 살짜리와 열네 살짜리, 그리고 사춘기를 벗어난 청소년과는 또 다르다는 사실을 계속 되뇌어야 한다. 아이들은 자신의 공간과 시간에서 자신의 젠더를 알고, 그것을 어떻게 표현할지도 잘 알고 있다.

동시에, 아이들은 작은 어른이 아니라는 사실도 기억해야 한다. 그들은 아직 다 발달하지 않았다. 아이들은 모든 중요한 발달 단계들을 거쳐야 비로소 성인기에 들어선다. 아동 정신분석가 셀마 프레이버그Selma Fraiberg는 여섯 살까지의 미취학 시기를 "마법의 시간"으로 정의했다.[8] 이 시기에 아이들은 판타지를 일상의 중요한 일부로 생각한다. 따라서 "만약 개구리가 왕자가 될 수 있다면, 남자아이도 여자아이가 될 수 있지 않을까?"라고 생각한다. 하지만 이 아이들도 정식 교육의 세계에 진입해 가상이 아닌 사실을 기반으로 한 팩트와 숫자의 사고가 자리 잡게 되면 현실이 중앙 무대로 등장하고 판타지는 가짜의 범주로 밀려난다. 그 시기에 아이는 젠더 웹의 모든 구성 요소와 중요성을 이해하기 시작한다. 우리 몸에는 성별에 따라 다른 신체 부위가 있고, 젠더를 수행하는 방식에 대한 사회 규칙과 그 안팎에서 살아간다는 사실을 말이다. 아이들이 유년기에서 사춘기로 넘어가기 시작할 때 그들의 신체와 정신, 감정에 엄청난 변화가 일어나고, 다음 단계인 청소년기의 무대를 설정하는 독립심이 자란다. 저명한 심리학자 에릭 에릭슨Erik Erikson의 "인생 8단계"[9]에서 배운 것처럼 부모는 두려워하고, 교육자는 허둥지둥하며, 젊은 세대는 자기 길을 향해 나아간다. 그리고 자신의 정체성과 미래의 역할을 세상 안에서 발견하고 다진다.

물론 우리는 0세에서 18세까지의 발달 과정을 한 단락으로 축약할 수 없다. 그러나 아이들의 이야기를 들을 때, 특히 젠더에 초점을 맞춰 아이들이 젠더를 어떻게 경험하는지를 배울 때는 아이의 나이나 성장 단계를 맞춰서 조정하는 것이 중요하다. 다만 한 가지 변치 않는 원칙이 있다. 어떤 나이든, 어떤 단계든, 아이들은 자기 젠더의 결정권자라는 사실이다. 우리는 그들의 조력자일 뿐이다.

아이들은 말한다

몇 년 전, 나와 동료 콜트 세인트 아만드는 이런 질문을 던졌다. "왜 아이들은 자신의 젠더가 진짜라는 것을 인정받기 위해 이름을 바꿔야 할까요? 왜 수지라는 이름은 여자아이의 이름이 아닌 그냥 한 사람의 이름이 될 수 없는 걸까요? 왜 아이들은 자신의 자아가 여성임을 주장하기 위해 가슴을 키워야 할까요?"[10] 비록 수사적 질문이기는 하지만 이 장에 나온 아이들의 목소리와 경험이 질문들에 대한 답을 줄 수 있었기를 바란다. 어떤 아이는 이름 바꾸기와 의학적 조치 등을 스스로 원하고, 어떤 아이는 사회 규범을 충족시키기 위해 억지로 한다. 또 어떤 아이는 자유롭게 창의적으로 자기만의 조합을 만들어낸다. 어떤 방식으로 젠더를 구성하든, 아이들은 자기 안에 있는 것과 주변에서 끌어온 것들로 자신의 젠더를 말하고 느끼며 그 모습대로 살아간다.

"우리는 젠더에 순응하지 않는gender nonconforming 아들 덕분에 헤아릴 수 없는 축복을 받았다. 기대한 바를 얻었을 때 축복받은 기분을 느끼기는 당연히 쉽다. 하지만 일이 예상하지 않은 대로 흘러가도 그렇게 느낄까? 나의 대답은 '그럴 수 있다'이다."
— 로리 듀런,《나의 무지개 키우기Raising My Rainbow》

부모는 아이가 태어나기 전부터 그 아이에 대한 꿈을 키운다. 아이가 어떻게 생겼을까, 어떻게 움직이고 말할까, 커서 어떤 사람이 될까. 지그문트 프로이트Sigmund Freud는 이것을 "예상 가능한 부모 도취Expectable parental narcissism"라고 말했다. 이는 바람직한 자아도취이며, 앞으로 수년간 희망과 소망과 두려움을 안고 키우게 될 아이에게 양육자를 결속시킨다. 어떤 문화권에서는 자녀를 이미 완성된 존재로 보아 양육자의 유일한 역할은 그들을 세상에 내보내고 또 성장할 수 있게 양분을 주는 것이라고 규정한다. 반면에 다른 문화권에서 신생아는 빈 칠판처럼 취급되어 아이를 사랑하는 부모의 손과 사회의 기대에 맞춰 찰흙처럼 빚어지거나 성형되어 미래의 건전한 어른으로 자라야 한다고 본다.

진실은 어느 한쪽이 아닌 양쪽의 조합이다. 본성과 양육은 모든 아이의 발달이 전개되는 과정을 설명한다. 어떤 면에서 아이들은 이미 결정된 상태로 우리에게 오며 자궁을 떠나기 전부터 인지할 수 있는 기질을 갖고 태어난다. 어떤 아이는 태중에서부터 가만히 있지를 못하고, 또 어떤 아이는 고요한 양수 안에서 차분히 지낸다. 한편, 부모는 아이의 성장 과정과 그들이 궁극적으로 살아갈 모습에 지대한 영향을 미친다. 같은 이치를 본성과 양육과 문화가 얽히고설켜서 형성된 젠더 웹에 적용할 수 있다. 이 장에서 우리는 부모에게 해당하는 양육의 실타래에 관해 알아볼 것이다.

부모는 사각지대에 서 있는 전문가

정신 건강 전문가들이 아이들을 진료하면서 저지르는 가장 흔한 실수가 바로 양육자를 비전문가라고 무시하거나 전문가들이 의도하는 좋은 변화를 방해하는 침입자쯤으로 취급하는 오만한 태도이다. 나는 박사 후 과정 중에 아동 정신분석학의 어머니로 불리는 멜라니 클라인Melanie Klein 의 조언을 읽은 기억이 난다. 조언의 핵심은 다음과 같았다. "부모를 상담실 문밖에 세워두고 아이를 분석하라. 부모는 애초에 문제를 일으킨 장본인이고, 아이의 문제는 전문가인 당신만 고칠 수 있다."

눈치 챘겠지만 우리 두 사람은 이런 교리를 따르지 않는다. 우리는 양육자를 유아기부터 성인기까지에 이르는 아이의 여행과 함께하는 안내자이자 동료 여행자로 생각한다. 특히 한 아이의 젠더 여정에서 이것은 완벽한 진실이다. 아기의 출산을 돕는 의료진 외에 보통 아기가 세상에 태어나자마자 제일 먼저 시선을 맞추는 사람은 부모다. 누가 양육자가 되든, 아이가 유년기를 거치는 동안 지키고 돌볼 이 어른은 다른 누구보다 아이의 일상과 성장 과정을 속속들이 알 수밖에 없다.

그럼에도 자녀의 젠더 웹에 한정된 것은 아니지만 여기에서 유독 더 부각되는 사실은 바로 "사각지대가 있는 전문가"로서의 부모다. 우리는 아주 많은 아이들과 그 아이들의 내면에서 일어나는 많은 일들을 보아왔다. 그리고 동시에 자녀의 말과 진짜 생각을 듣고 놀라지 않은 부모는 한 번도 본 적이 없다. 부모가 미처 보지 못했던 것들 때문에 "급발성 성별불쾌감" 같은 엉터리 진단이 나오는 것인지도 모른다. 어린 10대 자녀가 갑자기 가족 앞에서 처음으로 자신의 성별은 여러분이 생각하는 것과 다르다고, 자신은 트랜스젠더, 논바이너리, 젠더퀴어, 에이젠더, 어쩌면 그 밖의 어떤 고유하고 창의적인 형태의 젠더라고 선언하는 장면을 상상해보자. 이때 많은 부모가 "저희에게 이런 일이 생길 줄은 몰랐어요"에서부터 "이럴 수는 없다"까지의 스펙트럼을 따라 충격과 혼란, 불안과 공포의 감정이 동반된 반응을 보인다.

우리는 부모야말로 자녀의 전문가라는 사실을 인지하면서 당연히 이런 반응까지 고려한다. 한 아이의 진정한 자아에 초점을 맞추면서 말이다. 앞서 말한 "급발성 부모 발견"으로 인해 부모 자신의 젠더 기반이 크게 흔들릴 수 있다. 아이의 생각이나 말을 들은 부모는 이런 생각이 들 것이다. '지금까지 내가 알아 왔던 모든 것과 어긋나는 이 이야기는 도대체 무엇인가?' '아이가 무슨 말을 하고 있는 건가?' 젠더 웹의 새로운 상태를 공유하기 위해 처음으로 부모 앞에 나서는 모든 청소년은 아마 부모 또는 다른 누군가에게 이 사실을 처음 말하기 전에 몇 개월, 또는 몇 년 전 이미 자기 자신에 대해 깨닫고 있었을 것이다. 지금 여기에서 강조하려는 것은 아이가 무엇을 말하고 또는 말하지 않았는지가 아니라 자녀의 젠더를 인지하는 순간 비로소 공개된 '사각지대'로 인해 양육자가 받는 타격이다.

아이의 젠더에 대해 말할 수 있는 것은 우리 어른이 아니라 아이 자신이다. 부모는 이렇게 물을 수도 있다. "그럼 아이가 무슨 말을 하는 건지 어떻게 아나요?" 이것은 또 다른 문제다. 젠더를 토대로 세워진 문화에서 과연 우리는 젠더 세계에서 일어난 사회적 변동을 제대로 볼 수 있을까? 혹은 젠더를 추상적인 사회 개념으로 볼 때는 괜찮지만 정작 우리 아이가 젠더를 무한하고 다층적이며 변화하는 것으로 탐색하는 모습을 마주하면, 그 순간 우리의 시야가 가려져 버리는 것일까? 아이가 태어나기도 전에 산전 검사를 통해 알게 된 "불변의 이분법적 성별"이 강하게 각인되어 부모가 제대로 앞을 보지 못하게 된 것일까?

먼저 사각지대의 예를 한 가지 소개한 후에 다음 두 질문을 다루겠다. 1) 어떤 심리학적 메커니즘이 양육자로 하여금 자녀의 젠더를 인지하지 못하게 막는가? 2) 자녀의 진화하는 젠더 웹이 이분법 범주 바깥에 있거나, 또는 어떤 식으로든 문화적 기준에 순응하지 않는다는 사실을 알게 되었을 때 양육자에게 어떤 지원이 필요할까?

몇 년 전, 어느 부모가 연락을 해왔다. 10대 자녀인 앤디가 최근 자신은 여자아이가 아니라 트랜스보이일지도 모른다고 털어놓았고, 그 말을 들은 부모는 큰 충격을 받았다고 했다. 부모에 따르면 앤디는 언제나 '여성성'의 정수나 다름없었고 남자아이처럼 보이거나 느껴지거나 행동한 적은 단 한 번도 없었다고 했다. 부모는 상담할 때 아이와 가도 되느냐고 물었고 나는 "아이만 괜찮다면 저는 좋습니다. 아이에게 물어보세요"라고 답했다. 앤디는 기꺼이 나와 만나겠다고 했다.

예약 시간에 맞춰 나는 대기실에 가서 앤디를 찾았다. 하지만 거기에는 한 청년밖에 없었다. 사무실에 가서 일정을 확인했지만 앤디와의 약속이 맞고 다른 상담 예약은 없었다. 다시 대기실에 가서 그 청년에게 물으니 그가 바로 앤디였다. 나는 나를 소개하고 함께 상담실로 갔다. 상담하면서 앤디는 자신의 젠더 탐색, 의문점, 시도 중인 실험 등에 관해 거리낌 없이 털어놓았다. 하지만 나는 머릿속에서 들려오는 '젠더 잡음'을 잠재우느라 고생했다. 어떻게 앤디의 부모는 이걸 못 보았을 수 있지? 머리 모양부터 옷차림, 걸음걸이, 태도까지 문화 규범이 지정한 모든 측면에서 자신이 남성이라고 저렇게 대놓고 부르짖고 있는데? 앤디가 내 머릿속 안개를 걷어주며 말했다. "저는 꽤 오랫동안 이런 모습이었어요. 그런데 어떻게 부모님이 모르실 수 있는지 모르겠어요. 저 좀 도와주세요."

앤디의 부모는 확실히 보지 못한 것 같다. 그러나 어째서? 자녀가 아직 부모의 상상 속에서만 자라던 때로 돌아가보자. 우리는 부모가 되길 기다린다. 때로는 초조하게. 곧 태어날 아이를 상상하며 성별에 따라 수백 가지 모습을 떠올린다. 뮤지컬 〈회전목마 Carousel〉의 사운드트랙을 들어본 사람이라면 로저스&해머스타인의 대표곡 〈독백〉의 다음 가사를 기억할 것이다. "내 아들 빌, 그는 내 이름을 받게 될 거야." 축제에서 호객꾼으로 일하는 빌리 비글로우는 방금 자신이 곧 아버지가 된다는 사실을 알게 되었다. 그는 아들을 생각하며 힘차게 아리아를 부른다. "나무처럼 강인하고 씩씩한" 이 아이를 두고 누구도 "계집애 같다는" 소리는 못 할 것이다.

하지만 갑자기 빌리의 상상은 이런 의문과 함께 멈춘다. 만약 내 아들 빌이 여자라면? 1940년대에 로저스와 해머스타인이 구상한 빌리 비글로우는 당연히 자신의 아이가 트랜스젠더가 될 가능성을 생각하지 않았다. 그래서 빌리의 웅장한 아리아는 부드러운 발라드로 변하고 빌리의 상상은 아빠의 보호가 필요하고 언제나 아빠를 찾는 분홍색과 흰색이 어울리는 작고 귀여운 딸에 관한 것으로 바뀐다.

빌리 비글로우는 수세대에 걸쳐 부모들이 했던 일을 하고 있을 뿐이다. 성별을 단서로 곧 태어날 아기에 대해 상상하는 것. 그렇지 않다면 왜 성별 공개 파티가 그렇게 인기를 얻었겠는가? 젠더가 기반인 신념은 태어나기 전부터 이미 아이를 성별에 따라 분류하고 규정짓게 한다. 이는 바깥세상(그리고 우리 자신의 내면)에서 모두가 던지는 질문에서 잘 드러난다. "아들이야, 딸이야?" 우리는 갓 태어난 아기가 아들인지 딸인지에 왜 그토록 신경을 쓰는가? 그 이유는 우리 자신의 문화 속 성별 고정관념에서 발견할 수 있다. 성별은 아이가 탄생한 순간부터 어른이 될 때까지 미래를 그려볼 수 있는 수정 구슬이며, 아들과 딸 사이에 명확히 미래의 경계가 그어질 때 아이에게 구체적인 삶을 불어넣을 수 있다. 사랑스럽고 순한 아이, 아니면 거칠고 강한 아이.

이제 앤디의 부모에게 돌아가보자. 두 사람 사이에서 딸이 태어났다. 그 순간부터 그들이 앤디에게서 보는 모든 것은 절대적인 지침에 따른 것이다. 여자아이는 이렇고, 남자아이는 저렇고. 그렇게 그들은 자신의 시야에서 여성의 경계 안에 있는 작은 딸아이를 보았다. 그러다가 고등학생이 된 앤디가 충격의 날에 마침내 경계를 넘어 선언한 것이다. "저는 트랜스젠더인 것 같아요"라고. 나는 앤디의 어린 시절이나 앤디가 자랄 때 부모가 관찰한 앤디의 성별 표현을 본 적이 없다. 그러나 앤디의 영혼이 담긴 이야기는 들었다. "어떻게 본 적이 없다고 하시는지 도무지 이해를 못 하겠어요. 저는 남자애들하고만 놀고 싶어 했어요. 항상 오빠 옷만 입었고요. 눈이 잘 안 보이시는 걸까요?" 그들은 눈이 안 보이는 게 아니라 사각지대에 있었던 것이다.

이 이야기의 핵심은 자녀의 젠더에 대한 우리의 정형화된 감각은 태어날 때 기록된 성에 기반하며, 성과 젠더가 변하지 않으며, 두 개가 동일하다는 깊이 각인된 개념이 동반되어 웬만해서는 흔들기가 아주 어렵다는 점이다. 바로 이런 "평생 변하지 않는 성별"이라는 조직적 틀은 눈앞에 버젓이 모순된 증거가 있을 때조차 아이를 보는 시야를 가릴 수 있다. 젠더가 단단한 기반암이 아닌 움직이는 바윗덩어리가 되면 지진에 버금가는 영향력을 발휘한다.

더 나아가 그것이 단순한 개념이 아니라 우리가 키워온 아이에 관한 것이라면, 아이가 부모의 생각과 다른 성별을 경험하며 살았다는 것을 처음 알게 된 순간은 아마 하늘이 무너지는 기분이 들 것이다. 하지만 이런 불안정한 경험은 처참한 끝이 아니다. 양육자 자신의 젠더 여정이 시작하는 지점이다. 이때 양육자가 앞으로 잘 나아가려면 그들에게도 존중과 연민이 필요하다. 자신이 딛고 서 있던 발판을 잃는다는 것, 특히 그것이 자기 아이를 알아가는 과정에서 일어났다면 참으로 두려울 것이다. 과거의 토대였던 젠더 개념을 버려야 할 때가 오면 눈물이 날지도 모른다. 그러나 이것은 새로운 기회이다. 아이가 전달한 새로운 정보를 바탕으로 아이의 여정이 어떤 모습이고 앞으로 어떻게 될지에 대해 명확한 시야를 확보할 기회 말이다.

부모가 나아가는 길에도 시시때때로 노상강도가 도사리고 있어서 조심해야 한다. 잘못된 정보나 오해의 소지가 있는 정보를 퍼트리는 소위 권위자들이자 정치인들 말이다. 그들은 현재의 젠더 변화가 그저 어린 여자애들을 꼬여내 트랜스젠더 숭배자로 만들려는 목적으로 조련사나 인플루언서들이 시작한 열풍이라고 주장하고, 의사들이 분별력 없는 아이들, 심지어 다섯 살짜리 아동에게도 돌이킬 수 없는 신체 변화를 일으킬 약물을 투여한다고 말한다. 또한 성별확정 클리닉이 과학적 근거 없이 운영되고 있다는 인식을 퍼뜨리기도 한다.

트랜스젠더 또는 논바이너리 정체성을 밝힌 청소년의 수가 증가하는 현상에 주목한 일부 보수 활동가들은 부모들이 겪는 혼란을 충분히 인식하면서도 이를 해결하기는커녕 혼란과 두려움, 그리고 부모가 서 있는 사각지대를 이용해 상황을 악화시키고 왜곡된 조언으로 나쁜 영향을 끼친다. 전문성이 거의 없거나 아예 없음에도 이들은 트랜스젠더 열풍으로부터 자녀를 구해야 한다며 부모를 선동하고, 그 결과 아동과 청소년에게 해롭다고 밝혀진 행동을 유도한다.

아주 어린 나이부터 자신의 성별에 의문을 품었고, 이제 중학교를 마칠 무렵이 되어 자신이 트랜스보이임을 밝히고 테스토스테론 치료를 고민하는 한 청소년의 엄마가 이렇게 말한다. "이 세상은 서로를 인정하지 않는 사람들에 의해 좌우로 갈라져 있어요. 그리고 저는 자기 아이가 트랜스젠더 또는 논바이너리라고 말하는 일곱 명의 엄마를 알고 있어요. 모두 소셜 미디어 때문입니다. 소셜 미디어가 이 사달을 일으킨 거예요. 다른 게 뭐가 있겠어요?" 이 엄마 옆에는 열세 살짜리 아이가 앉아 있었다. 아이는 마치 1톤짜리 벽돌에 맞은 것처럼 보였다. 엄마는 의심하고 혼란스러워했고, 젠더 탐색 중이었던 10대 아이는 경직되고 겁에 질려 있었다.

이런 혼돈에 더하여 어린 10대 자녀가 표현하는 젠더 확장적인 또는 트랜스젠더 자아의 정당성에 부모의 의심이 추가된다. 부모의 눈에 아이는 예전과 다르게 돌연 감정기복이 심해지고 고집을 부리거나 산만해진 것으로 보이기 때문이다. 이때 부모는 젠더 문제가 이런 증상을 일으키는 어떤 정신 질환의 결과가 아닐지 걱정한다. 나는 이런 상황에서 부모에게 할 수 있는 가장 유용한 조언을 알고 있다.

"함께 고려해 볼만한 진단명이 있네요. 아이는 지금 사춘기입니다."

아동기에서 청소년기로 전환되는 시점에 흔히 동반되는 감정의 동요에 젠더 스트레스와 괴로움이 추가된다. 여기에는 아이가 자신의 젠더에 대해 전달하려는 말을 부모가 알아듣지 못할지도 모른다는 두려움도 포함된다. 이런 상황은 아이와 부모 모두에게 쉽지 않다. 이럴 때 아이와 부모를 동시에 돕는 것이 모두의 정신 건강을 위한 최고의 방법임이 일관되게 증명되었다.

"이런 일이 일어날 줄은 몰랐어요"

급발성 성별불쾌감이라는 용어를 들은 부모가 자기 아이를 의심하면서 처음에는 자신이 이해받지 못하고, 인정받지 못하며 심지어 공격받는 느낌을 받을 수 있지만 그건 당연한 반응이다. 이 부모들은 분명 어려운 길을 시작했다. 그러나 충분한 지원을 받는다면 오히려 풍부한 경험을 누릴 수 있다.

먼저 관련 연구부터 살펴보자. 연구 결과는 동일한 방향을 반복해서 가리키고 있으며, 이는 21세기 초반 케이틀린 라이언Caitlin Ryan과 동료들의 연구로 시작한다. 케이틀린 라이언 박사는 LGBTQ+ 청소년의 정신 건강과 관련된 응용 연구 분야의 개척자이자 선도자이며, 샌프란시스코 주립대학교의 매리언 라이트 에델만 연구소에서 동료인 라파엘 디아즈Rafael Diaz와 함께 2002년에 개발한 "가족 지원 프로젝트"를 책임지고 있다. 그들은 LGBTQ+ 청소년과 그들의 가족을 대상으로 최초의 종합 연구와 최초로 증거에 입각한 가족 지원 모델을 수행하여 다양한 가족이 LGBTQ+ 아이들을 지원할 방법을 배우도록 도왔다. 이들이 닦아놓은 길을 따라 많은 연구자들이 뒤를 따르고 있으며, 그중에는 캐나다 온타리오의 펄스 프로젝트, 하버드 대학교/보스턴 소아 병원의 사브라 카츠 – 와이즈 연구팀 등이 있다. 이들 연구에서 발견된 결과는 간단명료하면서도 일관적이다. 자기만의 개별화된 젠더 웹을 짜는 과정에서 양육자의 지지를 받은 아이들의 정신 건강 결과가 더 좋다는 것이다. 지원을 받지 못한 아이들은 심리적 안녕 평가 수치가 더 낮았다.[1]

그러나 어떻게 하면 양육자가 그런 바람직한 지원을 제공하는 단계까지 도달할 수 있을까? 맞다, 자녀의 젠더 탐색을 지원하고 싶다면 말하지 말고, 아이의 말을 들어야 한다. 그러나 아이의 말을 듣고 당황해서 갈피를 잡을 수 없다면 어떻게 해야 할까? "말하지 말고, 들어라"라는 개념은 단순하지만 실천하기는 쉽지 않다. 다른 해결책이 있을까? 아이의 이야기를 들으면서 양육자 자신도 스스로 생각과 기분을 안전하게 배출할 공간을 찾아야 한다. 솔직한 생각과 감정(특히 그 생각들이 부정적인 것이라면)으로부터 아이를 보호하면서 그것들을 터놓고 표현할 장소가 필요하다. 혼자서든, 사랑하는 사람과 함께든, 부모의 말을 들을 줄 아는 전문가와 함께든 상관없다.

슬픔과 애도

아이가 부모에게 "저는 당신이 생각하던 성별이 아니에요"라고 선언하고 외모와 행동까지 새로운 젠더로 완전히 전환되면 종종 부모는 자기 아이를 잃어버린 것 같은 슬픔에 빠진다. 그러나 아이는 죽지 않았고, 부모 바로 옆 소파에 앉아 있다. 부모가 잃어버린 자식을 생각하며 슬퍼하는 모습을 보면 아이는 적잖이 위축될 것이다. 아이로서는 무엇을 잃어버리기는커녕 오히려 새로운 것을 발견한 셈이다. 변한 것은 그들의 성별대명사와 이름, 겉으로 보이는 모습과 젠더에 대한 자기 설명이다. 그리고 이 모든 것은 자신이 직접 찾아낸 것들이다. (때때로 부모가 알아내기도 한다.)

그러나 부모는 심지어 아이가 세상에 태어나기 전부터 딸인지 아들인지를 알고 그 성별에 맞춰 유대감을 쌓아왔다. 부모의 관점에서는 자녀의 달라진 젠더에 적응할 때 이 분야에서 "모호한 상실Ambiguous loss"이라고 부르는 현상을 통해 애도나 슬픔을 경험할 수 있다. 모호한 상실은 사람이 바다에서 행방불명되었거나 납치된 뒤 생사를 알 수 없을 때처럼 완결되지 않은 상태에서의 상실을 말한다. 사라졌지만 정말 영영 가버린 것인지 알 수 없는 사람이다. 같은 현상을 적용하면, 아이의 젠더 자아가 바뀌었을 때 부모는 그 자리에 버젓이 존재하는 사람이 사라진 것 같은 상실을 느낄 수 있다. 어쩌면 이런 상실을 조금 다르게 본다면, 꿈의 붕괴와 경험의 종결로 재구성해야 한다. 이 경우에는 어느 한 아들 또는 딸의 부모로 살아온 삶이 그 성별을 내려놓은 아이의 부모로 살아가는 삶으로 바뀌는 것을 의미한다.

상실감은 아이가 과거에 찍은 사진들을 모조리 버려달라고 요구할 때 더욱 큰 아픔이 된다. 과거의 가짜 젠더를 나타내는 그 사진들은 아이로서는 옳지 않은 과거를 떠올리므로 보기만 해도 기분이 상하고 그 누구에게도 보여지기를 원치 않을 수 있다. 하지만 지금까지 소중하게 키워왔고, 너무나 사랑했으며, 속속들이 안다고 생각했던 아이를 담은 이미지가 일체 거부되어 상실감을 부채질하고 기억조차 지워버리길 요구받을 때 부모는 얼마나 고통스럽겠는가.

그런 감정이 슬픔인지, 애도인지, 모호한 상실감인지는 단어의 차이만 있을 뿐이다. 인정해야 할 가장 중요한 부분은 부모가 자녀에게 가졌던 꿈의 상실, 또는 우리 아들 또는 우리 딸이라고 부르던 사람에 대한 확신의 상실이다. 누군가 갑자기 오래되고 익숙한 젠더 GPS를 빼앗아 창문 밖으로 던져버리고 나침반 하나 없이 야생 한복판에 데려다 놓은 것과 진배없는 상황이다. 아이의 젠더가 뜻밖일수록, 아이의 삶에서 새로운 젠더가 더 뒤늦게 밝혀질수록 상실감의 강도는 커지고, 새로운 발판과 앞으로 갈 길을 찾는 동안 붙잡을 난간의 필요도 커진다. 우리는 부모를 위해 그런 감정을 위한 자리를 마련하고, 혼란, 충격, 슬픔의 늪에 빠져들지 않게 하는 것이 얼마나 중요한지 잘 알고 있다.

모든 양육자가 그런 충격을 겪는 것은 아니다. 특히 자녀의 젠더 창의성을 일찌감치 인식하고 그에 맞춰 젠더 렌즈를 조정하는 나름의 방식을 거쳐 왔다면 말이다. 그러나 더 먼저 알았다고 해서 경로를 다시 조정하지 않아도 되는 것은 아니다. 만약 자녀가 젠더 경로를 변경했거나, 변화하는 정치 상황 또는 젠더 따돌림 같은 외부 요소가 그 경로 앞에 던져진다면 말이다.

"아이가 저한테 화가 났어요. 어떻게 해야 할까요?"

양육자로서 자녀와 함께 젠더 여행의 모든 단계를 밟고 있지만 아이의 반응이 별로 좋지 않을 수 있다. 자녀가 부모를 거부하거나 심지어 트랜스젠더 혐오자라든지 젠더 소수자에게 스트레스를 주는 원흉이라면서 욕설을 퍼붓는다면 부모의 기분은 참담할 것이다. 이런 일은 누구에게나 일어날 수 있다. 이때는 자녀를 바라보는 렌즈를 조정하여 자기 눈을 가리거나 귀를 막는 신념이나 암묵적 편견이 없는지 살펴야 한다. 그러지 않으면 아이가 자신에 대해 전달하려는 이미지를 덮어버리고 부모 스스로 내 아이는 누구이고 어때야 한다고 고정된 생각으로 바꿔치기하는 속임수를 부릴 수도 있기 때문이다. 그런 행위는 아이의 마음을 아프게 하며, 사람은 마음이 다쳤을 때 거칠게 덤비기 마련이다. 그리고 특별히 아이들은 이 일에 능하다. 그런 분노가 부모를 향한다면 아이의 노여움 이면에는 부모의 이해를 요청하는 마음과 자신이 부모에게 보이거나 들리지 않을지 모른다는 두려움이 있고, 무엇보다 아이가 부모의 사랑을 갈구하고 있다는 점을 반드시 염두에 두어야 한다.

자녀의 젠더 건강을 지키려면 시간과 인내심, 그리고 이해받는다는 기분이 필요하지만, 무엇보다 과거의 사고와 감정을 전환해야 한다. 다른 사람들이 잘못 알고 있다는 사실을, 내 아이는 남들이 생각하는 젠더가 아니라는 사실을 아이가 아주 어릴 적부터 알았던 부모에게는 이 여정이 상대적으로 수월할지도 모른다. 그러나 그때조차 그 길에는 감정의 가시가 박혀 있다. 이런 가시는 아이의 젠더를 같은 눈으로 보지 않는 배우자, 또는 훈수를 두는 다른 가족과 다퉈야 할 때 훨씬 큰 생채기를 낼 수 있다.

그리고 어쩌면 아이 자신이 또 한번 뒤통수를 칠 수도 있다. 새로 바꾼 젠더가 사실은 진짜가 아닌 것 같다며 번복할 수도 있고, 논바이너리에서 트랜스젠더로, 또는 트랜스젠더에서 에이젠더로, 그 밖에도 사각지대에서 벗어나 어렵게 발판을 다지려는 부모를 더 당황하게 하는 어느 방향으로든 갈 수 있다.

아이들에게 전하는 한 말씀. 소설이자 동명의 TV 시리즈인 〈레슨 인 케미스트리Lessons in Chemistry〉에서 엘리자베스 조트는 1950년대 〈저녁 6시 식사〉 요리 쇼를 마무리할 때마다 시청자에게 이렇게 말한다. "어린이 여러분, 이제 너희들이 상을 차릴 시간이야. 엄마도 숨을 돌릴 시간이 필요하니까."[2] 우리는 아이의 젠더에 대한 새로운 정보에 적응하는 부모에 대해서도 아이들에게 동일하게 요청하고 싶다. "얘들아, 부모님이 숨을 고를 수 있는 시간을 드리렴. 그러고 나면 곧 괜찮아지실 거야."

말이 아닌 실천

2023년 말, 저널리스트 에밀리 위트Emily Witt는 〈뉴요커〉에 트랜스젠더 10대를 둔 가정에 관한 기사를 실었다. 이 기사는 부모가 감정을 행동으로 전환하여 말이 아닌 실천으로 보여주는 젠더 여정이 얼마나 깊고 풍부하게 펼쳐질 수 있는지를 아름답게 보여주었다.[3] 기사 속 인물인 크리스틴 채프먼은 테네시주에 거주하며 남편과 함께 두 아이를 키우고 있었다. 이 부부는 큰 딸 월로우가 지정된 성과는 다른 정체성을 가진 트랜스젠더라는 사실을 알게 되었고, 이후 월로우는 소아 젠더 치료를 받아왔다. 그러나 테네시주에서 소아 젠더 의료 서비스가 금지되었고 크리스틴은 월로우가 건강하게 자신의 젠더 확정을 이어갈 수 있도록 다른 주로 이주를 결심했다.

한편, 월로우의 아버지 폴은 어린아이가 스스로 젠더를 결정한다는 사실에 의구심이 먼저 들었다. 하지만 크리스틴은 월로우가 전달한 메시지를 분석하고 옳고 그름을 따지는 것은 부모의 역할이 아니라고 반박했다. 그들이 살고 있는 주에서 아이를 위한 성별확정 의료를 계속할 수 없게 되자 두 사람은 월로우가 수염이나 굵은 목소리처럼 원치 않는 이차 성징의 발현을 견디지 않아도 되는, 그리고 성별확정 호르몬 치료를 통해 남성의 외모로 보이지 않을 수 있는 곳으로 가서 안전하게 살아가게 해야겠다고 판단했다.

폴은 예상하지 못한 곳에서 도움을 받게 되었다. 그는 우연히 두 명의 트랜스젠더 여성과 이야기하게 되었는데, 한 명은 그의 직장 동료였고, 다른 한 명은 그가 가끔 들르는 술집의 바텐더였다. 이들과의 대화를 통해 그는 자신이 기대하는 모습이 아닌 월로우 자신의 모습으로 아이를 더 잘 볼 수 있게 되었다. 바텐더는 월로우보다 고작 몇 살 더 많은 젊은이였는데, 과거 아버지가 자신의 트랜지션을 허락하지 않아 자해를 시도했고 그 흉터가 팔에 남아 있었다. "사랑은 모든 것을 이긴다"라는 속담처럼 폴은 자기 아이에게 그런 고통을 안겨주고 싶지 않았다. 그래서 그는 생각을 행동으로 옮기기로 결심했다.

크리스틴이 먼저 여정을 시작해 두 아이를 데리고

버지니아주로 이주했고 폴은 테네시에 남아 있다가 경제적 여건이 나아지면 합류하기로 했다. 크리스틴은 새로운 거주지와 학교, 이웃과 일자리를 마련했고, 무엇보다 윌로우가 젠더 케어를 받을 수 있는 의료 기관을 수소문했다. 버지니아에 도착한 직후, 윌로우는 기쁜 마음으로 에스트로겐 처치를 시작했다. 테네시주에서 소아 젠더 케어 금지 조치로 복용하던 사춘기억제제가 중단된 직후였다.

모든 부모가 자녀의 젠더 건강을 위해 폴과 크리스틴처럼 이사를 해야 하는 것은 아니다. 실천이란, 슬픔과 상실의 단계에서 벗어나 부모의 꿈을 아이 자신의 꿈으로 바꾸고 아이와 가족, 그리고 공동체의 모든 젠더를 위한 협력자이자 옹호자로 나서는 과정을 포함하면 된다.

부모가 젠더를 가르칠 수 있을까?

보편적으로 아이들은 호기심이 많은 창조물이다. 그리고 그 호기심을 발휘하는 첫 번째 대상은 대개 양육자다. 안타깝게도 어떤 양육자도 "왜?"라는 질문 폭격에 마냥 감사하지는 못한다. "왜 별은 보라색이에요?" "왜 엄마는 머리를 양 갈래로 땋지 않아요?" "겨울에는 장미가 어디에 숨어 있어요?" 등등. 이 모든 질문에 대답하다 보면 정신이 혼미해지는 지경에 이르지만, 끝없는 질문은 곧 이 세상이 작동하는 방식에 대해 아이들의 궁금증이 확장되는 것이기에 기꺼이 받아들여야 한다.

그러니 어른들이여, 정신 차리시길. 어린아이가 젠더에 보이는 호기심도 다른 호기심과 다르지 않으니까 말이다. 젠더에 관해 보거나 들으면 더 알고 싶은 것이 당연하고, 특히 자신에게 개인적 의미가 있을 때는 더욱 그러하다. 이런 호기심은 아이가 말을 배우고 궁금증이 생기는 인지 능력을 갖추자마자 시작한다. 이때 아이가 세상을 보는 색다른 개념이나 방식에 전혀 노출되지 않는다면 당연히 질문을 던질 생각조차 하지 못할 것이다. 반면에 가정이나 학교에서 젠더를 이야기할 기회가 있거나 스스로 온라인에서 찾아보았다면 아이는 더 많이 알고 싶은 호기심을 느끼게 된다. 아이가 젠더에 특별히 관심을 보인다면 이미 내면에서 자신의 젠더에 대한 생각이 무르익고 있다는 뜻일 수 있다. 꽃에 관심이 있는 아이가 겨울철 장미의 행방을 알고 싶어 하는 것처럼 말이다.

자녀가 어떤 젠더 여정에 있더라도 모든 아이들은 특히 어릴수록 대개 어른의 뇌보다 훨씬 유연하고 창의적인 정신을 장착한다. 어른들이 그들의 상상력을 억누르지 않는다면 말이다. 어린아이의 세계에서는 개구리가 왕자가 되며, 그 어떤 변신도 가능하다고 했던 것을 떠올려보자. 어린 시절은 셀마 프레이버그의 말처럼 마법적 사고를 하는 나이이고 그것은 곧 확장적 창의성, 즉 젠더 창의성과 동일한 것이다. 부모는 그것을 차단할 수도 있고, 섬세한 답변으로 호기심을 키워줄 수도 있다.

　　이 책을 쓰면서 우리는 어린아이가 젠더와 섹슈얼리티에 대한 생각에 노출되거나 혼란을 주는 것에 반대하는 부모의 우려를 들었다. 이런 두려움 또는 반감 때문에 어떤 양육자는 아이를 학교에서 끌어내거나 아이들에게 해롭다고 여겨지는 자료를 도서관에 배치하지 말라고 요청한다. 자녀를 보호하고 해로운 영향력으로부터 차단하려는 양육자의 바람은 절대적으로 존중하지만, 우리는 모든 양육자에게 그 두려움을 탐색하여 젠더 창의적인 21세기에 아이에게 최고의 젠더 교사가 되어 달라고 요청한다.

　　젠더 창의적인 아이는 자신의 아이일 수도 있고, 아니면 유치원에서 자녀 옆에 앉은 친구일 수도 있다. 앞에서 밝혔듯이 트랜스젠더 및 젠더다이버스 아동은 분명히 존재하며, 두세 살 정도로 어린아이도 있다. 그들의 존재를 부인하는 것이 무슨 도움이 될지 상상하기 어렵다. 부모는 모든 아이들이 다양한 젠더 세계에서 포함되어 우아하게 살아가게 돕는 가장 중요한 원천이다.

　　우리 사회를 이끌어 갈 이 새로운 세대는 젠더를 두 상자에 나누어 담을 수 없는 것으로 훨씬 유연하게 인식한다. 그러나 이들은 여전히 부모의 피드백에 의존한다. 자신과 타인의 젠더를 포함한 세상 모든 것에 대한 감정과 신념, 그리고 행동에 대한 긍정적이거나 부정적인 태도가 어느 정도 부모에 의해 좌우된다. 아이들이 자랄 학교, 이웃,

지역 사회 같은 더 큰 세상에 들어가면, 부모는 아이들이 그곳에서 접한 젠더에 대한 생각, 느낌, 태도에 대해 대화할 좋은 기회를 얻는다.

예를 들어 학교에 드레스를 입고 온 남자아이를 보고, 그전에는 허용되지 않는 일이라고 생각했던 자기 자신도 그렇게 할 수 있겠다는 생각을 처음으로 떠올릴 수 있다. 그러면 집에 돌아오는 길에 자동차 뒷좌석에서 아빠에게 의견을 물을지도 모른다. 요컨대 아이들이 더 넓은 세상에 발을 들이는 것은 가족 밖의 사람들이 젠더를 어떻게 생각하고 어떻게 "수행하는지"에 대한 새로운 시야를 얻을 수 있는 기회다. 그것이 평소 자신에 대해 생각했지만 입 밖으로 꺼낼 방법을 알지 못했던 내면의 생각과 일치할 수도 있고, 그렇지 않을 수도 있다.

부모가 아이를 바깥세상에 내보낼 때는 그곳에서 아이가 젠더에 대해 경험하게 될 것이 전에는 보고 들은 적이 없는 말과 이미지를 제공할 수 있다는 점을 늘 기억해야 한다. 어린 시절에는 가장 중요한 정보 결정권자로서, 그리고 아동기 후기에는 중요한 인플루언서로 개입하여 아이가 자신이 만든 젠더 웹에 대해 자신감을 지니게 도울 조력자로 양육자보다 나은 사람이 어디 있겠는가? 마찬가지로, 아이의 친구들이 제각기 만든 모든 젠더 웹을 단순히 용인하는 것이 아니라 즐겁게 받아들이도록 가르칠 사람으로 양육자보다 더 영향력이 있는 사람은 없다. 모든 젠더로 확장되는 너그러운 연민은 가정에서 시작한다는 사실을 늘 기억하라. 또한 그 능력은 양육자가 자녀에게 최적의 젠더 교사가 될 때 달라진다는 것도.

그렇다면 부모는 어떻게 자녀의 젠더 교사가 될까? "젠더 리터러시"를 키워주면 된다. 아이들이 젠더를 보는 시야를 넓혀주고 비판적 사고 능력을 키워 "왜 여자만 반짝이 옷을 입어야 해?" 또는 "왜 휴식 시간에 남자아이와 여자아이가 다른 줄로 서야 해?", "어떤 사람이 남자이면서 여자이면 어떡해?"와 같은 기존의 엄격한 젠더 법칙에 의문을 품게 만드는 것이다. 그런 학습은 아이들의 경험과 상관관계가 깊다. 어렸을 때 아이들은 부모나 양육자를 통해 다른 사람 또는 자신에 대한 그들의 생각이나 기분이 긍정적으로 반영되는지를 확인한다. 만약 부모의 반응이 긍정적이고 고무적이라면 계속해서 자유롭게 자신의 진정한 감정을 탐색하고 표현할 것이다. 부모의 반응이 어딘가 못마땅한 듯하고 처벌에 가깝고 제한적이라면 아이는 진정한 감정과 생각을 감추는 법을 배우거나 아예 그만둘 것이다. 자신이 절대적으로 의존하는 사람이 옳지 않다고 말했기 때문이다. 젠더 확장적 세계에 대한 긍정적 반영과 정보는 훌륭한 가르침의 신호다. 우리가 살고 있는 젠더 세계에 대한 부정적 반영과 잘못된 정보는 나쁜 가르침이다.

거울 반응을 통한 이런 식의 가르침을 언제 시작해

야 할지 궁금할지도 모르겠다. 이는 단지 팩트를 나열하는 것이 아니라 젠더에 대한 호기심과 비판적 사고를 격려하는 것이며 심지어 아이가 태어나기 전부터 시작된다. 모든 성인, 그중에서도 특히 예비 부모는 젠더에 대해 자신도 모르게 받아들여온 제한적인 관념들을 내려놓고, 이를 새로운 젠더 리터러시로 대체하는 작업을 해야 한다. 여기서 말하는 젠더 리터러시란, 젠더가 나타날 수 있는 모든 다양하고 풍부한 방식들을 기꺼이 받아들이는 태도를 포함한다. 이는 젠더에 대한 이해와 인식이 끊임없이 확장·변화하고, 다음 세대가 성장해 가는 역사적 흐름 속에서 평생에 걸친 학습을 요구한다.

학습은 의식적인 시도를 통해서만이 아니라 무의식적인 말과 행동으로도 전달된다. 의식적인 노력의 예를 들자면, 이는 부모뿐 아니라 아이를 가르치는 위치에 있는 누구에게나 적용되는 것이다. 만약 아이에게 책을 읽어주다가 젠더에 관해 바람직하지 않은 메시지를 전달하는 부분이 나오면 잠시 멈추고 이렇게 말한다. "내 생각은 좀 달라. 나는 조니가 원한다면 손톱에 매니큐어를 발라도 된다고 생각해. 네 생각은 어때?" 아이와 함께 책을 읽어 나가며 그 책의 편집자가 되어 젠더 포용성이 미흡한 부분에서는 가장자리의 여백이나 메모지에 의견을 남기거나 원문을 수정해 볼 수 있다.

훌륭한 교육자들에게서 배워야 할 또 한 가지 중요

한 점이 있다면, 가르침의 본질이 배우는 데 있다고 여기는 것이다. 우리는 아이들로부터 많은 것을 배운다. 아이들에게 제한된 범주를 넘어서는 젠더와 엄격한 젠더 규칙에 대한 새로운 관점을 제시하면 아이들은 다시 젠더 세계에 대한 그들의 관점을 보여준다.

　　나의 열 살짜리 손녀에게 내가 어려서 시카고에서 자랐는데, 맑은 날에도 비가 오는 날에도, 더우나 추우나, 심지어 눈보라가 치는 날에도 학교에 치마를 입고 가야 했다고 말했을 때 이 아이는 충격을 받아서 내게 말했다. 나를 페미니스트로 알고 있던 아이는 이렇게 격분하여 소리쳤다. "할머니, 근데 왜 가만히 있으셨어요?!" Z세대의 관점에서 왜 그런 어리석은 젠더 규칙을 참아야 했는지 이해하지 못하는 모습을 보였을 때 나는 그 아이의 젠더 세계에 발을 들일 수 있었다. 이는 21세기를 사는 어린이의 관점으로 보는 젠더의 세계를 배우게 했을 뿐 아니라, 1950년대와 1960년대 초에는 아직 시작되지 않은 역사적 변화에 관해 손녀와 이야기를 나누는 기회도 되었다. 아이들의 입에서 나온 말들은 부모가 아이들에게 성별에 대한 새로 확장된 개념으로 되돌려 줄 때 훌륭한 교육 자료가 된다. 아이들은 우리가 자랄 때와는 딴판인 젠더 세상에 살고 있고, 우리는 그들로부터 배울 점이 많다.

모든 부모에게 드리는 요청

성별정체성, 성적 정체성(성적 지향) 또는 그 밖의 이유로 집에서 쫓겨나 거리에서 생활하는 청소년을 제외하면 모든 아이가 부모 또는 양육자와 산다. 이들 부모 중 일부는 아이를 기르면서 젠더의 변화를 이해하는 과정이 버겁고 가시밭길을 걸어가는 기분이라고 느낄 수 있다. 또 누군가는 자식을 세상에서 가장 자랑스러워하는 부모로 살고 있기도 하다. "아니요, 아빠. 저는 아들이 아니라 딸이에요"라고 외치는 두 살배기 아기를 키우는 사람도 있고, 어느 날 학교에서 돌아와 "오늘부터 제 대명사는 '그들'이에요"라고 말하는 아이가 있는 집도 있다. 어떤 집은 아무 문제도 없는 줄만 알았던 10대 아이가 사춘기에 들어서 젠더 스트레스 때문에 갑자기 무너진다. 어떤 아이는 바로 옆방에서 부모에게 "전 트랜스젠더에요. 당장 호르몬을 맞춰주세요"라는 문자를 보낸다. 어떤 집에서는 아이가 학교에서 돌아와 같은 반 여자아이 이야기를 꺼내며 원래는 남자였지만 그건 사람들이 잘못 알고 있는 것이고 이름을 메덜라인으로 개명했다고 말할지도 모른다. 왜 어떤 사람은 남자아이가 치마를 입고 여자아이가 턱시도를 입으면 화를 내느냐고 묻는 아이를 키우는 부모도 있다. 누군가의 아이는 성별표현 때문에 주변에서 놀림을 받고, 또 어떤 아이는 학교에서 《고등학교 졸업 후 첫해First Year Out》라는 책을 읽으면 안 되고 "게이"라는 말을 해서도 안 된다는 것을 막 알게 되었다. 어떤 부모는 손주를 남녀의 젠더 범주에서 벗어나게 두었다고 조부모의 염려를 듣는다. 어떤 날에는 아이가 학교에서 돌아와 혼란스럽다는 듯이 묻는다. "어떻게 사람이 남자도 되고 여자도 될 수 있어요?"

이 와중에 부모들은 주변 세상에서 서로 상충하는 메시지를 받는다. "아이를 자기 자신답게 살도록 내버려두십시오. 성별다양성을 지지합시다!" 대 "아이를 트랜스젠더로 만들고 위험한 약물로 중독시키거나 불임으로 이끄는 인플루언서나 조련사들을 경계하세요. 이 열풍은 당장 멈춰야 합니다." 아이가 자신에게 맞는 최선의 성장을 하도록 아이를 지원하면서 동시에 안전하게 보호하는 것은 균형을 잡기 매우 어려운 과제이다. 젠더와 관련된 모순된 메시지에 더하여 점점 더 많은 아이가 새로운 젠더 세계를 탐색하며 부모에게 도전을 안긴다. 부모가 건강한 성별정체성을 지닌 아이를 키우는 데 자신감을 느끼려면 이념적 논쟁보다는 사랑과 지지, 그리고 정확한 정보가 필요하다.

"우리는 모두 신의 아이들입니다." 신을 믿든 믿지 않든 이 말을 모든 아이가 우리의 아이라는 뜻으로 해석할 수 있다. 모든 젠더가 포함되는 민주주의 사회에서 우리의 의무는 비단 자신의 아이를 최고로 키우는 것에 그치지 않고 양육과 보호와 지지가 필요한 지역 사회의 모든 아이들을 돌보는 데 있다. 모든 부모가 젠더 리터러시를 배우고, 자녀에게 적용하고, 학교가 여기에 동참하게 지원한다면 젠더에 대한 건강한 태도를 창조할 좋은 기회를 얻게 될 것이다. 그리고 부모는 급격한 젠더 변화로부터 자녀를 차단할 부담에서 벗어날 수 있다. 자신의 눈을 가릴 필요가 없다. 아이들이 그 눈가리개를 벗겨낼 테니까. 아이들은 시카고 소녀들이 영하의 날씨에도 치마를 입고 등교해야 했던 시절에 살고 있지 않다. 그들은 (2장 도입부에서) 유치원에 간 미셸이 남자아이가 원피스를 입었다는 이유로 여자 화장실에 보내려고 했을 때 어른의 어리석은 실수를 바로잡아주는 그런 세상에서 살아간다. 젊은이의 활기와 함께 그들은 새로운 젠더를 어른들보다 좀 더 쉽게 받아들이고 있고, 그것을 익숙하게 활용해 자신의 젠더 웹을 만든다.

《트랜스 키즈: 21세기의 성별 규정Trans Kids: Being Gendered in the Twenty-First Century》이라는 책에서 테이 메도우Tey Meadow 박사는 재닛 워드Janet Ward에서 빌려온 '젠더를 주기'라는 소중한 개념을 모든 부모와 아이들에게 선물했다. '젠더를 주기'란 정확히 무엇일까? 간단히 말해서 아이가 살아가며 자기가 인지하는 젠더로 존재하고 자신에게 가장 적합한 방식으로 표현할 수 있도록 부모에게 인지되고 인정받는 공간을 마련하는 것을 말한다. 이는 모든 아이가 떠나는 젠더 여정에서 그 경로와 상관없이 부모와 아이 사이에 형성되는 피드백 고리의 연장일지도 모른다. 모든 아이에게는 젠더를 확립해야 하는 과제가 있으므로 모든 아이의 부모 또한 이런 방식으로 자녀에게 젠더를

"주어야" 한다.

　모두가 다 알다시피, "주기"의 형태는 다양하다. 아이가 대부분 첫 번째 생일 선물을 부모한테서 받는 것처럼 젠더도 마찬가지다. 부모는 거울 반응의 형태로 아이에게 첫 번째 젠더 선물을 준다. 그것은 아이가 누구이고 어떻게 옷을 입고 싶어 하며 무엇을 하고 싶은지에 대한 긍정적 반응이자 확인이다. 그러나 거울 반응은 부모가 아이에게 젠더를 "주는" 유일한 방법은 아니다. 인생의 다른 모든 변이처럼 젠더는 자신의 것이든 타인의 것이든 두 개의 범주로 오지 않고 다양한 형태, 색깔, 색조로 나타나며, 모든 젠더를 존중하고 인정해야 한다는 메시지를 아이들에게 전달하는 것이 중요하다.

　메도우 박사는 부모가 아이에게 "젠더를 주는" 감동적인 예를 소개한다. 여섯 살짜리 트랜스보이 헌터가 어느 날 엄마 낸에게 달려가 이렇게 소리쳤다. "엄마, 제 얘기 좀 들어보세요. 콜튼하고 토미한테 질이 있대요?!" 이 말에 낸은 아주 여러 방식으로 대답할 수 있었다. 그러나 그저 무심하게 "물론이지, 질을 가진 남자아이들도 많단다"라고 말했고 이보다 젠더를 선물하는 더 좋은 방법은 없다.[4]

　낸과 헌터의 소통은 비슷한 상황에 부닥쳤던 많은 부모의 사례를 떠올리게 한다. 마저리는 여섯 살짜리 아들 대니얼의 엄마인데 아이가 조금 격분한 상태로 집에 와서 학교 친구에 대해 다음과 같이 얘기했을 때 어떻게 대답해

줘야 하느냐고 우리에게 물었다. "엄마, 제러마이아가 그러는데 자기는 질이 있는 남자아이래. 어떻게 그럴 수 있어? 그건 불가능하잖아." 이런 질문에 어떻게 대답해야 할까? 마저리의 즉각적인 마음속 반응은 이러했다. '네 말이 맞아. 불가능하지.' 하지만 그녀는 마음을 다잡고 대신 이렇게 말했다. "맞아, 대부분의 남자아이들에게는 음경이 있어. 하지만 어떤 남자아이한테는 질이 있단다. 제러마이아는 질이 있는 남자아이 중 하나고."

이것은 부모가 아이에게 부모가 젠더를 "주는" 한 가지 예시이다. 대니얼이 학교로 돌아가 친구들에게 "어떤 남자아이한테는 질이 있대"라고 말할 때 이 선물은 이 아이를 넘어서 반 전체에 전파되게 될 것이다. 만약 대니얼이 돌아와서 "그럼, 제러마이아는 남자니까 생리를 안 해?"라고 물었을 때 마저리는 "제러마이아는 자궁이 있어. 그리고 자궁이 있는 사람은 남자아이든 여자아이든 모두 생리를 해"라고 대답할 것이다. 나중에 마저리는 자궁이 있는 남자아이가 생리를 하지 않거나 가슴이 커지지 않게 만드는 사춘기억제제, 또는 성별확정 호르몬이 있다고 추가로 설명할 수 있다. 중요한 것은 아이에게 젠더를 주되, 발달 단계에 따라 그것을 받아들일 준비가 되었을 때 주어야 한다는 점이다.

그래서 모든 부모에게 요청한다. 아이에게 젠더를 주어라. 가정에서든, 학교에서든, 직장에서든, 어디서든. 아이가 어떤 젠더 경로를 택하든지 모든 아이의 젠더 건강을 지켜주는 훌륭한 보험이 될 것이다.

장을 마무리하며

우리는 이 장을 한 부모의 말로 열었고, 마지막도 부모의 말로 마무리하려 한다. 로리 프랭클은 작가이자 트랜스젠더 딸의 엄마이다. 소설《클로드와 포피》에서 프랭클은 트랜스젠더 자녀와 다른 자녀들이 함께하는 여정을 매혹적인 가상의 이야기로 풀어낸다. 그러나 내 시선을 가장 끈 것은 책 말미에 실린 작가의 노트였다. 거기에서 저자는 부모 되기의 경험을 진정으로 말할 수 있는 것은 부모밖에 없다는 깨달음을 준다. 저자가 21세기 젠더 세계에 대해 모두에게 던진 호소를 빌려오고 싶다.

> "나는 내 아이, 그리고 다른 모든 아이들이 자기 자신으로 살아가면서 진가를 인정받고 사랑과 은총이 가득한 세상에 살기를 원한다. (...) 내 아이를 위해, 우리 모두의 아이들을 위해 나는 더 다양한 선택지가 존재하고, 숲 속에 더 다양한 길이 나고, 더 넓은 범위의 정상성과 무조건적인 사랑이 가능하기를 바란다. 그걸 바라지 않을 사람이 있을까?"[5]

원치 않는 사람이 누가 있겠는가? 그러니 아이들아, 너희 부모에게 숨 돌릴 시간을 주고, 그런 다음 그들이 너희에게 젠더를 주게 하고, 그렇게 젠더가 넘치는 세상을 만들게 해다오.

젠더의 난제들
: 스포츠, 교육, 의학 분야에서

⑧

우리의 목표는 통합이지 획일성이 아니다. 우리는 다양성을 통해서만 통합을 얻을 수 있다. 차이점은 제거되거나 흡수되는 것이 아니라 통합되어야 한다.

— 사회복지사 메리 파커 폴릿

열세 살 트랜스걸 피셔는 운동에 특별히 두각을 나타내거나 스포츠에 큰 관심을 보이지 않았다. 체육 관련 수상 경력이라고 해봐야 크로스컨트리 달리기로 받은 스포츠맨십 상이 전부였다. 그러던 어느 날 필드하키가 재미있어 보여 팀에 가입했다. 하지만 선수 부족으로 팀이 구성되지 않자 피셔는 직접 나서서 사람들을 모아 팀을 꾸렸다. 그러나 한 달 만에 피셔는 자신이 크게 이바지한 이 팀에서 제외되었다. 켄터키주 고등학교 체육 협회 규정에 따르면 트랜스젠더 소녀는 사춘기 이후 생식기 수술을 포함한 트랜지션 수술을 완료하지 않으면 여자 스포츠팀에서 뛸 수 없었기 때문이었다. 하지만 아이러니하게도 미국에서 18세 미만의 청소년이 트랜지션 수술을 받는 것은 불가능하다.[1]

다행히 지역 교육청의 차별 금지 조항 덕분에 주 정부 규정에서 구제받은 피셔는 빠르게 팀에 복귀해 나머지 시즌을 뛰었다. 피셔의 팀은 한 경기도 이기지 못했지만 피셔에게 승리는 중요하지 않았다. 팀과 함께 즐겁게 경기하는 것이 목표였고, 이는 피셔의 정신 건강에 큰 도움이 되었다. 필드하키 시즌이 끝난 후, 2022년 켄터키주는 여성 스포츠 공정법을 통과시켜 트랜스젠더 소녀가 중학교, 고등학교, 대학교의 여성 스포츠팀에서 경기하는 것을 전면 금지했다. 피셔는 법안 표결 전 입법자들에게 말했다.

"저는 이 법이 통과되지 않기를 간절히 바랍니다. 법이 통과되면 저는 경기에 나갈 수 없고 그건 저의 정신건강에 극도로 나쁜 영향을 줄 테니까요. 스포츠는 제가 여러 상황을 이겨내는 데 큰 도움을 주거든요."[2]

법안 통과 후, 입법자들은 피셔가 주 전체에서 여성 스포츠팀에서 뛴 유일한 트랜스젠더 학생이었다고 밝혔다. 사람들에게 중요한 것은 숫자가 아니었다. 그들은 팀의 다른 선수들, 즉 동등한 조건에서 치열하게 경쟁한 시스젠더 여성들은 신체적 우위를 가진 상대, 트랜스젠더와의 경쟁에서 이길 수 없다고 생각했다. 이 장에서는 스포츠와 교육을 둘러싼 논란을 더 자세히 살펴 경기에 모든 젠더를 포함하는 것이 왜 필요한지, 그리고 이 문제가 왜 복잡한지 알아본다. 장의 후반부에서는 성별확정 의료와 관련된 결정에서 충돌하는 요인들을 살펴본다.

스포츠 분야에서 트랜스젠더 청소년

역사적으로 스포츠 경기는 언제나 성과 성별이 엄격하게 나뉘어서 진행되었다. 따라서 학교 스포츠팀에서 뛰는 트랜스젠더와 논바이너리 학생은 젠더 논쟁 중에서도 좀 더 논란의 대상이 될 수밖에 없다. 다른 모든 영역에서 트랜스젠더의 권리를 옹호한다고 하는 사람들 가운데에서도 많은 이들이 여성 스포츠를 보호한다는 명목으로 트랜스젠더 소녀의 출전을 금지하는 일에 찬성한다. 모든 젠더를 포함하는 것에 반대하는 사람들은 종목에 상관없이 출생 시 지정된 성이 남성인 트랜스젠더 학생들이 언제나 시스젠더 여학생보다 운동 실력이 뛰어나다고 주장한다. 이런 신체적 우위 때문에 사람들은 트랜스걸이 시스젠더 여학생들의 기회를 뺏고, 뛰어난 실력으로 상을 휩쓸고 장학금을 가져갈까 봐 두려워하며 분노를 표출한다. 여학생들의 스포츠는 시스젠더 동료를 압도하는 신체 조건과 능력으로 더 뛰어난 성적을 낼 수 있는 트랜스젠더 학생들로부터 보호되어야 한다는 주장이다.

반면에, (늘 그런 것은 아니지만) 같은 학교에서도 출생 시 지정된 성이 여성인 트랜스젠더 소년들은 남성 스포츠 팀에서 뛰는 것이 대체로 허용된다. 여성은 신체적으로 열등한 성이라서 트랜스젠더 소년들은 남성 스포츠팀에 위협이 되거나 시스젠더 소년의 운동 기회를 박탈하지 않는다고 여겨지기 때문이다.

스포츠에서 모든 젠더를 포함하는 것을 옹호하는 사람들은 자존감 향상과 소속감 같은 여러 혜택을 지적한다. 이런 이점은 특히 차별, 따돌림 등 여러 요인으로 인해 사회적·심리적 스트레스와 늘 싸워야 하는 트랜스젠더 학생들에게 더욱 중요하다. 또한 모든 젠더를 포함하는 정책을 옹호하는 사람들은 과학적 연구가 젠더 포함 정책을 지지하며, 트랜스젠더 학생을 배제하는 정책의 부정적 영향과 위험을 강조한다고 주장한다.[3] 아동과 청소년에 대한 연구와 전문적인 경험을 바탕으로 우리 역시 트랜스젠더와 젠더다이버스 학생들이 원한다면 자신의 성별정체성과 일치하는 스포츠팀에서 뛰는 것을 지지한다. 그러나 이 주제는 아주 복잡하며 아이들이 청소년기를 거치고 성인이 되면서 문제가 더욱 심화된다.

학교 스포츠가 왜 중요한가?

규칙적인 신체 활동은 뼈 건강, 인지 기능, 근력, 호흡기 및 심혈관 건강, 그리고 정신 건강, 특히 우울증과 불안 완화에 크게 기여한다.[4] 학교 스포츠의 궁극적인 목표는 학생들의 건강, 행복, 그리고 모두가 배제되지 않고 참여할 수 있는 환경을 만드는 것이다. 우리는 친구들과 함께 경기하고 싶어 하는 아동과 청소년에 관해 말하고 있다. 한편, 아이들의 신체 활동 수준이 지난 수십 년 동안 지속적으로 감소하고 있는 것도 큰 문제다. 모든 아이들은 교내 체육 활동을 통해 신체적 혜택을 누릴 권리가 있다. 하지만 자신의 성별정체성과 맞지 않는 팀에서 강제로 뛰어야 한다면,

사실상 체육 활동이 금지된 것이고, 그로 인해 잠재적인 건강상의 이익도 박탈당한다. 출생 시 지정된 성에 따라 경기를 강요받는 것은 성별불쾌감을 유발하거나 악화시킬 수 있다. 또한 이전에 트랜스젠더임을 밝히지 않은 경우라면 프라이버시 침해로 이어질 수 있고, 소속감과 공동체 의식을 저해한다. 트랜스젠더 남성이자 필드하키 선수인 에멧 마웰은 말했다. "단지 경기하기 위해 나 자신을 억눌러야 했을 때 나는 내 일부가 죽어가는 느낌이었고, 동시에 나를 죽이는 것 같았다. 그래서 결국 커밍아웃하고 트랜지션을 했다."[5]

청소년 스포츠에 참여하는 것은 아이들로 하여금 자존감, 자기 수양, 지도력을 키우고, 팀워크를 연습하고, 공동체를 형성하고, 소속감을 발달시키는 기회를 준다. 이런 활동은 사회 정서 발달과 심리적 안녕을 지원한다. 열여섯 살 트랜스젠더 소녀인 레베카의 설명을 들어보자.

필드하키 경기장에서 우리는 팀원을 찾고 공을 패스하며 소통합니다. 여기에는 팀워크가 필요한데 제가 정말 좋아하는 거예요. 신나고 빠르게 공동의 목표를 향해 모두 함께 나아가죠. 그리고 함께 이기고, 함께 집니다. 필드하키의 가장 어려운 부분은 제가 별로 게임을 잘하지 못한다는 점입니다. 저는 제 삶의 다른 영역에서는 쉽게 뛰어난 성취를 이루는 편입니다. 그러나 필드하키에서는 잘하기 위해서 정말 열심히 노력해야 해요. 그 덕분에 넘어져도 다시 일어나는 방법을 배웠고 팀에서 가장 못하는 사람이 되는 것도 반드시 나쁜 것만은 아니라는 점을 알게 되었어요. 더 성장할 기회가 있으니까요. 무엇보다 중요한 것은 스포츠를 통해 제가 혼자가 아니라는 걸 배웠다는 거예요. 친구들, 동료들과 함께라는 것을요.[6]

모든 젠더를 포함하는 스포츠 정책에 관한 연구에 따르면, 체육 활동은 트랜스젠더 및 젠더다이버스 청소년에게 매우 긍정적인 영향을 미치며, 그렇다고 해서 시스젠더 학생에게 큰 부정적인 영향을 주지는 않았다. 예를 들어 모든 젠더를 포함하는 정책을 시행하는 학교에서 다음과 같은 결과가 나타났다.

- LGBTQ+ 선수들의 우울 증세가 20퍼센트가량 낮아졌다.[7]
- 트랜스젠더 및 논바이너리 선수들은 스포츠에 참여하지 않는 학생보다 성적이 더 높았다.[8]
- 트랜스젠더 및 젠더다이버스 청소년의 자살 가능성이 낮고, 안전하다는 느낌을 더 크게 받으며 범죄 피해자가 되거나 성적 괴롭힘을 당할 가능성이 더 적었다. 경기의 참여 여부를 떠나 포함 정책을 펴는 학교에 다니는 학생들은 안전 문제로 수업을 빠지는 일이 더 적었다.[9]

• 포함 정책을 시작한 후 시스젠더 여학생의 학교 스포츠 참여율은 동일하거나 더 커졌다. 예를 들어 캘리포니아 주에서는 2014년에 모든 젠더를 포함하는 스포츠 정책이 채택된 후 6년 동안 시스젠더 여학생의 경기 참여가 14퍼센트 가까이 상승했다(반면에 젠더배제적 정책을 실시하는 주에서는 시스젠더 여학생의 스포츠 참여율이 감소했다).[10]

더욱이 조사에 따르면 모든 젠더를 포함하는 스포츠 정책을 철저히 실행하는 주에서는 트랜스젠더 학생의 자살 충동이 14퍼센트 더 낮았다.[11] 이러한 결과는 모든 젠더를 포함하는 정책이 시스젠더 학생들에게 해를 끼치지 않는 것뿐 아니라 이미 취약한 집단인 트랜스젠더 학생들의 안전과 정신 건강을 크게 뒷받침한다고 보여준다.

젠더배제적 정책

체육 활동이 모든 아이들, 특히 트랜스젠더 청소년에게 분명한 이점을 제공함에도, 이 책을 집필하는 시점을 기준으로 미국 스물네 개 주에서 트랜스젠더 학생의 학교 스포츠 참여를 금지하고 있다. 이 중 대부분은 트랜스젠더 여학생의 참여만을 제한한다. 또한 열일곱 개 주에서는 유치원에서 대학교까지 금지 정책이 적용되며,[12] 이는 고작 다섯 살짜리 트랜스젠더 및 젠더다이버스 아동들도 영향받는다는 뜻이다. 이런 젠더 배제적 정책은 트랜스젠더 학생의 정신 건강을 해치고 자살 경향성을 급격히 높이는 등 심각한 결과를 초래한다.[13] 게다가 차별 정책이 시행되는 학교의 LGBTQ+ 청소년은 다른 학생들보다 성적이 낮고, 자존감과 소속감이 떨어지며, 우울감이 더 높게 나타난다. 또한 젠더 포함 정책을 실시하는 학교에 다니는 학생들에 비해 안전하다고 느끼지 못하기 때문에 결석률이 세 배 정도 더 높다.[14] 모든 젠더를 포함하는 젠더 정책은 현저한 긍정적 효과를 나타내지만, 젠더 배제적 정책은 트랜스젠더 및 젠더 다이버스 아동 및 청소년에게 명백한 해악을 끼치고 있다.

영국 등 다른 지역의 정부는 미국만큼 트랜스젠더 아동과 청소년의 스포츠 참여를 전면적으로 금지하지는 않는다. 허용 여부는 법률이 아닌 정부 지침 형태로 각 학교에 제시되며 지역에 따라 지침의 수준과 내용은 다양하다. 예를 들어 영국 교육부는 학교와 대학에 안전과 공정성을 최우선으로 고려해 자체 정책을 수립하도록 안내하고 있으며, "자신의 성별정체성에 의문을 품는 아동이 반대 성별의 스포츠에 참여하는 것이 안전이나 공정성에 해를 끼칠 경우, 이는 적절하지 않다"라고 명시한다.[15] 이런 지침이 젠더 배제적 정책을 정당화하는 근거로 해석되기도 하지만, 실제 운영에 있어서는 각 학교에 학생 구성에 따라 어느 정도 자율권을 준다. 북아일랜드 역시 비슷하게 교육청 차원에서 안전과 공정성을 고려하라는 지침을 제시했지만, 한발 더 나아가 "획일적인 정책"을 지양하고 개별 사례에 따라 유연하게 결정할 것을 권장했다. 해당 지침은, "청소년들이 지지받는다고 느끼는 것이 중요하고, 학생에게 최선의 이익이 실현되어야 한다"라고 강조하고 있다.[16]

부당한 혜택

위에서 언급한 배제적인 정책들은 성별정체성과 상관없이 출생 시 지정된 성이 남성인 사람이 출생 시 지정된 성이 여성인 사람보다 심지어 아주 어린 나이에도 운동 능력이 크게 월등하다는 믿음에 기반한다. 그런데 정말 그럴까? 사춘기 이전 아동의 남녀 간 운동 능력 차이를 비교한 연구는 많지 않다. 설령 차이가 관찰되더라도, 그 원인이 생물학적 요인인지 사회적 요인인지 구분하기가 어렵다.

예를 들어 출생 시 지정된 성이 남성인 아동은 대개 신체 활동을 격려하는 환경에서 자라면서 출생 시 지정된 성이 여성인 어린이보다 스포츠에서 필요한 기술을 더 많이 익히는 경향이 있다. 그럼에도, 연구에 따르면 두 성별 사이에 일관되고 뚜렷한 운동 능력의 차이는 별로 없다. 예를 들어 미국 질병통제예방센터의 전국 조사에 따르면 사춘기 이전 남녀 아이들의 코어, 하체, 상체 근력에서 유의미한 차이를 발견하지 못했다.[17]

만약 남녀 운동선수 사이에 신체적 차이가 존재한

다면, 그 생물학적 근원은 무엇일까? 근육량 증가나 악력 등 운동 능력에 유리한 신체 변화를 일으키는 주요 원인으로 흔히 테스토스테론이 손꼽힌다. 테스토스테론은 실제로 신체에 특정한 영향을 미치지만, 시스젠더 여학생들 사이에서도 체내 테스토스테론의 수치는 다양하며, 일부는 상대적으로 높은 수치를 보인다.

주목할 만한 사례로는 전 세계의 출생 시 지정된 성이 여성인 인구 중 약 10퍼센트가 가지고 있는 다낭성 난소 증후군PCOS이 있다. 이 내분비질환은 보통 사춘기에 발현되며, 테스토스테론 수치를 높여서 얼굴과 몸에 털이 많아지거나 남성형 탈모 같은 남성적인 특징을 유발할 수 있다. 그러나 지금까지 이 질환을 가진 시스젠더 여성 운동선수는 높은 테스토스테론의 수치에도 불구하고 여성 스포츠에서 배제되지 않았다.[18]

그렇다면 여성 스포츠에 참여하기 위해 테스토스테론 수치가 특정 기준 이하로 유지되어야 한다면, 다낭성 난소 증후군인 사춘기 청소년은 에스트로겐 처치를 받아 높은 테스토스테론 수치를 상쇄하여야 여성팀에서 뛸 자격을 얻는 것인가? 또는 아직 사춘기가 시작하지 않아 테스토스테론 수치가 높지 않은 트랜스걸은 어떤가? 혹은 사춘기억제제와 에스트로겐 처지를 통해 트랜스걸의 테스토스테론 수치가 시스젠더 여학생들과 비슷한 수준으로 낮아진다면?

테스토스테론이 운동 능력에 유리하다는 발상은 얼핏 논리적으로 보이지만, 놀랍게도 아직 테스토스테론의 역할은 과학적으로 명확하게 밝혀지지 않았다. 이 호르몬이 운동 능력에 우위를 준다고 일관적으로 증명하는 과학 문헌은 없다. 예를 들어 어떤 스포츠에서는 테스토스테론이 경기력 향상에 일조하지만 모두 그런 것은 아니다. 예일대학교의 테스토스테론 및 생명 윤리 전문가 카트리나 카카지스Katrina Karkazis는 이렇게 설명한다.

"운동선수의 테스토스테론 수치 연구는 테스토스테론과 선수의 경기력 사이에 명확하고 일관된 관계를 보여주지 않는다. 때로는 테스토스테론이 경기력 향상과 연관되기도 하지만, 다른 연구에서는 연관성이 미미하거나 전혀 없으며, 어떤 경우에는 오히려 경기력 저하와 관련이 있다는 결과도 있다."[19]

과학은 스포츠에서 젠더와 성에 대해 답변보다 질문을 더 많이 제기해왔고, 국제 올림픽위원회에서도 2024년 올림픽을 앞두고 트랜스젠더 선수 출전에 관한 정책에 큰 변화를 도입했다. 올림픽위원회는 스포츠마다 요구되는 기술과 신체적 강점이 다르다는 점을 고려해, 종목별 관리 기관에 정책 결정을 위임하기로 했다. 더 나아가 각 기관은 젠더나 신체적 외형뿐 아니라 윤리적, 법적, 정신 건강을 포함한 추가적인 맥락을 고려해야 한다고 지시했다. 이는 즉 선수가 성별정체성에 일치하는 팀에 소속될

자격을 호르몬 수치, 출생 시 지정된 성, 수술 여부 등만으로 판단할 수 없다는 뜻이다.[20]

트랜스젠더 선수가 전체 학생 선수의 1퍼센트 정도로 수가 많지 않은 것으로 미루어,[21] 우리는 트랜스젠더와 젠더다이버스 학생들이 학교 스포츠나 시스젠더 학생들에게 심각한 위협을 주지 않는다고 판단한다. 지금까지 학교 스포츠의 젠더 포용에 관한 연구에서는 어떤 부정적 효과도 발견하지 못했다. 반대로 트랜스젠더와 젠더다이버스 청소년에 대한 긍정적 효과를 증명한 경우는 많은데, 여기에는 심리적 안녕의 증가, 자살률 감소, 학업 성과의 개선, 범죄 피해 및 괴롭힘 감소 등이 포함된다.

그렇다면 젠더 배제적인 금지 조치를 통과시켜야 할 긴급성이 무엇인가? 이런 조치는 분명히 과학에 기반하지 않는다. 그 긴급성은 아마도 여학생 스포츠를 보호하려는 것이 아닌 트랜스젠더 아동과 청소년, 특히 트랜스젠더 소녀들에게 뭔가 위험한 것이 있다는 막연한 느낌에 있을 것이다.

교실에서의 젠더 교육

스포츠는 교내 성별다양성의 한 가지 측면일 뿐이다. 교육 환경에서는 복잡한 젠더 논란이 많이 일어나고 있으며, 교육 과정과 젠더, 교실 토론, 젠더 중립 화장실 설치, 학교

도서관 비치 도서 등이 그 대상이다. 앞 장에서는 양육자가 자녀에게 젠더 리터러시를 가르치는 방법을 살펴보았다. 이제는 교실에서의 젠더 교육에 대해 알아보자. 학교는 대부분의 문화권에서 가정을 제외하고 아동과 청소년의 교육, 사회화, 문화 학습이 가장 많이 이루어지는 장소이다. 공립학교에서 제공되는 교육이 각 가정에서 가르치는 교훈, 신념, 경험과는 다를 수가 있기 때문에 학교에서 논의되고 가르쳐야 하는, 또는 가르쳐서는 안 되는 주제를 둘러싸고 논쟁이 벌어진다. 그러나 학교는 학생들을 새로운 아이디어에 노출하고, 그들이 비판적 사고를 할 수 있게 가르쳐야 한다.

나(미셸)는 어려서 학교에서 돌아와 신이 나서 아빠한테 "우리 선생님이 아니라고 하셨어"라며 아빠의 주장을 반박한 적이 있었다. 아빠는 선생님이 잘못 아신 거라고 몇 번쯤 짧게 대답한 적도 있지만 대부분 이런 상황을 기회삼아 내가 스스로 충분히 다양한 가능성을 따져보고, 주체적으로 생각하며, 추가 정보를 찾아 아버지와 선생님에게 새로운 것을 가르칠 수 있도록 격려했다. 이런 과정을 통해 나는 스스로 의지가 강한 사람이라는 것을 알게 되었고, 어른이라고 해서 늘 정답을 아는 것은 아니라는 점, 그리고 하나의 정답만 존재하지 않는 질문도 있다는 사실을 배웠다. 그렇게 나는 오류와 잘못된 정보가 판치는 현대 사회의 필수 능력인 비판적 사고력을 기를 수 있었다.

젠더 리터러시를 가르칠 때도 비슷하다. 젠더에 관해 자신이 배운 지식이 올바른지, 심지어 논리적이기는 한 것인지, 왜 어떤 것은 그런 식인지를 묻고, 또 젠더가 자신에게 어떤 의미인지 스스로 생각하는 것이 중요하다. 예를 들어 젠더 수업에서 교사 또는 부모가 어린 학생들에게 남자와 여자가 다른 점을 모두 나열하게 한 뒤 그 목록을 함께 짚어보면서 각 항목이 실제로 옳은지 생각해보게 할 수 있다. 왜 분홍색은 여자의 색깔이어야 하는가? 왜 모든 장난감 경찰이나 소방관은 남자인가? 이 책의 초반에 소개했던 것처럼 젠더에 대한 생각이 유연한 어린 유치원생들조차 실제 삶에서는 그 고정관념을 따르지 않으면서도 젠더에 대한 사회적 고정관념을 정확하게 말할 수 있다. 그러므로 젠더 수업은 어린아이들이 비판적 사고 기술을 의식적으로 연습할 기회를 제공하며, 아이들의 마음속에 전형적인 젠더 고정관념이 굳어지는 것 또한 예방할 수 있다. 전통적 젠더 규범은 모두에게 해롭거나 제한적일 수 있다는 점에서 이 사실은 중요하다.

젠더 수업

모든 아동과 청소년은 정서적 행복과 학습 촉진을 위해서 자신이 학교 공동체에서 수용된다는 기분을 느껴야 한다. 22세 트랜스페미닌 라이프의 경험처럼 말이다. "2학년 때 처음 손톱에 색칠을 하고 학교에 갔어요. 저는 다른 아이들이 제 손톱을 보지 못하게 하려고 손으로 가리고 글씨를 썼어요. 그때 선생님이 오시더니 허리를 숙이고 저에게 말씀하셨어요. '남자아이들도 손톱에 색칠을 한단다.' 그 순간 그 말씀은 세상 전부가 되었어요."

아동과 청소년이 학교 공동체에서 수용되는 기분을 느낄 수 있는 한 가지 중요한 방식은 롤 모델, 책, 교사, 학교 교직원 등에게 비친 자기 모습을 보는 것이다. 6장에서 다룬 거울 반응의 심리학적 중요성을 기억하는가? 아동과 청소년은 부모만이 아니라 자기가 속한 공동체에서도 거울 반응이 필요하며, 이는 학교와 교육 과정에서 성별뿐 아니라 인종, 민족성, 사회정서적 단계, 장애 등 모든 형태의 다양성에서 필요하다.

그러나 안타깝게도 이런 주제를 둘러싼 논란이 많다. 미국의 일부 주에서는 젠더에 대해 이야기하거나, 성별 다양성을 다루거나, 심지어 젠더다이버스 인물이 등장하는 책조차 금지되고 있다. 영국에서는 아직 공식적인 정책이 없지만 학교 사서들에게 인종, 젠더, 성적 지향을 다룬 도서를 비치하지 말라는 요청이 늘고 있고, 자녀가 이런 내용의 책에 노출될까 봐 걱정하는 부모들의 민원도 급격히 증가했다. 이런 주제로 미국에서 벌어지는 논쟁이 대서양 건너편에서도 유사하게 나타난다는 것이 일반적인 견해이다.[22] 학교에서의 젠더 학습을 비판하는 사람들은 이런 교

255

육 과정이 정치적으로 조장되고, 좌파 성향으로 편향되었으며, 아이들을 트랜스젠더로 만들거나 자신의 젠더에 대해 혼란을 줄 위험이 있다고 주장한다.

우리는 이것이 아무 근거 없는 혐의라는 것을 잘 알지만, 그게 아니더라도 학교에서 젠더 교육을 반대하는 사람들은 사실상 모든 아이들이 태어난 순간부터 매일 젠더에 대해 배우고 있다는 점을 잊고 있다. 첫 수업은 아이들이 자궁을 떠나자마자 성별에 따라 다르게 취급되면서 시작된다. 아이의 방 색깔이든, 부모가 아기의 울음을 해석하고 반응하는 방식[23]이든 이와 같은 작은 단서들이 쌓여가며, 이에 더해 아이들은 부모, 형제자매, 가족, 친척, 공동체 사람들을 관찰하면서 젠더를 배운다. 유치원에서도 남녀로 나눠진 화장실과 장난감, 또는 옷차림을 통해서 배우고, 유치원 선생님은 모두 여자이고, 지역 사회의 리더나 소방관은 모두 남자인 것 같은 직업의 성별 분리에서도 수업은 계속된다.

수업은 어른의 직접적인 칭찬과 꾸중을 통해 더 강화된다. "넌 정말 씩씩한 남자아이구나!", "안 돼, 넌 남자니까 치마를 입을 수 없어!", "이렇게 예쁜 여자아이가 있나!", "레슬링 대신 발레 수업 어때? 레슬링은 여자아이가 하기엔 너무 거친 활동이니까" 등등. 따라서 아이들에게 젠더를 가르친다는 사실 자체를 문제 삼는다는 것은 말이 안 된다. 젠더 수업은 주변에서 늘 일어나고 있으니까. 진짜 문제는 그 수업에서 무엇을 가르치느냐는 것이다. 전통적인 젠더 규범과 고정관념을 강화시키는지, 아니면 성별다양성과 포함을 중요하게 가르치는지.

모든 아이가 자신의 모습으로 환영받는다고 느끼고 온전한 자기 자신이 되도록 배우는 수용적인 환경을 만들려면 아주 어린 나이부터 학교에서 적절한 젠더 교육을 받아야 한다. 이런 교육은 건강한 자존감과 자신감을 키우며 이를 통해 평생 건강한 위험을 감수하며 새로운 것을 배우게 할 수 있다. 학교 교과 과정에서 다양성과 차이, 포함을 다룸으로써 모든 아이들이 자신과 가족이 올바르게 비친 모습을 볼 수 있고, 학교는 가정과 지역 공동체의 연장선 역할을 하게 된다.

학교에서 모든 성별정체성을 존중하게 가르치고 성별다양성을 강조해야 하는 또 다른 중요한 이유는 학내 괴롭힘을 막기 위해서이다. 5장에서 보았듯이 트랜스젠더 및 젠더다이버스 아동과 청소년은 다른 청소년보다 괴롭힘을 당하거나 범죄 피해자가 될 위험이 훨씬 크다. 이는 자살충동, 자해, 우울, 불안처럼 이들 청소년이 직면한 다른 모든 위험 요소를 앞선다. 학교를 안전한 환경으로 느끼지 못하는 것은 결석, 성적 저하, 심지어 학교를 중퇴하는 요인이 된다. 반대로 나이에 맞는 적절한 젠더 교육은 모든 아이들이 사회에서 환영받는다는 느낌을 받고, 성별정체성 또는 성별표현 때문에 다른 학생을 괴롭히는 아이들이 줄어들게 된다. 결국 아이들은 가장 유연한 존재이고, 대개 어른이나 삶의 경험을 통해 혐오를 배우기 전까지 혐오로 채워져 있지 않다.

미취학 시절부터 시작하여 나이에 맞게 제공되는 젠더 교육은 부모와 양육자에게 각 발달 단계에서 아이에게 젠더 건강을 지원할 방법을 알려주며, 이는 성별정체성과 상관없이 모든 아이들에게 필요하다. 부모가 자녀에 대해 고민하는 질문에 이런 것들이 있다. "제 딸이 수학이나 과학은 '남자아이들 과목'이라는 부정적인 젠더 고정관념을 가지지 않게 하려면 어떻게 해야 할까요?", "아들이 감정을 솔직하게 표현하고 슬플 때는 부끄러워하지 않고 울게 하려면 어떻게 해야 할까요?", "다른 사람들이 아이의 성별을 잘못 알고 있을 때 어떻게 아이의 마음을 달랠까요?" 따라서 가정은 물론이고 학교가 아이들이 해로운 젠더 고정관념을 떨칠 수 있게 도와 모든 아이가 자신의 젠더에 상관없이 어떤 관심이든 추구할 수 있고 어떤 분야의 전문가도 될 수 있고 그 무엇에도 성공할 수 있다고 알려주는 것이 중요하다.

학교에서 젠더 리터러시를 가르치는 것이 양육자의 권리를 침해한다고 생각하는 사람이 있다. 그 양육자는 아이가 젠더에 대해 배우지 않기를 원한다. 그러나 남녀 범주를 벗어난 젠더나 트랜스젠더에 대한 정보를 무작정 차단하여 청소년을 보호하겠다는 것은 인터넷과 소셜 미디어

시대에 그다지 현실적이지 않다. 그리고 아이들을 제대로 지킬 수도 없다. 위에서 말했듯이 젠더 리터러시를 가르치는 것은 학생들이 비판적 사고력을 가지고 스스로 생각하게끔 하는 것이다. 젠더 이데올로기를 주입하는 게 아니다.

성별확정 의료가 왜 문제인가?

양육자들은 학교 위원회가 자녀의 스포츠팀 참여 여부를 결정하기를 원치 않듯이 정부가 자녀의 의료 결정을 내리는 것도 원하지 않는다. 이 책에서 우리는 잘못된 정보를 제거하고 전문적인 과학 연구를 인용해 성별확정 의료는 증거에 기반한 방법이고 성별불쾌감을 치료하는 최선의 방법임을 보여주기 위해 계속 노력했다. 무엇보다 모든 트랜스젠더와 젠더다이버스 청소년이 성별확정 의료를 원하거나 찾는 것은 아니라는 사실을 반복하고 싶다. 많은 트랜스젠더가 현재 모습 그대로의 몸에 만족하며, 그렇지 않더라도 치료를 원하지 않는다. 전미 대학 체육 협회 디비전에서 트랜스젠더 남성으로 맨 처음 출전한 슈일러 베일라 Schuyler Bailar가 사람들의 오해를 잘 설명한다.

"많은 사람이 호르몬 요법이나 성확정 수술만을 유일한 트랜지션의 방식으로 봅니다. 호르몬 요법이나 성확정 수술을 하지 않거나 원하지 않는 사람은 트랜스젠더가 아니라고 주장하는 사람까지 있어요. 이는 트랜스젠더 혐오를 바탕으로 한 부정확하고 시스규범적*인 가정입니다. 트랜스성은 행동이 아니라 정체성입니다."[24]

3장에서 살펴보았듯이 원하는 성별확정 의료를 받을 수 있었던 청소년은 심리 상태가 크게 개선되었고 행동적, 감정적 어려움, 우울감, 자살성 사고, 자살 시도를 현저하게 줄일 수 있었다. 이런 사실을 염두에 두고, 성별확정 의료에 관한 어려운 결정이, 특히 답이 명확하지 않을 때 어떻게 이루어지는지 살펴보자.

* 모두가 시스젠더라고 가정하거나 시스젠더의 신체 기대에 부합해야 한다는 가정.

사춘기 이전 아동의 성별확정 의료

앞에서 여러 번 언급했지만 한 번 더 반복하겠다. 성별확정과 관련해 사춘기 이전의 트랜스젠더 및 젠더다이버스 아동을 대상으로 하는 의학적 개입은 없다. 사춘기가 되기 전 아이들을 위한 성별확정 서비스는 아이, 부모, 또는 가족에게 필요한 심리 치료 및 학교와 지역 사회를 대상으로 한 성별다양성 교육의 형태로 이루어진다. 사춘기 이전 아동을 위한 유일한 성별확정은 '사회적 트랜지션'으로, 아이가 한 사회적 성별표현Gender presentation에서 다른 사회적 성별표현으로 이동하는 것이며 자신에게 가장 편안한 젠더로 생활한다는 뜻이다.

사회적 트랜지션은 대개 대명사 및 이름을 바꾸고, 그 외에도 옷, 머리 모양, 액세서리 등 아이가 자신의 젠더를 표현하는 모든 방법의 변화를 포함한다(이런 표현은 사회적 트랜지션이 없이도 실험될 수 있다). 젠더 세계에 자리를 잡는 동안 가족과 또는 믿을 만한 가까운 사람들과 함께 다른 이름, 대명사, 성별표현들을 시험하는 것은 아이들의 젠더 여행에서 일상적인 부분이 될 수 있다. 그러나 실제 공개적인 사회적 트랜지션은 일반적으로 아이가 자신의 성별을 안정적으로 인식하고 세상에서 어떻게 인식되고 싶은지에 대한 이해가 명확해진 후에 이루어진다. 그 이유는 사회적 트랜지션은 아이(또는 어른)에게 불안을 줄 수 있기 때문이다.

모든 변화는, 심지어 좋은 변화라도 두려움을 일으킬 수 있다는 점을 기억하자. 그러나 일단 잘 정착하고 나면 아이가 긴장을 풀고 좀 더 자신감 있게 자신을 드러내게 될 것이다. 만약 아이가 사회적 트랜지션 이후 더 괴로워한다면 부모와 의료 제공자는 전환 과정에서 혹시 놓친 것이나 오해한 것이 있는지, 아이가 새로운 성별을 나타내는 방식에 잘 적응하지 못했는지 등을 조사하여 이유를 밝혀야 한다.

한 가지 주의할 점이 있다. 아이가 자신의 젠더 웹을 구축하는 과정은 연속적이고 점진적이다. 따라서 사회적 트랜지션을 너무 서두르면 아이가 정체성을 충분히 탐구할 기회를 놓칠 수 있다. 우리는 선의를 지닌 부모나 양육자가 이런 상황을 초래하는 경우를 많이 보았다. 모호하고 불확실한 상태로 지내는 것은 모두에게 어려운 일이며, 특히 아이가 다급하게 변화를 요구하거나 괴로워할 때는 더욱 그렇다. 예를 들어 우리는 당장 남성의 생식기를 달라고 고집하는 세 살짜리 아이와 조금의 신체 변화도 원하지 않아 사춘기억제제를 미리 맞고 싶어 하는 사춘기 이전의 5학년 아이를 본 적이 있다. 너무 서두르지도, 그렇다고 지나치게 늦춰져 기회를 놓치는 일이 없게 적절한 시기와 속도를 찾는 것은 매우 까다로운 일이다.

사회적 트랜지션의 과정을, 중심에서부터 바깥으로 확장되는 동심원으로 비유하면 이해하기가 쉬울 것 같다. 즉, 가장 작은 원인 직계 가족에서 출발해 친구, 친척, 학교, 지역 사회로 점차 더 큰 원을 그리며 커나가는 과정을 말한다. 각 원의 경로는 맥락에 따라 조금씩 다를 수 있다. 사회적 트랜지션은 언제든 되돌릴 수 있는 유연한 과정이므로, 실제로 가장 큰 위험은 전환 후 아이가 자신의 다양한 측면을 계속 발견해 나가며 변화할 자유를 잃고 고착되었다고 느끼는 것이다.

이는 심지어 성별을 다시 바꿀 때도 마찬가지다. 또한 어떤 이유로든 아이의 정체성 탐색이 멈추는 위험도 존재한다. 이런 상황은 이미 부담을 감내해야 하는 부모에게 과도한 요구가 될 수 있다. 부모는 학교, 의료 제공자, 친척과 이웃, 교회, 스카우트, 축구팀 등 다양한 사람들에게 아이의 상황을 설명하고 옹호해야 한다. 이때 학교를 비롯한 주변의 지지가 있다면, 트랜지션 과정이 훨씬 더 매끄럽게 진행될 것이다.

사춘기억제제는 무엇이며, 안전한가?

사춘기억제제의 공식 명칭은 생식샘자극호르몬방출호르몬GnRH 작용제이다. 이것은 본질적으로 사춘기를 멈추는 약제다. 즉, 사춘기의 신체 변화를 일으키는 호르몬 분비를 억제하거나 중단시킨다는 뜻이다. 이 약물은 1981년 이후로 성조숙증 치료에 안전하게 사용되어 왔다(예: 여덟 살 이전에 가슴이 발달하거나, 아홉 살 이전에 정소가 커지는 경우). 또한 사춘기억제제는 불임, 부인과 질환, 호르몬 민감성 암 등 다양한 문제를 치료하는 데도 활용되었다. 논란이 되는 사용 분야는 1997년 네덜란드에서 처음 시도된, 청소년의 성별불쾌감 치료 목적이다. 이 책을 집필하는 현재 기준으로 사춘기억제제는 소아 젠더 케어를 위한 '허가 외 사용off-label 약물'이다.

　　허가 외 사용이라는 말은 해당 약물이 원래 이런 목적으로 개발되지 않았고, 이 용도에 대해 FDA 승인을 받지 않았다는 의미이다. 청소년의 성별불쾌감을 치료하기 위한 사춘기억제제 사용을 비판하는 사람들은 이 점을 근거로 정당성을 문제 삼는다. 하지만 이미 많은 약물이 실제로 허가 외로 처방되고 있다는 사실은 이런 비판이 타당하지 않은 것임을 보여준다. 예를 들어, 베타 차단제는 원래 심장 질환, 당뇨, 고혈압 치료제로 FDA 승인을 받은 약이지만, 섬유근육통, 범불안장애, 파킨슨성 떨림, 심방잔떨림 증상 등에도 흔히 처방된다. 보통 제약회사는 허가 외 사용을 위한 FDA 승인을 굳이 받으려 하지 않는데, 그 이유는 승인 절차에 비용이 많이 들고 승인받는다고 해서 수익이 크게 늘어나지도 않기 때문이다. 한마디로 제약회사 입장에서는 별다른 이득이 없는 것이다.

비판하는 사람들이 주목하는 두 번째 쟁점은 사춘기억제제의 잠재적인 부작용, 특히 골밀도와 관련된 위험이다. 사춘기억제제는 성조숙증 치료제로 40년 넘게 사용되었고, 일시적으로 뼈의 미네랄 밀도에 영향을 줄 수 있지만 사춘기 후기에 또래 평균 수준을 회복하는 것으로 알려져 있다. 따라서 사춘기억제제는 성조숙증 치료 목적으로 안전하다고 여겨진다. 젠더다이버스 아동이 사춘기억제제를 사용하다가 성별확정 호르몬 치료를 이어가지 않고 어느 시점에 내인성 사춘기를 재개하는 때도 마찬가지다. 사춘기억제제를 중단하면 자연스럽게 내인성 사춘기가 다시 시작되며, 이들에게서 장기적인 부정적 영향은 보고되지 않았다.[25]

다만, 성별불쾌감을 치료할 목적으로 사춘기억제제

를 장기적으로 사용했을 때의 골밀도 영향은 아직 명확하게 밝혀지지 않았다. 한 연구에서는 18세 이전에 사춘기억제제를 처방받고 이후 최소한 9년 동안 성별확정 호르몬 치료를 받은 사람들을 추적했는데, 그 결과 GnRH 치료 중에 실제로 골밀도가 감소했지만, 이후 치료 전 수준으로 회복되었다. 단, 20세 후반 출생 시 지정된 성이 남성인 사람의 요추 골밀도는 예외였다.[26]

또 다른 연구에서는 사춘기억제제가 골밀도 손실을 일으킬 수 있지만, 성별확정 호르몬 치료 또는 내인성 사춘기에서 분비되는 호르몬이 나오면 골밀도 수치가 회복되거나 적어도 개선된다고 밝혔다. 이 연구에서는 트랜스젠더 인구에서 장기적인 부정적 효과는 없으며, 이 집단에서 골절 위험이 더 크지 않다는 결론을 내렸다.[27] 지금까지 증거에 따르면 사춘기억제제가 트랜스젠더 및 젠더다이버스 청소년에게 제공하는 이점은 어떤 잠재적 부작용보다 크며, 관련 연구가 계속해서 진행 중이다.

아이에게 사춘기억제제를 사용하는 결정은 아이 본인, 부모, 내분비 전문의 또는 소아 전문의, 그리고 정신 건강 전문가의 신중한 협업으로 이루어진다. 또한 반드시 내인성 사춘기가 시작한 이후에만 처방할 수 있으며, 사춘기는 성별불쾌감을 유발하거나 악화시킬 수 있다. 사춘기억제제는 트랜스젠더 및 젠더다이버스 청소년과 그 가족이 되돌릴 수 없는 결정을 내리기 전에 좀 더 시간을 벌어줄 수 있다.

예를 들어 만약 트랜스젠더 소녀가 사춘기억제제나 성별확정 호르몬을 처방받지 못할 경우, 목소리가 굵어지고 수염이 자라면서 주변 사람들에게 남성으로 인식될 가능성이 크다. 테스토스테론에 의해 시작된 사춘기 이후에는 목소리를 되돌릴 수 없고, 목소리 훈련 외에 방법이 없다. 수술로 도드라진 목젖을 제거해야 하고, 전기분해요법으로 수염의 모근을 파괴해야 하며, 체모 제거 시술이 필요한 경우도 있다. 다시 말해 사춘기억제제가 필요한 청소년이 제때 처치를 받지 못하면, 심리적 고통은 물론이고, 내면의 성별정체성과 신체 특징을 일치시키기 위해 더 많은 수술과 고통스러운 수술을 감수해야 한다는 뜻이다.

성별확정 호르몬 치료의 효과

3장에서 논의한 것처럼, 청소년이 성별확정 호르몬 치료를 원하고 이를 받을 수 있게 되면 우울 증상과 자살 경향성이 크게 줄어들고 긍정적인 효과가 성인기까지 잘 이어진다. 에스트로겐과 테스토스테론 처방은 청소년이 자신의 성별정체성과 좀 더 일치하는 사춘기를 겪게 하거나 적어도 신체가 성별정체성과 더 가까워지게 돕는다.

호르몬 조절 약물은 오랫동안 다양한 의료 목적으로 사용되어 왔다. 호르몬을 이용한 피임이 좋은 예이며,

자궁절제술 후 또는 갱년기 장애 치료를 위한 에스트로겐 요법도 마찬가지다. 테스토스테론도 시스젠더 남성이 낮은 테스토스테론 수치로 인해 성기능 장애 또는 기분 변화 등의 증상이 있을 때 이를 치료하기 위해 사용한다. 모든 호르몬 치료는 성별확정 목적이든 다른 용도이든 잠재적 위험이 따른다. 부작용으로 혈액 응고, 고혈압, 간염 등이 있으며, 유전적 요인, 기저 건강 상태, 연령이 개인별 위험도를 좌우한다. 따라서 성별확정 호르몬 치료는 위험을 최소화하기 위해 의사의 면밀한 관찰이 필요하다. 그러나 잠재적 위험에도 불구하고 호르몬 치료의 이점이 위험보다 더 크다는 사실이 지속해서 확인되고 있다.

생식 능력에 미치는 영향

성별확정 의료는 미래의 생식 능력에 절대적인 영향을 미치며, 그 정도의 차이는 개인의 의학적 선택에 따라 달라진다. 예를 들어 사춘기억제제를 사용하다가 중단하고 내인성 사춘기를 재개하면 미래의 생식 능력에는 아무런 영향이 없다. 그러나 사춘기 초기에, 즉 몸이 성숙한 생식세포(즉, 난자와 정자)를 생산하기 전에 사춘기억제제를 시작하고 곧이어 성별확정 호르몬 치료로 전환하면 불임이 될 수 있다. 내인성 사춘기 이후에 성별확정 호르몬 치료를 시작하는 경우는 또 다른 방식으로 생식 능력에 영향을 준다. 모든 경우에 의료진은 생식 능력에 대한 잠재적 위험을 부모와 아이에게 확실히 설명하고 신중한 결정을 지원해야 한다. 또한 생식 능력 보존 옵션을 제안하고 안내해야 한다.

일부 청소년은 생식 능력 보존 과정에서 성별불쾌감이 심해져서 자살 경향성이나 정신적 고통이 심각하게 증가할 수 있다. 이럴 때는 입양, 임신 촉진 치료, 대리모, 위탁 가정, 혼합 가정 등 다양한 가족 형태 대안에 관해 이야기 나눌 수 있다. 이 부분에서 정신 건강 전문가가 학제간 성별확정 전문팀에 참여해 자녀와 부모가 함께 논의해야 한다. 마지막으로 치료에 수반되는 모든 이점, 잠재적 위험, 선택지, 시점 등이 개별 상황에 맞춰 매우 신중하게 저울질 되어야 한다. 청소년과 가족은 의료 제공자와 최소한 다음 사항들을 논의해야 한다.

- 사춘기억제제 이후 계속해서 성별확정 호르몬 치료가 이어지는 경우 생식 능력을 잃을 수 있다.
- 내인성 사춘기를 거치면 미래의 생식 능력을 보존할 가능성이 있다.
- 내인성 사춘기의 경험 및 내인성 사춘기의 돌이킬 수 없는 변화는 성별불쾌감이나 자살 경향성을 높일 수 있다. 의학적 불임으로 자살 충동을 느끼는 사람은 상대적으로 드물지만, 성별불쾌감을 느끼는 사람들은 자살 충동을

느끼는 경우가 많다.

모든 정보와 가능성을 함께 이야기하고 스스로 충분히 고민하고 결정할 수 있도록 지원하는 것이 중요하다.

성별확정수술이란 무엇인가?

성별확정수술은 다양한 시술을 포함한다. 예를 들어 가슴 수술(유방 제거 또는 확대), 생식기 수술(주로 질형성술 또는 음경형성술), 생식기관 수술(난소 및 정소 제거, 자궁절제술), 안면 여성화수술, 사각턱 수술, 코 성형술 등이 있다. 전 세계적으로 미성년자에게 성별확정수술을 허용하는 나라는 흔치 않다. 미국에서는 미성년자를 대상으로 하는 성별확정수술이 주로 가슴 수술로 제한된다. 미국 내 미성년자의 성별확정수술 전체 통계는 없지만, 보험 청구 자료를 분석한 결과, 2019년에서 2021년까지 성별불쾌감으로 진단된 776명의 미성년자가 가슴 수술을, 56명이 생식기 수술을 받았다.[28] 이 분석에서는 해당 수술의 구체적인 내용은 밝히지 않았다. 성별확정수술 후 후회하는 비율은 다른 수술에 비해 훨씬 낮은 1퍼센트 정도이며[29], 반면에 인공 관절 수술 같은 선택적 수술로 후회한 사람은 일반 인구에서 14퍼센트에 이른다.[30]

우리는 지금까지 트랜스젠더 및 젠더다이버스 어린

이와 청소년을 위한 치료와 관련된 여러 논쟁점을 살펴보았다. 이제는 우리 내면과 젠더에 대한 개인적 경험으로 들어가 보자.

진정한 젠더 찾기

⑨

나는 잘 알고 있다. 낯섦 속에는 편견과 신화, 그리고 내가 시스젠더로서 평생에 걸쳐 흡수해온 상당한 양의 잘못된 정보가 섞여 있다는 것을. 이것이 내가 가진 재료들이다. 만약 내가 가진 편견을 인정하지 않는다면 나는 그것을 지속시킬 뿐 아니라 조장하게 될 것이다. 이 깨달음은 삼키기 힘든 약이지만 그 약효는 가치가 있다.

— 애나 비앙키, 《젠더 확장적 아이와의 동행
Becoming an Ally to the Gender-Expansive Child》

우리는 지금까지 긴 여행을 함께해왔다. 이제는 잠시 쉬면서 우리 자신을 성찰할 시간이다. 우리의 생각 중 어떤 것은 꿀처럼 달콤하고, 어떤 것은 애나 비앙키가 언급한 것처럼 삼키기 힘든 약과 같다. 그러나 비앙키가 우리를 안심시켰듯이 이 약은 우리 아이들, 우리 자신, 그리고 우리를 둘러싼 사회를 위해서 그만한 가치가 있다.

서로 다른 두 세대의 심리학자로서 우리는 지금까지 젠더가 내적이고 외적인 요소, 즉 본성과 양육과 문화가 뒤섞인 복합체라는 점이 잘 설명되었기를 바란다. 젠더는 문화적 맥락을 바탕으로 아이들과 그들의 성장과 발달을 책임지는 어른들 간의 관계적 피드백 고리 안에서 형성된다. 다이앤이 젠더에 관해 처음 쓴 책에서 가정했듯이 젠더는 태어나고, 젠더는 만들어진다.[1] 이 장에서는 그중에서

"만들어진다"에 해당하는 양육, 즉 아이와 어른의 젠더 피드백 고리에서 어른의 역할을 탐색한다. 이 젠더 세계에서 양육자를 비롯한 성인이 자신을 스스로 돌아보고 앞으로 나아갈 발판을 마련하기 위해 각자의 내면을 들여다보자.

아직 더 배워야 할 게 남았나요?

젠더에 대한 발견, 지식, 새로운 과학적 결과는 결코 절대적인 것이 아니며, 고여 있는 물이라기보다 끝없이 흐르는 개울에 더 가깝다. 다시 말해 젠더를 설명하는 일은 언제나 미완의 과정이고, 그 안에서 우리는 계속 배우고, 호기심을 잃지 않으며, 일정 부분 불가지론자로 남아 있어야 한다.

나(다이앤)는 UC버클리의 오셔 평생학습연구소OLLI에서 젠더에 대해 강의할 고마운 기회가 있었다. "탐색, 참여, 연결에 열정이 있는" 50세 이상을 성인을 위한 이 프로그램[2]에서는 특히 세대 간 교류를 장려하고, 새로 발견한 지식을 통해 세상과 자신을 더 깊이 이해하고 서로 연결되어 함께 배우고 성장할 기회를 제공했다. 우리는 OLLI의 철학을 바탕으로 세대를 아우르는 교류를 통해 젠더에 관해 새로운 깨달음을 얻고 배움과 성장을 이어 나갈 플랫폼을 만들었다. 이는 곧 모든 연령대에서 젠더 리터러시를 확립하여 다양한 형태와 색조의 젠더를 배우고 젠더 건강을 해칠 수 있는 젠더 고정관념을 비판적으로 바라보는 능력을 키우는 과정이었다.

심리학자인 우리 역시 지금까지 배움을 멈추지 않았다. 이 책의 첫 장부터 마지막 장까지가 모두 우리의 성장 기록이다. 한때 우리는 '젠더 중립'의 개념을 강조한 적이 있었다. 예를 들어 마트에서는 남아용, 여아용 장난감의 구분을 없애고 그냥 어린이 장난감이라고 불러야 한다고 주장했다. 여아의 도구 상자는 분홍색, 남아의 도구 상자는 진한 초록색으로 구분해 아이들의 성별 기호를 유도하거나 사회적 기대치에 순응하게 하는 일 따위를 거부했다. 또한 젠더 규범을 강요하지 말고 모든 아이들을 위해 모두 한데 섞어야 한다고 강조했다.

그러던 어느 날, 한 할머니가 죄책감을 담은 글을 보내왔다. 반짝이 발레복과 매니큐어를 사랑하는 손녀 앞에서 자신이 젠더 중립성을 잃었다는 고백이었다. 그 이야기를 듣고 나(다이앤)는 젊은 엄마였던 시절이 떠올랐다. 다섯 살이던 딸은 핼러윈 축제에 공주 의상을 입고 싶다고 했다. 당시 나는 딸에게 사회적 책임감과 계몽된 젠더 규칙을 가르쳐야 한다는 일념에, "당연히 공주님이 될 수 있단다. 엄마가 의상을 만들어줄게. 우리 딸은 아주 현실적인 공주가 될 거야. 하지만 먼저 자기 침대는 스스로 정리해야 해. 현실의 공주는 원래 그런 거거든. 또 하인도 없고 집안일도 나눠서 해야 해"라고 대답했다. 그런 다음 오드리 헵번 스타일로 A라인의 우아한 사틴 드레스에 시폰 장식이 달

275

린 삼각뿔 모양의 모자까지 만들어주었다. 그러나 그건 좋지 못한 시도였다. 딸이 원한 것은 〈오즈의 마법사〉에 나오는 착한 마녀 글린다 스타일의 풍성한 레이어와 상체에 반짝이 스팽글을 잔뜩 단 드레스였기 때문이다. 딸은 그 일을 두고두고 기억하며 나를 용서하지 않았고, 나는 아이를 이해했다. 그때 나는 아이가 되고 싶은 것이 아닌, 내가 바라는 아이의 모습을 되비춰주었다. 그러면서 내가 좋은 교훈을 가르치고 있다고 착각했다. 수년 뒤, 딸은 대학에서 〈페미니스트 엄마 밑에서 성장하기〉라는 에세이로 나의 현실적인 공주 이야기를 비판했고 A+를 받았다. 나는 낙제였다. 이 일에서 얻은 교훈은 명확하다. 자녀의 젠더를 지지한다는 것은 아이가 표현하고자 하는 것을 따르는 것이지, 부모가 옳다고 여기는 것을 강요해서는 안 된다는 점이다. 이것이 성별확정 모델의 핵심이며, 이는 여성성에 대한 문화적 고정관념에 저항하는 아이뿐 아니라 그것에 순응하는 아이에게도 똑같이 적용된다.

반짝이 손톱과 화려한 주름장식이 달린 드레스를 좋아한 손녀를 존중했기에 '젠더 중립성'에 실패했다고 생각한 할머니의 고백을 들으며 나는 마치 1톤짜리 벽돌에 머리를 맞은 것 같았다. 우리가 지향해야 할 것은 젠더 중립성이 아니라 모든 젠더를 있는 그대로 인정하고 존중하는 것이었다. "젠더를 없애자"가 아니라 젠더를 억압하는 규범과 규제를 없애야 했다. 무도회장에 막 도착한 아름다운 공주의 의상을 바랐던 딸아이의 마음이 존중되어야 했듯이, 누구든 반짝이 손톱, 주름장식, 발레복에 끌리는 욕망을 존중받아야 한다. 젠더 중립이 아닌 모든 젠더와 젠더 표현을 중시하는 이런 깨달음이야말로 발레복을 사랑하는 손녀에게 긍정적인 거울 반응을 보인 할머니의 죄책감을 덜어주기 위해 우리가 함께 나눈 생각이다.

성별확정 실행과 젠더 리터러시는 평생 이어지는 학습 과정이다. 예를 들어 우리는 오랫동안 "참된 젠더 자아", "진정한 젠더", "젠더 진정성" 같은 표현을 아무렇지도 않게 이야기했고, 젠더는 특정 나이에 고정되는 것이 아니라 평생 진화한다는 전제를 개괄했다. 그래서 우리는 모든 것을 잘 정리했다고 생각했다. 그러던 2023년, 아브기 사케토풀루 *Avgi Saketopoulou*와 앤 펠레그리니 *Ann Pellegrini*가 공저한 《정체성 없는 젠더 *Gender Without Identity*》가 출간되었다. 두 가지 범주에서 벗어난 젠더를 누구보다 잘 이해하는 이 두 정신분석학자는 이 책에서 "진정한 젠더 자아"라는 개념을 공개적으로 비난했다. 이 개념은 기본적으로 젠더가 고정적, 결정론적이며, '타고나는' 것이라는 생각에 뿌리를 두고 있기 때문이다. 이들의 말을 빌리면 "비규범적인 젠더와 섹슈얼리티를 고정된 것으로, 또는 내면의 어떤 '진실'을 반영하는 것으로 보는 이런 임상적 접근"에는 문제가 있는데, 왜냐하면 "이는 모든 젠더와 섹슈얼리티가 정적이고 미리 결정된 것이 아닌, 점진적으로 드러나고 역동하는 정신 과정임을 충분히 이해하지 못한 것이기 때문이다."[3]

우리는 이 두 저자의 생각에 동의한다. 이들은 젠더에 관한 우리의 이해를 발전시켰으며, 우리는 그들로부터 너무나 많은 것을 배웠다. 두 사람의 책을 읽고 나(다이앤)은 D. W. 위니컷의 작품에서 빌려온 "진정한 젠더 자아"라는 용어를 어떻게 발전시켜 왔는지를 곱씹기 시작했다. 나의 학습 곡선은 다음과 같았다.

'내가 실수했을까? 진정한 젠더 자아라는 말을 사용했을 때는 고정된 젠더 자아를 의미한 것이 분명 아니었지만, 내 글에서 이 사실을 명확하게 드러내지 못했을지도 몰라. 나는 내가 만든 또 다른 용어인 '젠더 창의성'이 아동기와 그 이후 특정 아이에게 진정한, 또는 참된 것을 변화시킬 역동적 심리적 과정으로 인지될 것이라고 늘 가정해 왔고, 처음 젠더 웹이라는 개념을 내놓을 때 그 점을 제대로 명시했다고 확신했어.'

처음에는 나도 방어적인 태도를 보였다. 내가 '참된' 또는 '진정한'이라는 말을 사용했을 때는 젠더가 고정되었거나 정지된 것이 아닌 심리학적 맥락과 내면의 발견 안에 뿌리를 박고 있으면서도 시간에 따라 당연히 변화할 수 있다는 것을 늘 명확히 해왔다고 주장하면서 말이다. 나는 사케토풀루와 펠레그리니를 탓할 수도 있었다. 그들이 내 기분을 상하게 하고 젠더 진정성의 개념을 끌어안은 성별확정 모델의 핵심 원칙을 잘못 이해하고 있다고 말이다. 그러나 나는 마음을 가다듬고 나 자신의 내적 탐색 과정을 찬찬히 들여다보았다.

'내가 길을 잘못 들었던 걸까? 내 안의 일부는 나도 모르게 고정된 젠더 개념을 고수하는 것이 아닐까? 내가 대단히 높이 평가한 책을 쓴 이 두 저자로부터 무엇을 배울 수 있을까? 내가 어떻게 하면 더 잘할 수 있을까?'

해답은 간단했다. 돌아가서 그들의 책에서 얻은 지혜를 잘 반영하여 열심히 책을 쓰자. 젠더는 진짜이고, 젠더는 변할 수 있고, 절대로 고정된 실체가 아니며 미리 결정되는 것이 아니라는 지혜를 책에 담아내자.

어떻게 하면 아이들이 만들고 있는 젠더 웹의 역동적인 특성을 더 명확히 다루면서, 그들의 젠더 경험을 궁극적인 진실로 표현할 언어를 갖출 수 있을까? 우리는 이것으로 젠더에 대한 지속적인 학습의 필요성을 증명하려 한다. 자신의 젠더 사각지대나 오해(이 경우는 나 자신)를 직면하고 열린 태도를 유지해야 하는 것은 말할 것도 없다. 그렇다면 이러한 성찰을 바탕으로 진정한 젠더 자아의 발견과 젠더 웹의 연결 고리를 가장 잘 설명하려면 어떻게 해야 할까? 젠더란 내적 탐구를 통해 자신이 진실하다고 느끼고 가장 잘 맞는 자아를 찾아가는 것이다. 진정한 자아는 고정된 상태가 아니다. 젠더는 시간이 흐르며 새로운 진리가 옛것을 대체하면서 변화한다. 태어난 순간부터 죽을 때까지, 한 사람의 육신이 자라고 정신이 성숙해지고 사회적 관계가 이루어지는 환경에서의 새로운 경험, 꾸준히 바뀌는 문화를 바탕으로 자신의 젠더를 재발견하는 내적 과정에 참여함에 따라 젠더 변동이 일어난다.

젠더의 '진정성'을 예술 작품의 '진품성'과 구분하는 것이 이해에 도움이 될지도 모르겠다. 우리는 박물관에서 예술 작품을 보았을 때 그것이 모작이나 위작이 아닌 피카소나 르누아르 본인이 직접 그린 진품인지를 알고 싶어 한다. 예술 작품을 구매하는 경우 대개 진품 증명서가 딸려 와 그 작품을 그린 사람이 다른 사람이 아닌 바로 그 화가라는 것을 증명한다. 하지만 진품 증명서는 맥박이 뛰는 살아 있는 문서가 아닌, 작품에 붙어 있는 영구적인 기록물일 뿐이다. 한 사람의 젠더에 대해서 진품 증명서 같은 것은 존재하지 않는다. 우리는 인생의 어느 특정 순간에 '진품인' 또는 '참된' 젠더의 단면에 초점을 둘 수밖에 없다. 그러나 젠더는 진정성의 여부를 두고 비난받지 않고 평생에 걸쳐 여러 가지 붓질로 색칠할 수 있는 캔버스이다. '참됨'은 젠더 자아가 우리 자신의 것이지 다른 누구의 것도 아니라는 현실에 있다. 따라서 이 경우, 젠더를 정적인 그림이 아닌 맥동하는 생명체로 생각하는 것이 최선이다. 진품 증명서 같은 것은 필요가 없다. 《정체성 없는 젠더》의 두 저자 덕분에 나는 젠더의 진정성이나 참된 젠더 자아에 관해 명확하지 못했던 부분을 깨닫고 스스로 성찰하여 바로잡을 평생 학습의 기회를 얻을 수 있었고, 이에 감사한다.

앞서 든 두 가지 사례, 즉 잘못된 할로윈 의상 선택과 진정한 성별 자기 인식에 대한 혼란은 모두 평생에 걸친 젠더 학습에 참여하기 위해 생각과 감정이라는 내적 과정을 불러올 것을 요구했다. 이제 우리는 우리 모두에게 가장 도전적인 작업으로 나아가고자 한다. 바로 우리 자신을 들여다보며, 우리의 내적 메시지가 얼마나 방해가 되는지, 또 얼마나 우리로 하여금 모든 아이와 모든 젠더를 위한 대변자이자 옹호자이자, 앨라이•가 되게끔 하는지를 살펴볼 것이다.

• Ally. 특정한 성소수자 집단에 당사자로서 속하지는 않지만, 그들의 권리를 옹호하고 지지하는 사람을 말한다.—감수자

젠더 고스트와 젠더 엔젤

앞에서 한 아이의 젠더에 관해 배우고 싶다면 말을 하는 대신 들어야 한다고 강조했다. 말처럼 쉬운 과제는 아니지만 실행할 수는 있다. 만약 자신의 젠더를 포함해 누군가의 젠더에 관해 알고 싶다면, 잠시 멈춰서 자기 자신을 먼저 들여다볼 필요가 있다.

나(다이앤)는 어린 시절 어느 교과서 표지에 양각으로 "고요한 작은 목소리Still Small Voice"라고 새겨진 단어를 기억한다. 어려서 나는 그 문구를 무척 좋아해서 내 삶과

경험에 관련된 나 자신의 내적 메시지를 대신하는 표현으로 사용했었다. 그때 나는 외부의 목소리가 아닌 안에서 들려오는 내면의 목소리를 기준으로 삼겠다고 결심했다. 그 목소리는 절대 소리를 크게 지르지 않고 아주 작고 부드럽게 이야기하기 때문에 집중해서 들어야 했다. 또한 "고요한 작은 목소리"가 내게 긍정적인 메시지를 보내오길 바라면서도 안으로 몰래 숨어 들어오는 부정적인, 또는 고약한 메시지도 경계해야 했다. 내 고요한 작은 목소리는 언제 어디서든 내가 "올바른 일"을 하도록 나를 이끌거나 반대로 나를 막아설 수도 있다고 생각했다.

어른이 되어 젠더를 공부하는 나만의 여정을 시작했을 때 나는 젠더에 대한 사고가 우리 안에 어떻게 머무르고 있는지를 이해하기 위해서 어릴 적의 "고요한 작은 목소리"를 떠올렸다. 그리고 이 목소리를 "고요한 작은 젠더 속삭임"으로 바꾸어 생각했다. 그 소리는 때로는 잘 들리지 않지만 언제나 단호한 힘이 있다. 어떤 목소리는 성별확정을 안내하는 불빛이 되고 또 어떤 것은 전혀 긍정적이지 않다. 후자의 경우는 이 "고요한 작은 젠더 속삭임"을 암묵적 편견과 연관 지을 수 있다. 암묵적 편견은 특정 사회 집단에 대해 무의식적으로 갖게 되는 부정적 태도로 정의되며, 여기에는 당연히 젠더가 포함된다. 예를 들어 어떤 연구에서 피험자들에게 동일한 구직 지원서를 보여주면서 지원자의 성별을 다르게 말했더니, 남성 지원자라고 했을 때가 여성 지원자라고 했을 때보다 일관되게 더 높은 평가를 받았다. 피험자가 직장에서 성평등에 대한 신념을 나타내는 사람들이었을 때도 결과는 같았다. 이런 암묵적 편견은 뇌의 빠른 사고 과정에서 발달하며, 잘못된 가정이나 편견을 거부하려면 느린 사고의 뇌로 이동하여 정보에 따라 가치와 행동을 선택해야 한다.

나는 고요한 작은 젠더 속삭임에서 출발해 "젠더 엔젤"과 "젠더 고스트"의 개념으로 옮겨갔다. 젠더 엔젤은 우리 안에 있는 바람직한 사고와 감정, 태도, 우리가 배운 교훈, 모든 젠더 변이를 사람됨의 건강한 일부로 인정하려는 노력을 말한다. 젠더 엔젤은 어른인 우리로 하여금 청소년들의 젠더 건강을 촉진하게 한다. 또한 아이들이 살아가고 존중받아야 하는 환경 안에서 모든 젠더를 포함할 것을 촉진한다. 그러나 우리 안에는 젠더 고스트도 도사리고 있다. 젠더 고스트는 다양한 형태의 젠더를 제대로 보지 못하게 가리는 신념, 태도, 기분, 반응 등이 합쳐진 것으로 우리가 그동안 배우고 흡수한 것들이며 의식하지 못할 수도 있다. 이것들은 대체로 무의식적이며 암묵적인 편견이 다스린다. 혹은 "트랜스젠더 소년은 '진짜' 남성이 아니야", "트랜스젠더 소녀는 '진짜' 여성이 아니야" 또는 "그 중간에 있거나 둘 다 될 수는 없어. 젠더는 그런 식으로 작동하지 않아" 또는 "이상하네, 남자애가 손톱에 매니큐어를 칠하다니" 또는 "나는 인칭대명사 '그들'의 단수 사용을 거부해.

그건 문법적으로 부정확하고 옳지 않으니까"와 같은 의식적인 메시지가 포함되기도 한다.

젠더 엔젤과 젠더 고스트는 분명 외부의 원천에서 영향을 받지만, 궁극적으로는 우리 안에 살고 있다. 사람들은 원하든 아니든 자기 안에 젠더 엔젤과 젠더 고스트가 둘 다 있다는 것을 발견하게 될 것이다. 대개 젠더 엔젤과 젠더 고스트는 서로 대립하지만 저 깊숙한 지하에서 충돌하기 때문에 전투가 진행 중이라는 것조차 모를 때가 있다. 따라서 우리에게는 젠더 엔젤의 목소리로 젠더 고스트의 유혹이 들리지 않게 하는 과제가 주어진다. 이는 곧 각자의 젠더 엔젤과 젠더 고스트에 대해 바짝 경계하고 그것들을 수면으로 올려 보내 평가하는 걸 말한다.

우리가 지향하는 바는 젠더 엔젤이 승자가 되게 하는 것이지만, 그게 말처럼 쉽지는 않다. 그러면 어떻게 해야 할까? 제일 먼저 자기 검토와 자기 성찰에서 시작한다. 이때 정치적 올바름 PC: political correctness을 버리고 예를 들면 이렇게 묻는다. "화장을 진하게 하거나 손톱에 화려한 매니큐어를 바른 소년을 보면 솔직히 어떤 기분이 드는가? 다시 한번 쳐다보게 되나? 어딘가 불편한가?"

누군가는 이렇게 물을 수도 있다. "암묵적 편향이 무의식적으로 생성된 것이라면 자신에게 그것이 있는지 어떻게 알까?"

물론 좋은 질문이지만 답은 쉽지 않다. 이때 임상에

서 사용해온 방식을 빌릴 수 있다. 자신에게 안전한 공간을 제공하고 공감적으로 경청하며 판단 없는 열린 호기심을 통해 무의식을 의식화하려고 노력하는 것이다. 그렇게 함으로써 묻혀 있던 생각과 감정을 표면 위로 떠올려 살펴볼 수 있다. 주위에 신뢰하는 다른 이들로부터 정중한 피드백을 받거나 그들의 경험을 공유하는 것은 젠더 고스트를 밝은 빛 아래로 끌어내는 데 큰 도움이 된다. 또한 "나는 ○○에 대해서 어떻게 생각하는가?"라는 질문 말고도 "○○이 주변의 다른 사람들에게 영향을 미치는 것에 대해 어떻게 생각하는가?"라고 묻는 것도 도움이 된다. 그 '다른' 사람들이란 자기 자신, 자녀의 학교 친구, 친척, 동료, 그 밖의 어떤 가상의 인물도 될 수 있다. 이 연습의 중앙 무대에 서는 것은 당신이 아닌 다른 사람이 될 수도 있다.

이렇게 물을 수도 있다. "그런데 왜 내가 젠더 엔젤과 젠더 고스트의 전투에 관여해야 하는가?" 이 질문에는 간단한 답이 있다. 그건 세상 누구나 모든 젠더의 아이들, 그리고 그들이 함께 사는 가족, 다니는 학교, 거주하는 지역, 전체적인 문화에 해를 끼칠 수 있기 때문이다.

젠더 엔젤들이 승리한 다층적 이야기의 예를 한 가지 소개하겠다. 몇 해 전, 젠더 클리닉을 찾아온 한 가정이 있었다. 아이의 양육자는 고령의 양부모로 보수적인 기독교인이었다. 사실 이 이야기에서 젠더 고스트는 젠더 클리닉 팀에서 처음 나타났다. 양부모와 여덟 살짜리 자녀의 첫 방문을 준비하면서 팀은 단단히 마음을 먹었다. 보수적인 신앙을 가진 나이 든 양부모라면 자기 아이가 사람들이 일반적으로 생각하는 소년이 아니라 스스로 소녀라고 주장하는 젠더 확장적인 아이라는 사실에 당연히 화가 났을 것이라고 짐작했기 때문이다. 여기서 우리가 지닌 젠더 고스트는, 보수적인 신앙을 가진 노년층 백인은 트랜스젠더 자녀를 거부하고 트랜스젠더가 되려는 아이의 범죄를 '고치고' 또는 몰아내려고 할 거라는 암묵적 편견이었다.

그러나 사실은 전혀 달랐다. 물론 그 가족 역시 자기들 안의 젠더 유령들과 씨름해야 했고, 젠더 엔젤들을 잔뜩 불러내어야 했다. 양어머니인 린다 그레이브스는 그 과정을 글로 써서 세상과 공유하기로 했고 우리 역시 그 일부를 이 책에서 소개한다. 자신은 남자가 아니고 여자라는 아이의 계속된 주장에 린다는 트랜스젠더 아동에 대해 공부하기 시작했고, 서서히 그들이 어떤 상황과 싸우고 있는지 깨달았다. 트랜스젠더 아동 및 청소년의 약 41퍼센트가 자살을 시도하거나 결국 목숨을 잃는다는 사실을 알게 된 린다는 아이들과 젠더에 관한 자신의 신념을 자세히 살폈고 결국 자신의 딸이 세상을 등지는 아이들 중 하나가 되게 둘 수 없다고 생각했다.

"아이를 있는 그대로 끌어안아야 했고 우리의 두려움이나 자만심 때문에 아이가 온전한 사람이 되는 것을 방해하면 안 된다고 생각했습니다."

린다와 남편은 계속해서 배워나가며 지원 단체에 참석하고 아이의 사회적 트랜지션을 도왔다. 두렵지 않은 것은 아니었다. 부부의 두려움은 트랜스젠더 아동이 겪는 위험, 그리고 그 부모에게 주어지는 주변의 평가에서 비롯됐다. 또한 트랜스젠더가 되는 것을 '죄'로 치부하는 교회 사람들의 암묵적 편견 및 노골적인 메시지에서도 두려움이 찾아왔다. 린다는 또래의 다른 아이들은 걱정하지 않았다. 아이들은 (자신의 젠더 엔젤에 힘입어) 자기 아이를 이해하고 인정하고 존중해줄 거라고 믿었다. 그러나 지역 사회의 어른들 안에 도사린 젠더 고스트는 걱정했다.

"자신이 이해하지 못하는 것에 강한 반감을 느끼는 어른들이 두려웠어요."

그러나 린다와 남편의 젠더 엔젤은 아이가 다니던 학교 교장 선생님 덕분에 큰 힘을 얻었다. 남학생이었던 아이가 여학생으로서 학교에 돌아왔을 때 교장 선생님은 아이의 사회적 트랜지션이 순조롭게 이루어지도록 남편과 함께 기도했다고 전했다. 린다는 이렇게 말했다.

"다른 기독교인이 우리 편에 서서 우리 아이를 위해 마음을 쓰고 기도해주었다는 사실은 정말 큰 축복이었어요."

이것이 젠더 엔젤이 아니라면 무엇이 젠더 엔젤일 수 있겠는가?

린다의 이야기는 이렇게 마무리된다.

"제가 이 글을 쓰는 이유는, 누군가는 우리가 제정신이 아니라고 생각하거나, 아이가 태어난 성별과 다른 성별로 살도록 두는 것이 큰 잘못이라고 여길 수 있다는 걸 알기 때문입니다. 하지만 우리 아이는 신이 주신 특별한 선물입니다!"[4]

신의 축복과 신이 주신 특별한 선물에 대한 굳건한 신념으로 린다와 남편의 젠더 엔젤은 젠더 고스트의 불평과 짜증을 무시했다. 이들 부모의 강인함, 회복력, 젠더를 인정하는 모습을 보면서 클리닉 팀도 자신의 젠더 고스트를 다시 점검하게 되었고, 자녀의 성별확정에 대한 부모의 의견을 직접 듣기 전에는 편향된 문화적 가정만으로 섣불리 판단하지 않도록 신중해졌다.

결론적으로, 우리가 전하려는 평생 학습의 교훈은 다음과 같다. 모든 젠더가 포함되는 더 나은 세상을 만들기 위해 먼저 자신의 젠더 엔젤과 젠더 고스트를 모두 끄집어내야 한다. 하지만 자신 안에 젠더 고스트가 존재한다고 해서 자책할 필요는 없다. 누구에게나 젠더 고스트는 있기 마련이니까. 다음으로, 젠더 엔젤이 젠더 고스트를 이기도록 약간의 내적 전투를 감내하자. 더 평화로운 표현으로 말하지만, 내면의 젠더 메시지를 돌아보고 그것들이 주변에 어떻게 전달되는지, 무엇을 간직하고 무엇을 내려놓을지 고민하는 과정이다. 이 여정에서 가장 강력한 도구는 이중 처리 시스템이다. 즉, 뇌의 빠르고 직관적인 사고와 느리고 이성적인 사고를 모두 불러내는 것이다. 어떤 이는 좌뇌(이성적)와 우뇌(직관적) 사고라고 부르기도 한다. 하지만 어떤 패러다임을 택하든 과제는 같다. 자신의 생각과 감정을 꺼내어 살펴보고, 표면으로 드러내어 반성과 해결의 기회로 삼는 것이다.

젠더 창의성의 요청

앞에서 우리는 젠더 창의성 개념을 소개했다. 어떻게 아이들은 주변 사람들에 의해 키워진 내적 자원을 적용하여, 본성, 양육, 문화의 실타래로 다른 누구의 것과도 같지 않은 고유의 젠더 웹을 구축하는가? 한편, 우리는 아이의 젠더 창의성을 양육하기 위해서는 부모가 자기 자신의 젠더 창의성도 요청해야 한다는 것을 배웠다.

여기에 한 예가 있다. 어떤 아이들은 아주 어려서부터 태어날 때 기록된 성이 자기의 젠더와 일치하지 않다는 것을 안다. 이런 아이들의 일부는 트랜스젠더 소녀 또는 트랜스젠더 소년으로 정체성을 식별한다. 그들은 성장하면서 우리 문화에서 '남성' 또는 '여성'으로 부호화된 신체의 한계를 좀 더 인지하게 된다. 시스젠더 여학생은 사춘기를 겪으며 월경을 시작하지만, 트랜스젠더 여학생은 그러지 못한다. 시스젠더 여학생은 사춘기에 들어서면 가슴이 자라기 시작한다. 트랜스젠더 여학생은 가슴이 커지려면 적어도 성별확정 호르몬을 시도할 수 있을 때까지 기다려야 한다. 그때까지는 다른 친구들이 브라를 입는 것을 보면서 자신의 납작한 가슴을 견뎌야 한다. 이 시기에 많은 트랜스젠더 여학생들이 자기 또래의 여학생들이 사춘기를 시작하지만 자신은 '늦깎이'의 바람직하지 못한 카테고리에 있다는 사실을 발견하고 슬픔과 아픔을 느낀다. 또래와는 다르게 가슴이 나오지 않고, 특히 태어날 때 기록된 성을 다른 사람에게 밝히지 않았을 때는 더 불안해진다. 자기가 그냥 여자아이가 아닌 트랜스젠더 여자아이라는 사실이 드러나면서 등에 표적이 생기고 다른 아이들에게 따돌림을 당하진 않을까 걱정한다.

이쯤 되면 궁금할 것이다. 그래서 이게 어른의 젠더 창의성과 무슨 상관이지? 여기 알렉산드라가 있다. 트랜스젠더 소녀인 알렉산드라의 치료사는 알렉산드라가 또래 여자아이들 사이에서 편안함을 느낄 방법을 함께 모색해왔다. 아이의 첫 번째 반응은, "에스트로겐으로 가슴이 나오게 해주세요"였다. 하지만 불가능한 옵션이다. 알렉산드라는 아직 사춘기가 시작되지 않았으니까. 설령 사춘기가 시작되더라도 그녀가 다니던 젠더 클리닉의 엄격한 규칙에 따라 이렇게 어린 나이에는 사춘기억제제만 사용할 수 있고 성별확정 호르몬은 사용할 수 없었다. 알렉산드라는 괴로워하면서 에스트로겐 치료를 받을 수 없다는 사실을 인정하지 못하고 물었다. "왜 안 돼요?" 이윽고 실망에서 벗어난 후 알렉산드라는 엄마가 브라를 사줬지만 자기한테는 가슴이 없다고 했다. 마침 치료사는 더 나이 든 트랜스젠더 여학생들이 여성의 정체성을 확정하는 방식에 대해 교육을 받은 적이 있던지라 이내 패드가 있는 브라를 제안했다. 알렉산드라의 얼굴이 밝아지면서 엄마와 함께 브라 안에 넣을 패드를 샀다. 하지만 가장 작은 패드도 알렉산드라에게 너무 컸다. 그녀의 기분이 다시 가라앉았다. 하지만 그녀와 치료사는 새로운 해결책을 생각해냈다. 베개나 봉제 인형에 사용되는 충전재를 사용해 수제로 맞춤형 패드를 만들기로 한 것이다. 마침 재봉일을 좋아한 알렉산드라는 새로운 아이디어에 신이 나서 집으로 돌아갔고, 결국 친구들처럼 셔츠 아래로 움트는 가슴이 보일 수 있게 되었다. 그녀는 친구들 사이에서도 행복해질 수 있는 창의적인 방식에 쾌감을 느꼈다.

이것은 한 사람이 자신의 젠더 창의성을 시도하는 순간이다. 대개는 창의력을 발휘하는 아이를 본 후에 시작된다. 이 치료사는 자라지 않는 가슴을 대체할 발명품을 통해 어린 환자의 젠더 창의성을 만났다. 이 세션 후에 치료사는 의자에서 쉬면서 반추하는 시간을 가졌다. 평평한 가슴에 대한 알렉산드라의 불쾌감에 대해 자신이 창의적으로 제시한 해결책이 그저 책략이고 '거짓'이며 현실 부정을 부추긴 것은 아닐까? 아니면 아이가 젠더에 대해 느끼는 불안감을 줄이고 편안함을 키우기 위한 젠더 창의력을 알렉산드라가 사용할 수 있도록 기회를 제공한 것일까. 그 답은 각자가 내리면 될 것 같다. 하지만 이 예시는 한 치료사가 젠더 창의적인 아이와 함께 자신의 젠더 창의성을 발휘한 노력의 사례로 충분하다.

이제 어른으로서 당신의 젠더 발달과 젠더 창의성에 대해서 생각해보자. 모든 사람은 자기만의 젠더 여행을 떠나며 누구의 여정도 타인과 동일하지 않다는 점을 염두에 두고, 자신의 젠더 여정에서 어떤 순간들이 떠오르는지 스스로에게 물어보자. 자신의 젠더를 '올바로' 수행하기 위해 사회 규범을 깨고 '젠더 무법자'가 되었던 적이 있는가? 예를 들어 백화점에서 자신의 성별과 다른 매장의 옷을 골랐거나, 전형적으로 다른 젠더에 할당된 직업을 선택한 적이 있는가? 이러한 사고 훈련을 통해 자신의 젠더 창의성에 대해 많은 것을 발견할 수 있다.

젠더 창의성은 자신의 젠더를 통합할 때만 발휘되는 것이 아니다. 이는 다른 이들의 젠더와 그들 고유의 젠더 웹 감각을 창의적으로 이해하는 능력이기도 하다. 자신의 젠더 창의성을 탐구하고 다른 사람에게 확장할 때 확인하는 유용한 질문이 있다. 만약 누군가가 당신에게 당신이 스스로 알고 있는 그 젠더로 존재할 수 없다고 말하거나 당신의 젠더 때문에 특정 직업을 가질 수 없다고 말한다면 당신은 어떻게 대응할 것인가? 또는 실제로 그런 말을 들었을 때 어떻게 대응했는가. 또 그 순간 어떤 기분이 들 것 같고, 실제로 어떤 기분을 느꼈는가? 이러한 질문과 이어지는 탐색은 자신의 젠더 창의성을 인식하고 강화하는 강력한 촉매가 될 수 있다. 이는 또한 젠더 교사로서 사회의 집합적 책임감을 키우는 데 이바지할 것이다.

앞으로 나아가기

학습에는 흡수의 과정이 포함된다. 자신의 젠더 엔젤과 젠더 고스트를 탐색하는 일에는 내면의 선별 작업이 포함되며, 젠더 거울과 젠더 거울 반응이라는 새로운 기능을 도입한다. 앞에서는 아이의 거울이 되어 그들이 자신의 젠더 자아에 대해 말하고 보여주려는 것을 정확하게 되돌려주는 일을 했지만, 이제 그 거울은 당신 자신을 향한다. 즉 젠더 셀카라 할 수 있다. 그 거울 속에서 우리는 자신의 아름다움과 결점을 모두 열심히 들여다보아야 한다. 이는 표면을 넘어 거울 속으로 들어가 내면의 삶을 깊이 탐구하는 과정이 포함된다.

자신의 생각과 신념을 검토하는 지름길은 없다. 그러나 누구나 쉽게 시작할 수 있도록 돕는 열 개 항목의 핵심 검토 차트가 있다.

하나. 내면의 젠더 편향과 트랜스젠더 혐오를 극복하려면 자신의 무의식적인 작은 행동(미세 공격)이 심각한

해를 끼칠 수 있다는 사실을 스스로에게 상기시켜야 한다.

둘. 자신 안에 살고 있는 젠더 고스트를 발견한다고 해서 나쁜 사람이 되는 것은 아니다. 그저 바깥세상에서 침투한 메시지의 영향을 받아왔을 뿐이다.

셋. 자기 성찰과 검토에 시간을 들이는 것은 젠더 고스트의 지배를 막는 최고의 보험이다.

넷. 젠더 엔젤은 '기운을 복돋우는 존재'이고, 젠더 고스트는 '기운을 꺾는 존재'다.

다섯. 사람들은 고립된 섬이 아니다. 젠더를 수용하는 자세는 연결과 공동체 안에 뿌리를 내리고 있으며, 때로는 자신의 젠더 리터러시가 지닌 결점에 대해 타인으로부터 비판적인 피드백을 받을 수도 있고, 젠더 고스트가 표면 위로 떠오르거나 지배할 때도 있다.

여섯. 모든 사람은 젠더를 가지고 있으므로, 당신 자신에게 물어보자. 어린 시절, 성장 과정, 그리고 지금에 이르기까지 당신은 어떻게 자신의 젠더(나는 누구이며, 그것을 어떻게 표현하는지)를 구성해왔는지, 그리고 그것이 시간에 따라 어떻게 변화해왔는지.

일곱. 부모라면 자녀의 젠더 형성에서 가장 중요한 것은 부모가 자녀에게 품은 꿈이 아니라, 아이가 자기 자신에 대해 가지는 꿈이라는 점을 꾸준히 상기시킨다.

여덟. 젠더 리터러시를 계속해서 갈고닦는다.

아홉. 스스로의 젠더 창의성을 발휘한다.

　열. 평생 학습자로서 우리에게 젠더를 가르쳐주는 멘토인 아이의 말을 귀 기울여 들어라. "아이는 아직 어려서 자기 자신에 대해 잘 알지 못한다"라는 말은 하지 말라.

　우리는 모든 사람이 훌륭한 젠더 시민이 되어야 할 필요를 보았다. 즉, 모든 젠더의 어른은 물론이고 어린이를 위한 든든한 옹호자이자, 지지자이자, 앨라이가 되어야 한다는 말이다. 훌륭한 시민으로서 우리의 책임은 단지 자기 자신이나 자녀의 젠더만이 아니라 모든 사람의 젠더를 돌보는 것이며, 그러려면 자기 내면부터 잘 들여다보아야 한다. 또한 젠더 옹호자, 지지자, 앨라이 역시 보살핌이 필요하며, 이는 곧 모두가 서로 돌보아야 한다는 뜻이다.

　잠시 시간을 내어 평생 학습자가 아닌 젠더를 가르치는 사람이자 전하는 사람으로서의 자신을 성찰해보자. 한 사람의 젠더 여정에서 우리가 젠더 교육자일 때 가장 흔히 실수를 저지른다. 만약 아이들에게 여자아이만 화려한 옷을 입는 것이라고 가르친다면, 그건 화려한 것을 좋아하는 남성을 비난하라고 가르치는 것과 같다. 아이들에게 여자아이는 현모양처가 되어 집에 있어야 하고, 남자아이는 직장을 구해 가족을 먹여 살려야 한다고 가르친다면 젠더에 상관없이 자기 자신으로 존재하고 자기가 원하는 일을 할 수 있는 세상에 대한 희망과 꿈을 말살하는 것이다. 좋은 가르침은 자기 성찰이라는 조력자를 동반하며, 결국 젠더 리터러시로 돌아온다.

우리는 우리가 이해하는 방식으로 젠더를 설명하고자 한다. 이를 통해 이 책을 읽는 당신 또한 성찰의 과정을 거치고, 변화하는 시대와 새로운 정보에 발맞춰 젠더 리터러시를 계속해서 익히는 평생학습의 요청에 응답하길 바란다. 그러한 과정을 거친 뒤에는, 이해를 바탕으로 다른 사람들에게도 젠더를 설명할 수 있게 되기를 기대한다.

많은 연구가 진행 중이고, 연구 결과는 트랜스젠더와 젠더다이버스 아이들이 필요한 모든 지원을 받을 수만 있다면 그들의 전망은 매우 좋다고 알려주고 있다. 젠더에 대해 비판적으로 사고하고 두 개의 상자에 갇히지 않고 젠더 무한대라는 새로운 패러다임을 받아들이며, 배운 것을 다른 이들에게 전파할 필요를 인지하는 능력은, 우리의 선조들이 전 세계적으로 문해력을 증가시키기 위해 시도한 노력과 그 성공에 비유할 수 있을 것이다.

이런 노력에 동참한다면 아마도 21세기 젠더 세계의 다음 단계가 과연 어떻게 펼쳐질지 상상할 수 있지 않을까? 이 책을 마무리하기 전에 그 가능성을 한번 시도해 보고자 한다.

젠더 혁명 세대

선의의 이름으로 포장되곤 하지만 우리를 현실에서 멀어지게 하고 앞으로 나가지 못하게 가로막는 경직된 이념적 태도에 대해 우리는 늘 경계해야 합니다.

— 2023년 12월 21일
프란치스코 교황의 교황청 성탄 인사

 프란치스코 교황의 이 말씀은 우리가 새로운 젠더 세계의 현실을 인정하고 종교적, 문화적 소속과 관계없이 경직된 이념적 태도를 버리라는 지침이다. 모든 젠더 어린이의 옹호자로서, 지지자로서, 앨라이로서 전진하는 것은 우리의 새로운 과업이다. 마야 안젤루가 말했듯이, "더 잘 알게 되면 더 잘 행동하게 된다." 우리가 나아가는 길에 대해 이보다 더 진실된 메시지는 없을 것이다. 젠더에 대해 이념적으로 접근하지 말고, 탐구하는 태도를 유지하자. 그리고 그 지식을 올바르게 활용하자.

 교황은 이 인사를 전달하던 날에 한 주 앞서서 가톨릭교회에 동성 부부의 축복을 지시하는 조례를 발표했다. 교황이 이들을 축복하기까지 10년에 걸친 숙고와 교회의 성 소수자 신자들과의 수많은 논의가 있었고, 보수적인 신자들의 반대가 동반되었다. 그리고 교황은 끊임없이 경청했다.[1]

 2023년 교황의 동성 커플 축복에 대한 교서는 모든 성적 정체성(성적 지향)을 가진 이들의 결혼을 인정하는 것은 아니며, 가톨릭교회는 여전히 결혼제도가 오직 남성과 여성에게만 적용된다는 견해를 고수한다. 물론 우리는 교황이 더 큰 발걸음을 내디뎌 결혼 평등의 정신으로 동성 결혼을 인정하고 존중했기를 바랐다. 또한 LGBTQ+ 사람들을 회개해야 할 죄인이 아닌 선의 모범으로 선언하길 기대하기도 했다. 그럼에도 시스젠더와 이성애자가 아닌 사람들에 대해 지금까지 바티칸이 거부해왔던 과거를 고려하면, 교황의 선언은 세계적 차원에서 진보적 움직임의 가능성을 보여준다. 우리가 이 일에 계속 매진하고, 배우고 가르치며, 젠더 건강을 증진하기 위해 최선을 다한다면 더 나아갈 수 있다는 증거였다. 이 일을 지속하는 것의 가치를 일깨워준 프란치스코 교황께 감사드린다.

이 책을 마무리하며 우리는 현재의 젠더를 설명하는 이 여정에 당신을 충분히 동참시켰기를 바란다. 우리는 어떻게 사회의 가장 어린 세대가 남녀의 두 범주를 넘어선 젠더 세상의 문을 열었고, 각자 본성, 양육, 문화라는 재료로, 또 시간의 영향을 받아 자기만의 고유한 젠더를 발달시키는지 살펴보았다. 또한 오늘날 우리 사회에서 젠더를 둘러싼 모든 불안과 그 불안이 어린이와 청소년에게 어떤 방식으로 나타나며 어떻게 영향을 주는지 조사했다. 그러면서 청소년들의 목소리를 들었고, 몇몇 양육자들의 여정을 엿보았다. 또한 논란이 되는 쟁점들을 다루어 오직 신념에 의해 생성된 거짓 정보를 증거에 기반한 과학적 연구로 대체했다. 그리고 트랜스젠더 및 젠더다이버스 아동과 청소년이 이 세상에서 잘 살아가는 데 필요한 모든 것에 접근할 수 있게 그들을 옹호했다. 이제 이 흥미진진한 여정의 마지막 단계에 와서 이렇게 묻는다.

"다음 단계는 무엇일까? 젠더를 가진 모든 사람, 모두의 젠더 건강을 보장하기 위해 우리들은 무엇을 어떻게 함께해야 할까?"

과거, 현재, 그리고 미래

현재와 과거가 없다면 미래도 없다는 사실을 반드시 기억하자. 지금까지 현재의 젠더에 주로 초점을 맞췄지만, 지금부터 소개할 세 살짜리 여자아이와 그 오빠의 이야기를 통해 우리의 미래가 향하는 곳을 잠시 엿보자. 이 아이는 태어날 때 여성으로 지정되었고, 마음속에서도 의심할 수 없는 여자아이라 반짝이는 것들과 분홍색, 주름장식을 사랑하며 늘 동화 속 공주에 대해 생각한다. 반면 그녀의 다섯 살짜리 오빠는 늘 트럭과 기계 부품에 대해서만 관심이 있다. 이 두 아이는 "그들"이라 불리는 친구에 대해 이야기한다. 그러면서 봉제 인형을 두고 "이건 그녀야, 그야, 그들이야?"라고 묻는다. 누군가가 이 아이들에게 2021년에 출간된 어린이책 《여러분의 단어는 무엇인가요? - 대명사에 관한 책What Are Your Words? - A Book About Pronouns》을 읽어

췄을 가능성이 크다. 이 책의 주인공 아리는 자신에게 어떤 성별대명사가 가장 잘 맞는지 알아내려고 고민하는 아이인데 여러 종류의 대명사를 검토하고는 마침내 "오늘은 '그들'이 좋을 것 같아"라고 말한다.[2] 이 세 살, 다섯 살배기 아이들에게 이진법의 범주는 과거의 것이다.

젠더의 미래를 보면, 단수형의 "그들"은 영어권에서 담론의 주제가 되어 2023년 말 〈뉴욕타임스〉에서는 "'그들'이 단수를 뜻할 때를 구분하는 법"이라는 기사를 실어 "그들"이 여러 명이 아닌 한 사람을 지칭하는 때를 알아챌 수 있는 전략을 제공했다. 그 기사를 보면서 옥스퍼드 영어 사전과 메리암-웹스터 사전이 "그들"의 단수 사용을 허용한다고 한 발표가 떠올랐다.[3] 논바이너리들이 자신들의 젠더를 소통할 수단으로 "그들"이라는 대명사를 채택하기 위해 딱히 영어권 감독자들의 승인을 기다리지는 않았을 것이다. 그러나 이것은 사람들이 젠더를 표현하는 방식, 젠더를 포착하기 위해 사용되는 확장된 언어와 관련해 실제로 역사가 앞으로 나아가고 있다는 기록이라는 점에서 의미가 있다. 앞으로도 언어는 더 정확한 표현을 위해 계속 진화하고, 그렇게 확장된 어휘가 자신과 타인을 더 잘 이해할 수 있게 해주리라 기대한다.

우리는 두 범주를 벗어난 젠더가 하늘에서 뚝 떨어진 것도, 21세기에 들어서 지구 중심 어딘가에서 갑자기 솟아 나온 것도 아님을 최선을 다해 설명했다. 수년 전 다이앤은 문화별 차이가 크기는 해도 인류학적으로, 또 역사적으로 하나의 조직으로서 젠더가 없는 문화는 존재하지 않는다는 것을 밝혔다. 따라서 우리는 젠더란 어떤 형태로든 지금까지 인간의 삶을 설명하는 개념이자 조직하는 구조물이며, 시간의 흐름과 함께 계속해서 움직이고 맥동하며 스스로 변화한다는 결론을 내렸다. 때로는 큰 원을 그리고 과거의 자리로 돌아올 수도 있다.

그럼 이제 젠더의 과거로 돌아가보자. 2023년, 영국의 노스하트퍼드셔 박물관은 고전 문헌을 조사한 결과 기원후 218~222년에 로마를 지배한 황제 엘라가발루스 *Elagabalus*가 여성이었다는 결론을 내렸다. 또한 이 박물관에서는 앞으로 엘라가발루스를 지칭할 때 "그녀"라는 대명사를 사용하겠다고 발표했다. 문헌에 따르면 엘라가발루스는 "나를 '경'이라 부르지 마시오. 나는 '부인'이니까"라고 말했다. 또한 자신을 여성으로 만들어줄 수술법이 있는지를 물었다. 현재의 렌즈로 과거를 이해하려는 이 시도에 당연히 논란이 크다. 박물관을 운영하는 이사회는 "엘라가발루스가 자신을 여성으로 식별했고 어떤 대명사를 사용했는지가 명확하다. 이는 그런 대명사가 새로운 것이 아님을 보여준다"라고 말했지만, 박물관의 결정을 비판하는 사람들은 여전히 의문을 제기한다.

비판가들은 엘라가발루스가 젠더에 관한 그들의 (이 책에서는 젠더 중립 대명사를 쓰겠다) 생각을 표현했을 때 아직 어린 10대였다는 점을 지적했다(잠깐 지나가는 단계, 또는 트랜스젠더 열풍?). 자신의 젠더에 대한 명확한 말과 표현에 대한 묘사(화장을 하고 체모를 깎고 가발을 쓰는) 기록은 엘라가발루스의 재위 기간에 청소년이라는 인격과 황제로서의 통치 능력을 공격하려는 시도였는지도 모른다.《로마 황제는 어떻게 살았는가》의 저자인 메리 비어드Mary Beard가 이 어린 황제의 그/그녀 논란을 두고 한 말은 특별히 우리 책의 저자와 독자를 염두에 둔 것 같다.

"이것은 지금만큼이나 고대 세계에서도 까다로운 주제였다. 로마인들이 엘라가발루스에 대해 한 말은 여성과 남성의 경계에 관한 논란이 수천 년 전으로 돌아간다는 것을 상기시킨다(우리가 논쟁의 제1세대가 아니라는 뜻)."[4]

따라서 현재의 우리는 젠더 논쟁의 첫 세대도 아니고 당연히 마지막 세대도 아니다. 그러나 이런 논쟁을 통해 우리는 성별이 두 개로 나뉜 공간과 무한히 확장되는 성별 사이의 경계 공간Liminal space에서 벗어나고 있다고 확신한다.

우리는 젠더의 역치를 넘고 있는가?

"한계의Liminal"라는 말은 라틴어로 "역치Threshold"에서 유래했다. 경계 공간이란 한 단계에서 다음 단계로 이동하는 공간이나 시간으로 정의된다. 경계 공간의 역사적 사례를 들자면, 처음으로 지구가 평평하지 않고 둥글다는 사실을 알게 되었을 때, 필경사를 대신할 인쇄기가 발명되었을 때, 산업 기계로 인해 인간의 노동력 수요가 감소했을 때, 컴퓨터가 타자기를 대체했을 때 등이 있고, 최근 들어 인공지능이 인간의 뇌를 넘어서는 것처럼 보이는 것도 그러하다. 이 모든 사례가 공통으로 나타내는 것은 변화에 적응할 때까지 사람들이 경험한 공포다. 인류 문명이 곧 파멸될 것이라는 두려움이다.

하지만 변화의 속도는 절대 빠르지 않았다. 지구가 둥글다는 것은 기원후 3세기에 처음 밝혀졌지만 15세기나 되어서야 사람들이 널리 인정했다. 15세기에 구텐베르크 성경이 처음 인쇄되었을 때 인쇄기는 지속되지 않을 것이며, 손으로 쓴 필사본이 기계가 찍어낸 문서보다 도덕적으로 더 우위에 있다고 주장되었다. 그 정서가 극복되기까지 몇 세기가 더 걸렸다. 19세기 초 산업혁명 시기에는 러다이트라는 영국 노동자들이 소규모 직물 산업의 파괴에 대항하기 위해 공장과 방직기를 파괴하여 이름을 알렸다. 현재도 기술 변화에 반대하는 러다이트들이 존재한다.

정리해보면, 21세기의 사람들은 지구가 둥글다고 생각하며, 대량 생산된 서적보다 손으로 쓴 텍스트를 선호하는 사람은 거의 없고, 문서를 작성할 때 컴퓨터 대신에 구식 타자기를 사용하는 사람도 별로 없다. 사람들은 자동화된 사회를 받아들인다. 인공지능에 대한 평가는 아직 논의 중이지만 챗GPT나 코파일럿에서 벗어나기는 이제 힘들 것 같다.

이 복잡함 속에 젠더를 넣어보자. 모든 조합과 순열이 가능해진 젠더가 과거의 엄격한 젠더 규범과 규제, 그리고 이분법적 젠더를 대체하고 있다. 미국만이 아니라 세계 전역에서. 그렇다면 우리는 아직 경계 공간에 붙잡혀 있는가? 아니면 이미 역치를 넘어버려 다시는 돌아올 수 없는 것일까? 그 답은 시간이 말해주겠지만, 과거에서 배우고 현재에 명확해진 사실들을 바탕으로 미래를 예측하자면 젠더 진화의 방향은 좀 더 급진적인 젠더 혁명으로 굳어지고 있다. 혁명은 다음 세대인 아이들이 이끈다. 그리고 일부 어른이 그 뒤를 따른다. 이 혁명으로 불안해진 일부 사람들은 분별 있는 생각을 하지 못해 트랜스여성은 화장실에서 다른 여성을 성폭행하기 위해 남성이 가장한 것이라고 진정으로 믿고 있다. 앞에서 살폈듯이 광범위한 변화에 경계하는 것은 인간의 본성이다. 그러나 시간이 지나면 사람들은 적응하고 변화가 자리 잡는다. 이것이 바로 젠더에 대해서 일어나는 현상이다.

젠더 변화를 주도하는 사람들

유명한 민권 운동가이자 조지아주 하원의원인 존 루이스 John Lewis는 국가를 구하고 민주주의를 보존하기 위해 "좋은 소동good trouble"을 일으키라고 요청했다. 좋은 소동은 사회 정의를 위한 투쟁과 사회 변화 고취에 필요하고 시민 불복종이 동반되기도 한다.[5] 루이스는 2020년에 세상을 떠났지만 젠더 정의를 지키는 데 쉽게 적용할 수 있는 유산을 남겼다. 좋은 소동을 상상하는 것은 우리가 현재 아는 대로, 출생 시 결정되는 두 가지 명확한 범주의 젠더를 유지하는 것과 두 범주를 벗어나 확장된 모든 다양성을 인정하는 새로운 젠더 개념을 끌어안는 것 사이의 커다란 논쟁을 헤쳐나가는 데 유용하다.

자신에게 가장 잘 맞는 젠더로 비난받지 않고 사회에 포함되어 살아가는 권리를 촉구하기 위해 좋은 소동을 일으킬 방법은 많다. 그중에서도 다음 소개할 한 지역에서의 예시는 노력만으로도 젠더의 미래가 좋은 소동을 향할 수 있음을 보여주기에 충분하다. 2023년 11월, 미국 텍사스주의 셔먼이라는 보수적인 마을에서는 고등학생들이 준비한 연극 〈오클라호마!〉의 남자 주연을 트랜스젠더 소년이 맡게 되자 공연을 중단시켰다. 학교 관리자들은 여성의 역할은 출생 시 지정된 성이 여성인 사람만, 남성 역할은 출생 시 지정된 성이 남성인 사람만 맡을 수 있다는 일방적인 결정을 내리고 학부모들에게 알렸다. 이 소식을 들었다면 셰익스피어도 무덤에서 벌떡 일어났을 것이다. 그의 시대에는 태어날 때 남성으로 지정된 사람만 무대에 오를 수 있었으므로 남성이 남녀의 역할을 모두 맡았기 때문이다. 그러나 이 일은 2023년에 벌어진 사건이다. 이 정책 때문에 많은 트랜스젠더와 논바이너리 학생들이 배역을 잃었고, 남성 역할을 맡았던 시스젠더 여학생들도 마찬가지였다. 교육청에서는 이 1943년 작 뮤지컬의 내용이 성적이고 불경하다는 이유로 고등학교에서 공연하기에 부적절하다고 밝혔다. 학교의 결정에 반발한 담당 교사는 교장의 지시로 무대에서 물러나게 되었고, 학생들이 두 달이나 걸려 제작한 뮤지컬 무대 세트는 철거되었다.

그러나 이야기는 여기에서 끝나지 않는다. 좋은 소동이 일어났기 때문이다. 분노한 학생과 학부모들이 항의했고, 출연자들은 〈오클라호마!〉의 수정된 버전, 즉 개인 무대가 없고 소와 새 같은 비인간 역할이 추가된 아동용 버전으로 각색된 공연을 올리라는 학교 측의 제안을 거절했다. 지역 대학의 연극배우, 교수진, 트랜스젠더 학생들이 합류해 시위를 벌였다. 지역 주민들도 해당 연극이 무대에 올랐던 과거를 이야기하며 '성인용 주제'라는 반대 이유를 비웃었다.

교육청이 개최한 회의에서는 학교의 결정에 반대하는 사람들이 모여드는 바람에 회의장이 가득 차게 되었다. 학교 이사회는 뮤지컬을 다시 무대에 올리고 원래의 배역을 되돌리기로 만장일치로 결정했다. LGBTQ+ 옹호자이자 성 소수자 학생의 부모인 발레리 폭스는 "여러분이 오늘 보고 있는 것은 역사입니다"라고 강조했다. 수십 명의 트랜스젠더와 지지자들이 교육청 바깥에서 팻말과 깃발을 들고 있는 장면을 보고 폭스는 이렇게 덧붙였다. "지금까지 셔먼에서 본 가장 큰 사건이에요." 주연을 맡았던 트랜스젠더 고등학생 맥스 하이타워는 "너무 흥분했고 모두가 기쁨에 울었습니다"라고 말했다. 남성역을 맡은 바람에 역할을 잃었던 딸의 부모는 당시의 상황을 이렇게 설명했다. "우리는 모두 긴장했어요. 우리가 사는 곳은 셔먼이었으니까요." 그러나 학교의 결정에 항의하며 사람들이 모여드는 것을 보았을 때 "우리는 기쁨의 눈물을 흘리기 시작했어요."[6] 이것은 경이로울 정도로 성공적인 변화의 시도였고, 텍사스의 작고 보수적인 마을에서조차 젠더를 둘러싼 변화가 얼마나 광범위하게 일어나는지 상징적으로 보여주었다. 셔먼에서의 좋은 소동에는 시민 불복종도, 폭력도 없었다. 그저 사람들이 변화를 일으키고, 그릇된 것을 바로잡고, 모든 젠더의 청소년들을 다시 무대로 올리기 위해 작은 마을 사람들이 함께 모인 것뿐이었다. 이들의 소식은 전국에 알려졌다. 그렇다. 그들은 역치를 넘었다.

텍사스의 한 마을에서 일어난 좋은 소동이 혁명을 일으킬 수는 없었다. 그러나 다른 증거를 볼 때 극적인 역사적 변화가 일어난 것을 의심할 수는 없다. 전국에서 젠더 창의적인 아이들과 그 가족에게 서비스하는 프로그램들이 성행하고 있다. 일례로 "레즈비언과 게이의 부모와 친구들PFLAG"은 미국 전역에 지부가 있다. PFLAG는 1973년 뉴욕에서 게이와 레즈비언 청소년의 부모들이 세운 작은 단체에서 시작되었고, 이후로 이 단체의 모델은 세계로 퍼져서 호주, 벨기에, 캐나다, 중국, 프랑스, 이스라엘, 자메이카, 일본, 멕시코, 포르투갈, 스페인, 스위스, 우간다, 영국, 및 베트남에 비슷한 단체가 세워졌다. 원래 PFLAG는 성 소수자의 부모, 가족, 동맹들이 모여서 지지를 얻을 목적으로 세워졌지만, 현재는 트랜스젠더와 젠더다이버스 아이들의 부모와 가족들로 크게 성장했고 이들 역시 이곳에서 놀라운 지원을 받을 수 있다. 대형 병원에서 주로 운영하는 소아 학제 간 젠더 프로그램 또한 폐쇄 및 제한의 여러 시도에도 불구하고 점점 규모가 커지고 있다. 세계트랜스젠더보건의료전문가협회는 몇십 년 전 소수의 의료 전문가로 시작했지만 이제 전 지구에서 다양한 직종의 회원들이 참여한 국제 단체로 거듭났고, 트랜스젠더들을 위한 국제 의료 기준을 출판한다. 전 세계 학교들은 젠더를 다양성 교육 과정의 핵심 요소로 포함시키며, 도서를 금지하고 젠더 리터러시를 제한하려는 단체들의 도전에도 불구하고 점차 확산되고 있다.

젠더 혁명이 지속될 수 있을까?

지금까지 많은 혁명이 진압되었다. 그러나 미국 독립 혁명이 영국 식민지였던 미국을 독립 국가로 탈바꿈시킨 것처럼, 어떤 혁명은 완전히 새로운 세상을 위한 무대를 마련한다. 그렇다면 이 새로운 젠더 혁명은 어떨까? 우리는 젠더 반혁명 세력이라 부를 수 있는 이들이 이 혁명을 억누르기 위해 결집하고 있음을 뼈아프게 인식한다. 그러나 이들이 결집하는 것은 젠더 혁명이 무너지기 직전이라서가 아니라 청소년, 부모, 전문가, 시민 등 참여한 모든 사람이 그 상승에 일조했기 때문이라는 것도 깨닫고 있다. 미국에서 10년 만에 소아 젠더 클리닉이 네 곳에서 60곳으로 늘어난 것은 분명 새로운 시작을 알린다.

역사의 어느 날짜에 다트를 던지면 그 시기의 시대정신을 발견할 수 있다. 시대정신은 특정한 시기의 세계사를 지배하는 보이지 않는 힘 또는 동인을 말한다. 21세기가 시작되면서 젠더가 서구의 시대정신에서 중요한 요소가 되었다는 것은 그저 과장이 아니다. 다양한 젠더 개념을 지지하든, 멈춰야 할 위협으로 보든, 미디어에서 젠더에 관련된 이슈가 언급되지 않는 날은 없다. 누가 2022년 〈뉴욕 타임스〉에서 사춘기억제제 논의에 세 쪽 반과 1면을 할애할 줄 알았겠는가? 인구 1퍼센트 미만에게 적용되는 의료 개입에 주요 일간지가 이토록 많은 관심을 기울인 사례가 역사상 몇 번이나 될까? 게다가 저 인구 대부분이 어린이라면?

우리는 역사 속에서 혁명이란 절대 정적인 현상이 아니라는 것을 배웠다. 그렇다면 현재 젠더 혁명의 미래에 대해서는 무엇을 상상할 수 있을까? 이 책을 쓴 우리 둘은 청소년 혁명을 이끌 나이가 아니다. 그렇다고 해서 우리가 이 혁명이 속한 움직임의 일부가 아니라는 뜻은 아니다. 1960년대에 사람들은 젠더 역할과 섹슈얼리티에 도전하여 소녀도 의사가, 소년도 간호사가 될 수 있었으며, 소년은 머리를 기르고 비즈 장식을 하거나, 소녀는 남방셔츠에 멜빵바지를 입을 수 있었다. 1970년대에는 게이와 레즈비언 권리를 위해서, 1980년대와 1990년대에는 동성 결혼을 위해 투쟁했다. 21세기에 우리 중 일부는 이제 지팡이를 짚은 채 무지개 깃발 아래 모든 젠더와 섹슈얼리티를 환영하는 행진에 동참한다. 물론 행진의 선두에 선 사람들은 어린이와 청소년들이다.

우리는 심리학자로서 무지개 깃발 아래 모두를 환영한다. 또한 독자인 당신이 성별확정 제공자들을 친구로 생각해 당신의 걱정을 듣고, 질문에 답하고 서로가 배움을 주고받는 관계로 여겨주길 바란다. 모든 젠더의 아이들을 위한 성별확정 의료 모델을 세우기 위해 모였을 때 우리는 우리가 소년을 소녀로, 소녀를 소년으로 바꾸는 힘을 지니고, 청소년의 말 한마디에 법적으로 그들의 이름과 젠더 표식을 바꾸고 사춘기억제제, 성별확정 호르몬, 심지어 수술 같은 의료 개입을 무조건 허가하는 승인 도장으로 비난받게 될 줄은 상상도 하지 못했다. 호박을 마차로 바꾸는 신데렐라의 요정 대모와 달리, 어떤 의료 제공자도 소년을 소녀로, 소녀를 소년으로 변신시키는 마술봉을 갖고 있지 않다. 그 힘은 오직 자신의 젠더 웹을 짜는 아이들에게 있다. 승인 도장에 관해서라면, 유감스럽게도 청소년의 젠더 요청에 대해 긍정적인 젠더 건강 계획을 세우기 위해 먼저 깊이 듣고 이해하며 청소년의 젠더를 명확하게 파악하려는 노력 없이 곧바로 승인한 의료 제공자가 한 사람도 없다고는 자신 있게 말할 수 없다. 그런 의료 제공자가 있다면 우리의 관점을 받아들이고 마법사도 승인 도장도 아닌 젠더의 친구가 되며, 젠더 혁명 이후의 세계에서 때때로 좋은 소동을 일으키는 동참자가 되어주길 바란다.

많은 사람들이 아이들에게 모든 인종과 종교의 사람들을 존중하는 법을 가르치려고 노력해왔다. 젠더의 새로운 시대정신 안에서 우리는 우리 아이들이 모든 성별정체성과 성별표현의 사람들을 존중하는 법을 가르치고 두 살배기든, 80세 노인이든 각자의 고유한 젠더 자아를 함께 엮어나갈 수 있는 세상을 만들기 위해 힘을 쏟아야 한다는 긴박함을 느낀다.

꿈꾸다

1971년에 존 레논은 〈이매진〉이라는 곡을 발표하여 한 세대의 젊은이들과 미래 세대의 상상력과 영혼을 사로잡았다. 그 노래를 반복해서 들은 우리에게 이 노래가 전하는 메시지는 머리에 깊이 각인되어 잊히지 않는다. 하나로 살아갈 세상을 꿈꾸며 함께하고 창조하자는 메시지였다.

미래의 젠더 세상에서 우리는 무엇을 상상할 수 있을까? 모두 더 가까워지고 하나가 되어 평화롭게 살아가는 미래의 세상을 상상한다. 젠더의 기원과 경로, 그리고 결과에 대해 좀 더 과학적 증거가 뒷받침되는 세계를 상상한다. 사람들이 자기 자신의 모습이라 인지하는 젠더 속에서 만족하며 살아가게 하는 기회를 더 많이 창조하는 의학적 발전을 상상한다. 자궁 이식으로 트랜스여성이 아이를 가질 수 있거나, 난자나 정자 없이 세포를 생식세포로 전환하는 기술로 모든 젠더의 사람들이 원한다면 두 사람의 아기를 가지는 세상을 상상한다. 이미 시작되었고 앞으로도 계속될 것이며 디스토피아의 재앙이 아닌 지구의 평화를 가져올 잠재력을 가진 젠더의 혁명적 변화에 적응하면서 젠더 불안이 줄어들고 거짓 정보가 시들어가는 세상을 상상한다.

1992년, 빌 클린턴의 첫 대통령 선거 캠프에서 활동한 정치 자문위원이자 선거 사무장인 제임스 카빌James Carville은 "중요한 건 경제야, 바보야!"라는 문구로 유권자들을 결집시켰다. 그 시대에서 영감을 빌려 우리는 "중요한 건 젠더야!"("바보"라는 말은 빼버리자)라는 새로운 결집의 구호를 외친다. 실제로 젠더는 탐색되고, 상상되고, 살아내며, 당연시해서는 안 되는 중요한 것이 되어 왔다. 우리는 젠더 창의성, 성별정체성과 표현의 해방, 점점 확장되는 젠더 경로의 폭발에 빛을 비췄기를 바라며 이 책을 마무리한다. 젠더를 초월하려는 움직임이 혁명이 되어 모든 젠더가 다양한 모습 그대로 그저 삶의 일부가 되는 시대를 상상한다. 우리는 일부만이 아닌 모두의 젠더를 위한 훌륭한 세상을 향해 나아갈 때 극복해야 할 걸림돌들을 확인했다. 그날이 올 때까지 우리 자신을 지탱하기 위해 태양 아래 존재하는 모든 젠더가 자신의 자리를 가지는 세상을 상상하자.

미주

① 젠더를 둘러싼 소동

1 Vic Parsons, "Inventor of the Gender Reveal Party Regrets 'Creating a Monster' Now that She's Mother to a Gender Non-Conforming Kid," Pink News, June 29, 2020, thepinknews.co.uk/2020/06/29/gender-reveal-party-first-inventor-mother-jenna-karvunidis-monster-daughter.

2 Brandon Voss, "Creator of Gender-Reveal Parties Has Child Who Ignores Gender Norms," LogoTV, July 27, 2019.

3 Jody L. Herman et al., "How Many Adults and Youth Identify as Transgender in the United States?," UCLA School of Law The Williams Institute, June 2022, williamsinstitute.law.ucla.edu/publications/trans-adults-united-states.

4 Anna Brown, "About 5% of Young Adults in the U.S. Say Their Gender is Different from Their Sex Assigned at Birth," Pew Research Center, June 7, 2022, pewresearch.org/short-reads/2022/06/07/about-5-of-young-adults-in-the-u-s-say-their-gender-is-different-from-their-sex-assigned-at-birth.

5 Lucia He, "Latin America: The Most Deadly Region for Transgender Communities," Equal Times, November 16, 2016, equaltimes.org/latin-america-the-most-deadly.

6 Kate Lyons, "Gender Identity Clinic Services Under Strain as Referral Rates Soar," The Guardian, July 10, 2016.

7 Chantal M. Wiepjes et al., "The Amsterdam Cohort of Gender Dysphoria Study (1972–2015): Trends in Prevalence, Treatment, and Regrets," Journal of Sexual Medicine 15, no. 4 (2018): 582–90.

8 "10x Growth in Referrals to Gender Clinics in Canada and Our 'Consent' Based Model," Canadian Gender Report, May 18, 2021, genderreport.ca/10x-growth-in-referrals-to-gender-clinics-in-canada-and-our-consent-based-model.

9 Matt Lavietes, "From Book Bans to 'Don't Say Gay' Bill, LGBTQ Kids Feel 'Erased' in the Classroom," NBC News, February 20, 2022, nbcnews.com/nbc-out/out-news/book-bans-dont-say-gay-bill-LGBTQ-kids-feel-erased-classroom-rcna15819.

10 "Singular They," American Psychological Association, last updated July 2022, apastyle.apa.org/style-grammar-guidelines/grammar/singular-they.

11 "India Court Recognises Transgender People as Third Gender," BBC News, April 15, 2014, bbc.com/news/world-asia-india-27031180.

12 M. Mahbub Hossain et al., "Global Burden of Mental Health Problems Among Children and Adolescents During COVID-19 Pandemic: An Umbrella Review," Journal of Psychiatric Research 317, no. 114814 (2022).

13 Centers for Disease Control and Prevention, "Fatal Injury and Violence Data," in Jennifer L. Hughes et al., "Suicide in Young People: Screening, Risk Assessment, and Intervention," BMJ 381, no. e070630 (2023).

14 Asha Z. Ivey-Stephenson et al., "Suicidal Ideation and Behaviors Among High

School Students—Youth Risk Behavior Survey, United States, 2019," Supplements 69, no. 1 (2020): 47 – 55.

15 "Teen Suicide Rates 'On the Rise,'" Suicide Bereavement UK, September 28, 2022, suicidebereavementuk.com/teen – suicide – rates – on – the – rise.

16 Jonah DeChants et al., "Homelessness and Housing Instability Among LGBTQ+ Youth," The Trevor Project, 2021, thetrevorproject.org/wp – content/uploads/2022/02/Trevor – Project – Homelessness – Report.pdf.

17 Emily M. Pariseau et al., "The Relationship Between Family Acceptance – Rejection and Transgender Youth Psychosocial Functioning," Clinical Practice in Pediatric Psychology 7, no. 3 (2019): 267 – 77.

18 Heather Havrilesky, "My Kid is Nonbinary, and I Can't Get Over It," The Cut, September 4, 2019, thecut.com/2019/09/ask – polly – my – kid – is – nonbinary – and – i – cant – get – over – it.html.

19 G. Nic Rider et al., "The Gender Affirmative Lifespan Approach (GALA): A Framework for Competent Clinical Care with Nonbinary Clients," International Journal of Transgenderism 20, nos. 2 – 3 (2019): 275 – 88.

20 앞의 논문

21 Brandon Voss, "Creator of Gender – Reveal Parties Has Child Who Ignores Gender Norms," LogoTV, July 27, 2019.

② 왜 이렇게 많은 아이들에게 젠더가 중요할까?

1 Anne Fausto – Sterling, Sexing the Body: Gender Politics and the Construction of Sexuality (New York: Basic Books, 2000).

2 Daphna Joel et al., "Sex beyond the genitalia: The human brain mosaic," PNAS 112, no. 50, (2015): 15468 – 73.

3 Diane Ehrensaft, Gender Born, Gender Made: Raising Healthy Gender – Nonconforming Children (New York: The Experiment, 2011); Diane Ehrensaft, The Gender Creative Child: Pathways for Nurturing and Supporting Children Who Live Outside Gender Boxes (New York: The Experiment, 2016).

4 Jeanne Maglaty, "When Did Girls Start Wearing Pink?," Smithsonian magazine, April 7, 2011.

5 Bob Johansen, Full – Spectrum Thinking: How to Escape Boxes in a Post – Categorical Future (Oakland, CA: Berrett–Koehler Publishers Inc, 2020).

6 Ehrensaft, Gender Born, Gender Made, op. cit.; Ehrensaft, The Gender Creative Child, op. cit.

③ 젠더가 사람들을 불안하게 만드는 이유

1 대니얼 카너먼,《생각에 관한 생각》, 이창신 옮김, 김영사, 2018.

2 Emma Bryce, "How many calories can the brain burn by thinking?" Live Science, November 9, 2019, livescience.com/burn – calories – brain.html.

3 "What is Gender Dysphoria?" American Psychiatric Association, August 2022,

psychiatry.org/patients‒families/gender‒dysphoria/ what‒is‒gender‒dysphoria.

4 "National Survey on LGBTQ Youth Mental Health 2020," The Trevor Project, 2020, thetrevorproject.org/wp‒content/uploads/2020/07/ The‒Trevor‒Project‒National‒Survey‒Results‒2020.pdf.

5 앞의 글

6 Serena Sonoma, "10 Transgender and Nonbinary People Explain What Gender Dysphoria Feels Like," last updated July 5, 2021, Daily Dot, dailydot.com/irl/gender‒dysphoria.

7 Jack L. Turban et al., "Pubertal Suppression for Transgender Youth and Risk of Suicidal Ideation," Pediatrics 145, no. 2 (2022): e20191725.

8 앞의 글

9 Annelou L. C. de Vries et al., "Puberty Suppression in Adolescents With Gender Identity Disorder: A Prospective Follow–Up Study," The Journal of Sexual Medicine 8, no. 8 (2011): 2276‒83, doi. org/10.1016/j.jadohealth.2021.10.036.

10 앞의 글

11 앞의 글

12 Luke Allen et al., "Well‒Being and Suicidality Among Transgender Youth After Gender‒Affirming Hormones," Clinical Practice in Pediatric Psychology 7, no. 3 (2019): 302‒11.

13 앞의 글

14 Annelou L. C. de Vries et al., "Puberty Suppression in Adolescents With Gender Identity Disorder: A Prospective Follow–Up Study," The Journal of Sexual Medicine 8, no. 8 (2011): 2276‒83, doi. org/10.1016/j.jadohealth.2021.10.036.

15 Jack L. Turban et al., "Pubertal Suppression for Transgender Youth and Risk of Suicidal Ideation," Pediatrics 145, no. 2 (2022): e20191725.

16 앞의 글

17 Azeen Ghorayshi, "How a Small Gender Clinic Landed in a Political Storm," The New York Times, last updated August 29, 2023, nytimes.com/2023/08/23/health/transgender‒youth‒st‒louis‒jamie‒reed.html.

18 Evan Urquhart, "You Betrayed Us, Azeen," Assigned, September 3, 2023, assignedmedia.org/breaking‒news/you‒betrayed‒us‒azeen‒parents‒of‒trans‒youth‒reeling‒after‒speaking‒to‒the‒nyt.

19 Radhika Gharpure et al., "Knowledge and Practices Regarding Safe Household Cleaning and Disinfection for COVID‒19 Prevention—United States, May 2020," MMWR Morbidity and Mortality Weekly Report 69, no. 23 (2020): 705‒9.

20 "2023 Anti‒Trans Bills Tracker," Trans Legislation Tracker, translegislation.com/bills/2023. Accessed October 2023.

21 "Map: Attacks on Gender Affirming Care By State," Human Rights Campaign, hrc. org/resources/attacks‒on‒gender‒affirming‒care‒by‒state‒map. Accessed October 2023.

22 앞의 글

23 "Issues Impacting LGBTQ Youth: Polling Presentation," The Trevor Project, January

2023, thetrevorproject.org/wp−content/uploads/2023/01/Issues−Impacting−LGBTQ−Youth−MC−Poll_Public−2.pdf.

24 Kinzi Sparks, "New Data Illuminates Mental Health Concerns Among Texas' Transgender Youth Amid Record Number of Anti−Trans Bills," The Trevor Project, September 27, 2021, thetrevorproject.org/blog/new−data−illuminates−mental−health−concerns−among−texas−transgender−youth−amid−record−number−of−anti−trans−bills.

25 James Factora, "Hate Crimes Against Trans and Gender Nonconforming People Increased by 25% in 2022," Them, MSN, October 18, 2023, msn.com/en−us/news/us/hate−crimes−against−trans−and−gender−nonconforming−people−increased−by−25−in−2022/ar−AA1islTp.

26 "The Epidemic of Violence Against the Transgender and Gender Nonconforming Community in the United States: The 2023 Report," Human Rights Campaign Foundation, November 2023, reports.hrc.org/an−epidemic−of−violence−2023.

27 "Nonbinary and Transgender Californians Suffered Alarming Levels of Physical, Sexual Violence in the Past Year: Survey," Medical Press, September 6, 2023, medicalxpress.com/news/2023−09−nonbinary−transgender−californians−alarming−physical.html.

28 Amy Schwabe, "Trans kids in Wisconsin say a supportive network is critical in helping them face challenges from school policies, legislation and more," Milwaukee Journal Sentinel, October 11, 2023, jsonline.com/story/series/ kidsincrisis/2023/10/11/transgender−youth−in−wisconsin−speak−out−on−importance−of−gender−affirmation/70900104007.

29 Kellan E. Baker, "The Future of Transgender Coverage," New England Journal of Medicine, 376, no. 19 (2017): 1801−4.

④ 성별확정 모델은 도대체 뭘까?

1 Marco A. Hidalgo et al., "The gender affirmative model: What we know and what we aim to learn [Editorial]," Human Development 56, no. 5, (2013): 285−90.

2 The complete list of authors from the first four pediatric gender clinics in the US included Diane Chen, Leslie Clark, Diane Ehrensaft, Robert Garafolo, Marco Hidalgo, Johanna Olson, Stephen Rosenthal, Norman Spack, and Amy Tishelman.

3 Colt Keo−Meier and Diane Ehrensaft, The Gender Affirmative Model: An Interdisciplinary Approach to Supporting Transgender and Gender Expansive Children (Washington, DC: APA Publications, 2018).

4 Peggy T. Cohen−Kettenis and Friedemann Pfäfflin, Transgenderism and Intersexuality in Childhood and Adolescence: Making Choices (Thousand Oaks, CA: Sage, 2003).

5 Tony Bravo, "Barbie wasn't just a girls toy," San Francisco Chronicle Sunday Datebook, July 23−29, 2023, G6−9.

6 Soleil Ho, "I attended a secretive anti−trans dinner in San Francisco. And then I

puked," San Francisco Chronicle, May 28, 2023, D2.

7 Diane Chen et al., "Psychosocial Functioning in Transgender Youth after 2 Years of Hormones," The New England Journal of Medicine 388, no. 3 (2023): 240 – 50.

8 Katherine G. Spencer et al., "The gender – affirmative life span approach: a developmental model for clinical work with transgender and gender – diverse children, adolescents, and adults," Psychotherapy 58, no. 1 (2021): 37 – 49.

⑤ 여자아이들은 다 어디로 가버린 거지?

1 Abigail Shrier, Irreversible Damage: The Transgender Craze Seducing Our Daughters (New York: Regnery, 2020).

2 Lisa Littman, "Parent reports of adolescents and young adults perceived to show signs of a rapid onset of gender dysphoria," PloS One 13, no. 8 (2018): e0202330.

3 Lisa Littman, "Correction: Parent reports of adolescents and young adults perceived to show signs of a rapid onset of gender dysphoria," PloS One 14, no. 3 (2019): e0214157.

4 Timmy Broderick, "Evidence Undermines 'Rapid Onset Gender Dysphoria' Claims," Scientific American, August 24, 2023, scientificamerican.com/article/evidence – undermines – rapid – onset – gender – dysphoria – claims.

5 Greta R. Bauer et al., "Do Clinical Data from Transgender Adolescents Support the Phenomenon of 'Rapid Onset Gender Dysphoria'?," The Journal of Pediatrics 243 (2022): 224 – 27.

6 "CAAPS Position Statement on Rapid Onset Gender Dysphoria (ROGD)," Coalition for the Advancement & Application of Psychological Science, July 26, 2021, caaps. co/rogd – statement.

7 "Chapter 3: The Coming Out Experience," Pew Research Center, June 13, 2013, pewresearch.org/social – trends/2013/06/13/chapter – 3 – the – coming – out – experience.

8 "Homelessness and Housing Instability Among LGBTQ Youth," The Trevor Project, February 3, 2022, thetrevorproject.org/research – briefs/homelessness – and – housing – instability – among – LGBTQ – youth – feb – 2022.

9 Oliver L. Haimson and Tiffany C. Veinot, "Coming Out to Doctors, Coming Out to 'Everyone': Understanding the Average Sequence of Transgender Identity Disclosures Using Social Media Data," Transgender Health 5, no. 3 (2020): 158 – 65.

10 Hal Boyle, "Rock 'n' Roll rhythm is sweeping the teen – age set, but what is it?" Rapid City Journal, April 4, 1955, quoted in "Rock 'n' roll music in the 50s: First adults called it a fad, then they wanted it banned," Click Americana, January 8, 2021, clickamericana. com/eras/1950s/rock – n – roll – music – in – the – 50s.

11 Abigail Shrier, Irreversible Damage: The Transgender Craze Seducing Our Daughters (New York: Regnery, 2020).

12 Annelies E. van Eeden et al., "Incidence, Prevalence and Mortality of Anorexia Nervosa and Bulimia Nervosa," Current Opinion in Psychiatry 34, no. 6 (2021):

515 – 24.

13 David A. Levy and Paul R. Nail, "Contagion: A Theoretical and Empirical Review and Reconceptualization," Genetic Social and General Psychology Monographs 119, no. 2 (1993): 233 – 84.

14 Timmy Broderick, "Evidence Undermines 'Rapid Onset Gender Dysphoria' Claims," Scientific American, August 24, 2023, scientificamerican.com/article/evidence – undermines – rapid – onset – gender – dysphoria – claims.

15 Jack L. Turban et al., "Sex Assigned at Birth Ratio Among Transgender and Gender Diverse Adolescents in the United States," Pediatrics 150, no. 3 (2022).

16 Amelia Gentleman, "New NHS Children's Gender Clinic Hit by Disagreements and Resignations," The Guardian, January 18, 2024.

17 Chantal M. Wiepjes et al., "The Amsterdam Cohort of Gender Dysphoria Study (1972-2015): Trends in Prevalence, Treatment, and Regrets," Journal of Sexual Medicine 15, no. 4 (2018): 582 – 90.

18 Michelle M. Johns et al., "Transgender Identity and Experiences of Violence Victimization, Substance Use, Suicide Risk, and Sexual Risk Behaviors Among High School Students—19 States and Large Urban School Districts, 2017," Morbidity Mortality Weekly Report 68, no. 3 (2019): 67 – 71.

19 Alyssa L. Norris and Lindsay M. Orchowski, "Peer Victimization of Sexual Minority and Transgender Youth: A Cross – Sectional Study of High School Students," Psychology of Violence 10, no. 2 (2020): 201 – 11.

20 Gemma L. Witcomb et al., "Experiences and Psychological Wellbeing Outcomes Associated with Bullying in Treatment – Seeking Transgender and Gender – Diverse Youth," LGBT Health 6, no. 5 (2019).

21 "Separation and Stigma: Transgender Youth & School Facilities," Movement Advancement Project and GLSEN, April 2017, glsen.org/sites/default/ files/2019 – 11/Separation_and_Stigma_2017.pdf.

22 Gemma L. Witcomb et al., "Experiences and Psychological Wellbeing Outcomes Associated with Bullying in Treatment – Seeking Transgender and Gender – Diverse Youth," LGBT Health 6, no. 5 (2019).

23 Melissa Block, "'It's Hurtful': Trans Youth Speaks Out as Alabama Debates Banning Medical Treatment," NPR, March 28, 2021, npr.org/2021/03/28/981225604/its – hurtful – trans – youth – speaks – out – as – alabama – debates – banning – medical – treatment.

24 Jack L. Turban et al., "Gender Dysphoria and Gender Incongruence," in Andrés Martin et al. (eds.), Lewis's Child and Adolescent Psychiatry: A Comprehensive Textbook, 5th Edition (LWW, 2017), 632 – 43.

25 Kristina R. Olson et al., "Gender Identity 5 Years After Social Transition," Pediatrics 150, no. 2 (2022).

26 Christina Roberts, "Persistence of Transgender Gender Identity Among Children and Adolescents," Pediatrics 150, no. 2 (2022).

27 앞의 논문

28 Jack L. Turban et al., "Factors Leading to 'Detransition' Among Transgender and Gender Diverse People in the United States: A Mixed–Methods Analysis," LGBT Health 8, no. 4 (2021): 273–80.

29 Valeria P. Bustos et al., "Regret After Gender–Affirmation Surgery: A Systemic Review and Meta–Analysis of Prevalence," Plastic and Reconstructive Surgery Global Open 9, no. 3 (2021).

30 Ana Wilson et al., "Regret in Surgical Decision Making: A Systematic Review of Patient and Physician Perspectives," World Journal of Surgery 41, no. 6 (2017): 1454–65.

31 Valeria P. Bustos et al., "Regret After Gender–Affirmation Surgery: A Systemic Review and Meta–Analysis of Prevalence," Plastic and Reconstructive Surgery Global Open 9, no. 3 (2021).

⑥ 아이들이 입을 열다

1 "LGBTQ+ Advocates Sue Tennessee to Block Dangerous Transgender Healthcare Ban," Lambda Legal, April 20, 2023, lambdalegal.org/newsroom/tn_20230420_lgbtq–advocates–sue–tennessee–to–block–dangerous–transgender–healthcare–ban.

2 Ernesto Londono, "Conflict over Transgender Care Brings Statehouse to a Standstill," The New York Times, April 1, 2023, A1.

3 앞의 글

4 앞의 글

5 Robert Booth, "Less than Half in Britain Back Gender–Affirming Care for Trans Teenagers," The Guardian, June 8, 2023, theguardian.com/society/2023/jun/08/less–than–half–in–britain–back–gender–affirming–care–for–trans–teenagers.

6 John Bowlby, Attachment and Loss: Attachment (vol. 1), 2nd edition (New York: Basic Books, 1999); M. D. Ainsworth, "Patterns of attachment behavior shown by the infant in interaction with his mother," Merrill–Palmer Quarterly of Behavior and Development, 10, no. 1 (1964): 51–58.

7 D. W. Winnicott, The Family and Individual Development (London: Tavistock Publications, 1978).

8 Selma H. Fraiberg, The Magic Years: Understanding and Handling the Problems of Early Childhood (New York: Charles Scribner's Sons, 1959).

9 Erik H. Erikson, Childhood and Society (New York: W. W. Norton & Company, 1950).

10 Colt Keo–Meier and Diane Ehrensaft, The Gender Affirmative Model: An Interdisciplinary Approach to Supporting Transgender and Gender Expansive Children (Washington, DC: APA Publications, 2018).

⑦ 부모와 양육자를 위한 페이지

1 Caitlin Ryan et al., "Family Acceptance in Adolescence and the Health of LGBT

Young Adults," Journal of Child and Adolescent Psychiatric Nursing 23, no. 4 (2010): 205–13; Sabra L. Katz–Wise et al., "Family Functioning and Mental Health of Transgender and Gender–Nonconforming Youth in the Trans Teen and Family Narratives Project," The Journal of Sex Research 55, no. 4–5 (2018): 582–90; Robb Travers et al., "Impacts of Strong Parental Support for Trans Youth," Trans Pulse, Children's Aid Society of Toronto & Delisle Youth Services (2012).

2   Bonnie Garmus, Lessons in Chemistry (New York: Doubleday, 2022).

3   Emily Witt, "Passages," The New Yorker, October 16, 2023. 14–20.

4   Tey Meadow, Trans Kids: Being Gendered in the Twenty–First Century (Berkeley: University of California Press, 2018), 43.

5   Laurie Frankel, This Is How It Always Is (New York: Flatiron Books, 2017), 327.

⑧ 젠더의 난제들: 스포츠, 교육, 의학 분야에서

1   Moriah Balingit, "Kentucky's Lone Transgender Athlete Can't Play on the Team She Helped Start," The Washington Post, August 25, 2022, washingtonpost.com/ education/2022/08/25/fischer–wells–trans–athlete–kentucky.

2   앞의 글

3   Joseph G. Kosciw et al., "The 2021 National School Climate Survey: The Experiences of LGBTQ+ Youth in Our Nation's Schools," GLSEN, 2022, glsen.org/sites/default/ files/2022–10/NSCS–2021–Full–Report.pdf.

4   "The National Youth Sports Strategy," US Department of Health and Human Services, 2019, health.gov/sites/default/files/2019–10/National_Youth_Sports_ Strategy.pdf.

5   Shoshana K. Goldberg and Thee Santos, "The Importance of Sports Participation for Transgender Youth," American Progress, March 18, 2021, americanprogress.org/ article/fact–sheet–importance–sports–participation–transgender–youth.

6   Frankie de la Cretaz, "What It Looks Like When Trans Kids Are Simply Allowed to Play Sports," Self, August 24, 2023, self.com/ story/trans–kids–playing–sports.

7   "The Well–Being of LGBTQ Youth Athletes," The Trevor Project, August 2020. www.thetrevorproject.org/wp–content/ uploads/2020/08/LGBTQ–Youth– Sports–and–Well–Being– Research–Brief.pdf.

8   앞의 글

9   Joseph G. Kosciw et al., "The 2021 National School Climate Survey: The Experiences of LGBTQ+ Youth in Our Nation's Schools," GLSEN, 2022, glsen.org/sites/default/ files/2022–10/NSCS–2021–Full–Report.pdf.

10   Shoshana K. Goldberg, "Fair Play: The Importance of Sports Participation for Transgender Youth," American Progress, February 2021, americanprogress.org/article/ fair–play.

11   "YRBSS Data & Documentation," Centers for Disease Control and Prevention, last updated August 18, 2023, cdc.gov/ healthyyouth/data/yrbs/data.htm.

12   "Bans on Transgender Youth Participation in Sports," Movement Advancement

Project ⁽ᴹᴬᴾ⁾, lgbtmap.org/equality−maps/youth/ sports_participation_bans. Accessed November 2023.

13 Shoshana K. Goldberg, "Fair Play: The Importance of Sports Participation for Transgender Youth," American Progress, February 2021, americanprogress.org/article/ fair−play.

14 Joseph G. Kosciw et al., "The 2021 National School Climate Survey: The Experiences of LGBTQ+ Youth in Our Nation's Schools," GLSEN, 2022, glsen.org/sites/default/ files/2022−10/NSCS−2021−Full−Report.pdf.

15 "What are the key takeaways from the new transgender guidance for schools?" itvNews, December, 19, 2023, itv.com/news/2023− 12−19/what−are−the−key− takeaways−from−the−new−transgender−guidance−for−schools.

16 Robbie Meredith, "School Transgender Support Guidelines Published," BBC News, October 17, 2019, bbc.com/news/uk−northern−ireland−50076038.

17 R. Bethene Ervin et al., "Measures of Muscular Strength in U.S. Children and Adolescents, 2012," NCHS Data Brief, 139 ⁽²⁰¹³⁾.

18 Jack Turban, "Trans Girls Belong on Girls' Sports Teams," Scientific American, March 16, 2021, scientificamerican.com/article/trans−girls−belong−on−girls− sports−teams.

19 Katrina Karkazis, quoted in Turban, op. cit.

20 Kristen Conti, "IOC Announces New Rules for Transgender Athletes Before Paris 2024 Olympics," NECN, December 20, 2022, necn.com/news/sports/ioc−announces− new−rules−for−transgender−athletes−before−paris−2024−olympics/2894329.

21 Moriah Balingit, "Kentucky's Lone Transgender Athlete Can't Play on the Team She Helped Start," The Washington Post, August 25, 2022, washingtonpost.com/ education/2022/08/25/fischer−wells−trans−athlete−kentucky.

22 Francesca Specter, "'It's an ongoing challenge': Will the culture wars come for Britain's books?," The Independent, December 2, 2023, independent.co.uk/life− style/book−bans−uk−us−censorship−b2456957.html.

23 David Reby et al., "Sex stereotypes influence adults' perception of babies' cries," BMC Psychology 4, no. 19 ⁽²⁰¹⁶⁾.

24 Schuyler Bailar, He/She/They: How We Talk About Gender and Why It Matters ⁽ᴺᵉʷ ʸᵒʳᵏ: ᴴᵃᶜʰᵉᵗᵗᵉ ᴮᵒᵒᵏ ᴳʳᵒᵘᵖ, ²⁰²³⁾.

25 Janet Y. Lee and Stephen M. Rosenthal, "Gender−Affirming Care of Transgender and Gender−Diverse Youth: Current Concepts," Annual Review of Medicine 74 ⁽²⁰²³⁾: 107−16.

26 M. A. T. C. van der Loos et al., "Bone mineral density in transgender adolescents treated with puberty suppression and subsequent gender−affirming hormones," JAMA Pediatrics 177, no. 12 ⁽²⁰²³⁾: 1332−41.

27 Giulia Giacomelli and Maria Cristina Meriggiola, "Bone Health in Transgender People: A Narrative Review," Therapeutic Advances in Endocrinology and Metabolism 13 ⁽²⁰²²⁾.

28 Robin Respaut and Chad Terhune, "Putting Numbers on the Rise in Children

Seeking Gender Care," Reuters, October 6, 2022, reuters.com/investigates/special-report/usa-transyouth-data.

29 Valeria P. Bustos et al., "Regret After Gender-Affirmation Surgery: A Systemic Review and Meta-Analysis of Prevalence," Plastic and Reconstructive Surgery Global Open 9, no. 3 (2021).

30 Ana Wilson et al., "Regret in Surgical Decision Making: A Systematic Review of Patient and Physician Perspectives," World Journal of Surgery 41, no. 6 (2017): 1454-65.

⑨ 진정한 젠더 찾기

1 Diane Ehrensaft, Gender Born, Gender Made: Raising Healthy Gender-Nonconforming Children (New York: The Experiment, 2011).

2 University of California, Osher Lifelong Learning Institute, olli.berkeley.edu.

3 Avgi Saketopoulou and Ann Pellegrini, Gender Without Identity (New York: Unconscious in Translation, 2023), 15.

4 Linda Graves, Corey's Story, January 30, 2014, unpublished manuscript.

⑩ 젠더 혁명 세대

1 Jason Horowitz, "Quiet Talks, Loud Defiance and Pontiff's Gift," The New York Times, December 22, 2023, A1-10.

2 Katherine Locke, What Are Your Words? A Book About Pronouns (New York: Little, Brown and Company, 2021).

3 John McWhorter, "Knowing When 'They Means One," The New York Times, November 28, 2023, A15.

4 Solcyré Burga, "U.K. Museum Says Roman Emperor Was a Trans Woman," Time, November 22, 2023.

5 John Lewis, "Together, You Can Redeem the Soul of Our Nation," The New York Times, July 30, 2020.

6 J. David Goodman, "In Texas, Fight over Gender and School Theater Takes an Unexpected Turn," The New York Times, November 18, 2023, A13.